Tetratest

Laborett

NO_2^- GH KH
pH CO_2

D Nitrit-, Gesamthärte-, Karbonathärte-, pH- und Kohlendioxid-Tests für Süßwasser-Aquarien; Seite 2-6

NL nitriet, totaalhardheid (GH), carbonathardheid (KH), pH, en kooldioxide testen voor zoetwater aquaria; pagina 7-12

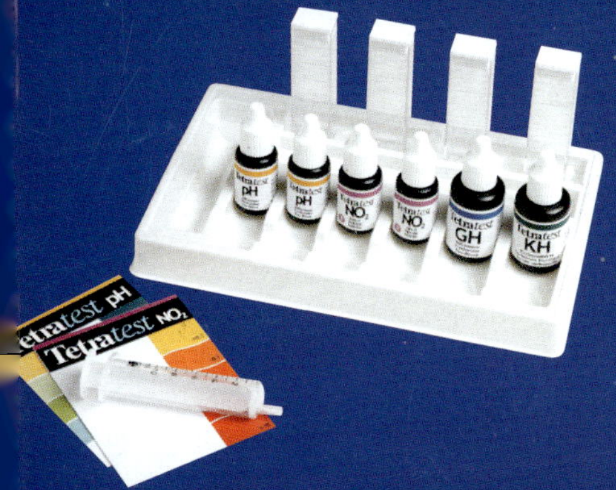

F Tests pour aquariums d'eau douce: Nitrite, Dureté Totale (GH), Dureté Carbonatée (KH), pH, et Gaz Carbonique; pages 13 à 18

I Test nitriti, durezza totale (GH), durezza carbonatica (KH), pH, e anidride carbonica per acquari d'acqua dolce; pagine 19-24

D

1. Warum Aquariumwasser testen?

Wasser wird von seiner Umwelt geprägt. Reines Regenwasser nimmt schon in der Atmosphäre Umweltschadstoffe auf. Beim Versickern in den Boden und als Grundwasser verändert es, je nach Beschaffenheit und Schadstoffbelastung der Erdschichten, erneut seine chemische Zusammensetzung. Auch durch die Trinkwasseraufbereitung oder durch die Wasserleitung können für unsere Aquariumbewohner schädliche Stoffe wie Chlor, Kupfer oder Zinn in das Leitungswasser gelangen. Durch diese vielfältigen Einflüsse ist Leitungswasser überall unterschiedlich, häufig hat es schon im Nachbarort eine ganz andere Zusammensetzung. Durch biologische und chemische Vorgänge erfolgt im Aquarium eine weitere Veränderung der Wasserbeschaffenheit.

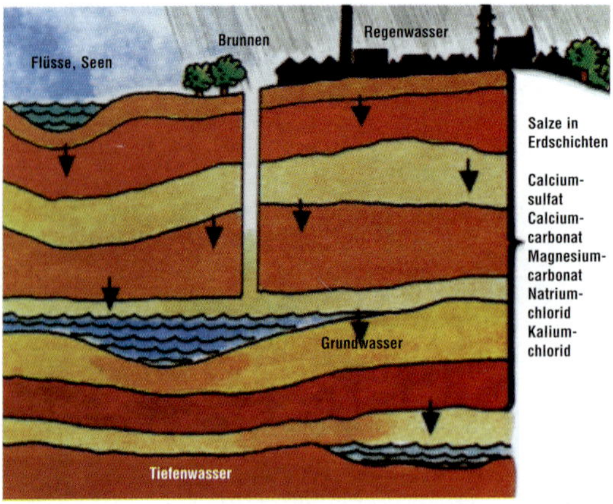

Damit Fische und Pflanzen bestens gedeihen, müssen die Umweltbedingungen im Aquarium stimmen und weitgehend denen eines intakten, natürlichen Biotops entsprechen. Das biologische Gleichgewicht und damit das Wohlbefinden der Fische und Pflanzen ist ganz wesentlich von der Wasserqualität abhängig.

Mit dem **Tetra*test* Laborett** können Sie die Gesamthärte, die Karbonathärte, den pH-Wert, den Nitritgehalt und den Kohlendioxidgehalt Ihres Aquariumwassers zuverlässig und genau bestimmen.

2. Die Wasserwerte

● Die Gesamthärte (GH)

Die Gesamthärte des Wassers wird durch verschiedene Salze (im wesentlichen durch Kalzium- und Magnesiumsalze) bestimmt. Bei einem hohen Anteil an diesen Salzen bezeichnet man das Wasser als hart, bei niedrigem Gehalt als weich. Die Gesamthärte beeinflußt maßgeblich die organischen Funktionen aller Lebewesen im Wasser. Ein günstiger GH-Wert, bei dem die meisten Zierfische sehr gut gehalten werden können, liegt zwischen 6°dH und 16° dH (° dH = Grad deutscher Härte).

● Die Karbonathärte (KH)

Neben den bereits erwähnten Kalzium- und Magnesiumsalzen enthält nahezu jedes Wasser weitere Salzbestandteile, z. B. Bikarbonat, dessen Anteil im Wasser durch den KH-Wert angezeigt wird. Dem Bikarbonat kommt im Aquarium eine wichtige Aufgabe zu, denn es wirkt als pH-Puffer und verhindert somit zu starke und rasche Veränderungen des pH-Wertes (wie z. B. den Säuresturz). Durch das enge Wechselspiel zwischen KH-Wert und pH-Wert hat auch die Karbonathärte direkten Einfluß auf das Wohlbefinden aller Lebewesen im Aquariumwasser. Ein KH-Wert zwischen 3° dH und 10° dH ist empfehlenswert. Fische aus den ostafrikanischen Seen (Malawi, Tanganjika) sind an höhere Karbonathärten angepaßt.

pH - Skala

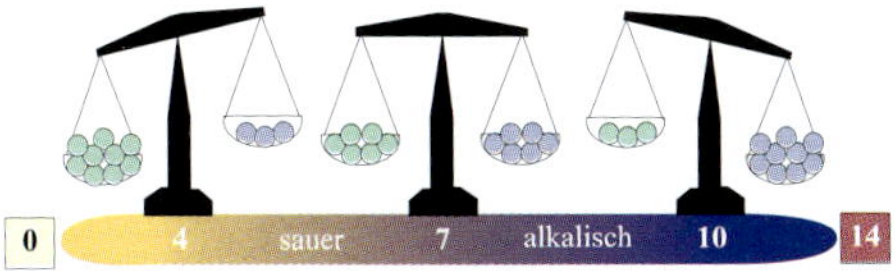

Der pH-Wert

Der pH-Wert ergibt sich aus allen im Wasser gelösten sauren und basischen Stoffen, die das Wasser entweder ansäuern oder alkalisch werden lassen. Chemisch reines Wasser weist einen pH-Wert von 7 auf und wird als neutral bezeichnet. Säuren und alkalische Komponenten stehen hier im Gleichgewicht. Je mehr Säuren im Wasser vorhanden sind, desto stärker sinkt der pH-Wert, je mehr Basen, desto stärker steigt er. Ein sehr rasches Absinken des pH-Wertes, der sogenannte Säuresturz, kann z. B. in sehr weichem Wasser eintreten, wenn das Bikarbonat als Puffer aufgebraucht ist. Sämtliche Fische, Pflanzen und Mikroorganismen reagieren sehr empfindlich auf starke Veränderungen des pH-Wertes. Deshalb sollten Sie den pH-Wert mindestens einmal in der Woche testen. Für beinahe alle Zierfische in Süßwasseraquarien sind pH-Werte zwischen 6,5 und 8,5 gut geeignet. Fische aus Schwarzwasserflüssen bevorzugen weiches Wasser mit pH-Werten zwischen 6,0 und 7,5. Ostafrikanische Buntbarsche fühlen sich in hartem Wasser bei pH-Werten zwischen 7,5 und 8,5 und hoher Karbonathärte richtig wohl.

Der Nitrit-Gehalt (NO_2^-)

Durch Ausscheidungen der Fische, durch Pflanzen- und Futterreste gelangen organische Substanzen in das Wasser. Die im Wasser gelösten Stoffe können bei dem biologischen Abbau stickstoffhaltige Schadstoffe bilden. Zuerst entsteht das giftige Ammoniak bzw. das ungiftige Ammonium. Welches von beiden sich gebildet hat, zeigt Ihnen der pH-Wert. Bei einem pH-Wert von 7,0 und weniger entsteht ausschließlich das ungiftige Ammonium. Bei einem pH-Wert von über 8,0 enthält Ihr Aquarium bereits giftiges Ammoniak. Ammoniak bzw. Ammonium wird mit Hilfe der Nitrosomonas-Bakterien zu Nitrit abgebaut. Nitrit ist giftig und sehr schädlich für die Fische. Ist also der Nitrit-Wert zu hoch, ist die Wasserqualität erheblich beeinträchtigt. Aquarien mit einem intakten Filtersystem weisen Nitritkonzentrationen kleiner oder gleich 0,3 mg/l auf. Der Nitritgehalt sollte 0,8 mg/l längerfristig nicht überschreiten, denn bereits ein Wert von 1,6 mg/l kann für Ihre Fische bedenklich sein.

Der CO_2-Gehalt

Kohlendioxid (CO_2) bildet eine wichtige Grundlage zur Ernährung und zum Wachstum der Wasserpflanzen. Die optimale Dauerkonzentration im Aquarium liegt bei 5 bis 15 mg/l, höhere CO_2-Konzentrationen können für die Zierfische bei längerer Einwirkung schädigend wirken.

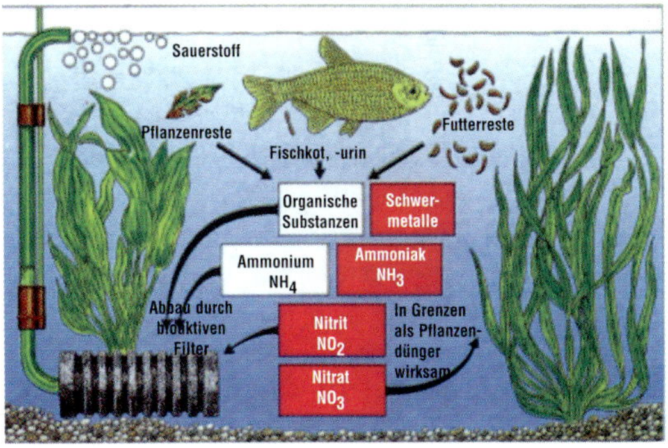

3. Der Testablauf

Um einen ständigen Überblick über die Qualität Ihres Aquariumwassers zu haben, empfehlen wir Ihnen, wöchentlich alle Wasserwerte zu überprüfen.

Gesamt- und Karbonathärte

Gesamthärte und Karbonathärte werden einzeln mit der entsprechenden Testflüssigkeit gemessen. Für beide gilt dieselbe Gebrauchsanweisung:

1. Meß-Küvette und die Dosierspritze mit Aquariumwasser spülen.
2. 5 ml Aquariumwasser mit der Dosierspritze in die Meß-Küvette geben.
3. Tropfflasche GH für die Gesamthärte bzw. KH für die Karbonathärte senkrecht über die Küvettenöffnung halten und die jeweilige Testflüssigkeit tropfenweise hineingeben. Nach jedem Tropfen Küvette leicht schütteln, bis der Farbumschlag erfolgt.

Bei GH: von ROT nach GRÜN
Bei KH von BLAU nach GELB

Anmerkung: Erfolgt der Farbumschlag bereits nach dem ersten Tropfen, so liegt der Meßwert bei 0-1° dH.

Die bis zum Farbumschlag verbrauchte Zahl der Tropfen entspricht dem Härtegrad des Wassers (1 Tropfen Testflüssigkeit = 1° dH).

Nach der Messung die Küvette und die Dosierspritze mit Leitungswasser reinigen.

Hinweis: Beim Testen mit 10 ml Aquariumwasser erhöht sich die Meßgenauigkeit (1 Tropfen Testflüssigkeit = 1/2 °dH)

Leicht-entzündlich!

Warnhinweis: Darf nicht in die Hände von Kindern gelangen! KH: Entzündlich! Enthält Ethylalkohol! GH: Leichtentzündlich! Enthält Ethylalkohol. Von Zündquellen fernhalten.

Der pH-Wert

1. Meß-Küvette und Dosierspritze mit Aquariumwasser spülen.
2. 5 ml Aquariumwasser mit der Dosierspritze in die Meß-Küvette geben.
3. Tropfflasche pH senkrecht über die Küvettenöffnung halten und 7 Tropfen hineingeben.
4. Meß-Küvette mit Deckel verschließen und leicht schütteln.
5. Färbung mit der Farbskala pH (siehe beiliegende Farbkarte) vergleichen und den Meßwert ablesen.
6. Nach der Messung die Küvette und die Dosierspritze mit Leitungswasser reinigen.

Warnhinweis: Darf nicht in die Hände von Kindern gelangen! Entzündlich! Enthält 2-Propanol.

Der Nitrit-Gehalt (NO_2^-)

1. Meß-Küvette und die Dosierspritze mit Aquariumwasser ausspülen.
2. 5 ml Aquariumwasser mit der Dosierspritze in die Meß-Küvette geben.
3. Tropfflasche Nitrit ① senkrecht über die Küvettenöffnung halten und 7 Tropfen hineingeben.
4. Meß-Küvette mit Deckel verschließen und leicht schütteln.
5. Nach 10 Sekunden Küvette öffnen und 7 Tropfen Nitrit ② Testflüssigkeit hinzugeben.

6. Küvette wieder verschließen und nochmals schütteln.
7. Meß-Küvette 2 bis 5 Minuten stehen lassen, dann den Farbton der Flüssigkeit mit der Farbskala NO_2^- (siehe beiliegende Farbkarte) vergleichen und den Meßwert ablesen.
8. Nach der Messung die Küvette und die Dosierspritze mit Leitungswasser reinigen.

Der Tetra*test* Nitrit mißt die Nitrit-Ionen-Konzentration (NO_2^-).

Warnhinweis: Darf nicht in die Hände von Kindern gelangen! Entzündlich! Enthält Ethylalkohol!

Der CO_2-Gehalt

Nachdem Sie den pH-Wert und die Karbonathärte festgestellt haben, können Sie den CO_2-Gehalt Ihres Aquariumwassers aus der CO_2-Berechnungstabelle entnehmen. Die Werte beziehen sich auf eine Wassertemperatur von 25°C. Bei anderen Wassertemperaturen weichen die CO_2-Werte nur unwesentlich von den in der Tabelle angegebenen Werten ab.

Empfehlenswerte CO_2-, pH- und KH-Werte sind durch das eingerahmte weiße Feld gekennzeichnet.

4. Was tun bei schlechten Wasserwerten?

Ein Patentrezept für das Erreichen von idealem Aquariumwasser gibt es nicht – kann es auch gar nicht geben. Denn kein Aquarium ist so wie das andere, jedes stellt für sich einen einzigartigen Lebensraum dar. Gründe dafür sind der unterschiedliche Fisch- und Pflanzenbesatz, die Qualität des Leitungswassers und nicht zuletzt die Aquariengröße. Wir empfehlen Ihnen daher, sich von Ihrem Zoofachhändler beraten zu lassen. Er sagt Ihnen, welche Wasserwerte für Ihre Fische und Pflanzen günstig sind. Falls die Wasserwerte nicht in akzeptablen Bereichen liegen, sollten Sie sich ebenfalls an Ihren Zoofachhändler wenden. Er gibt Ihnen sicherlich Tips, wie Sie die für Ihren Fisch- und Pflanzenbesatz günstigen Wasserwerte erreichen können, außerdem verfügt er über Produkte zur Wasseraufbereitung.

)	CO_2-Konzentration in mg/l														
	347	108	34	19	11	6	3	2	1	1	0,3	0,2	0,1	0,1	0,1
	669	209	66	37	21	12	7	4	2	1	0,7	0,4	0,2	0,1	0,1
	981	308	97	55	31	17	10	5	3	2	1,0	0,5	0,3	0,2	0,1
	1284	404	128	72	40	23	13	7	4	2	1,3	0,7	0,4	0,2	0,1
	1581	498	157	88	50	28	16	9	5	3	1,6	0,9	0,5	0,3	0,1
	1873	590	186	105	59	33	19	10	6	3	1,8	1,0	0,6	0,3	0,2
	2159	681	215	121	68	38	21	12	7	4	2,1	1,2	0,7	0,4	0,2
	2440	770	243	137	77	43	24	14	8	4	2,4	1,3	0,7	0,4	0,2
	2718	858	271	152	86	48	27	15	9	5	2,7	1,5	0,8	0,5	0,2
	2992	944	298	168	94	53	30	17	9	5	3,0	1,6	0,9	0,5	0,3
	3262	1030	325	183	103	58	33	18	10	6	3,2	1,8	1,0	0,5	0,3
	3529	1114	352	198	111	63	35	20	11	6	3,5	1,9	1,1	0,6	0,3
	3793	1198	379	213	120	67	38	21	12	7	3,7	2,1	1,1	0,6	0,3
	4054	1280	405	227	128	72	40	23	13	7	4,0	2,2	1,2	0,7	0,4
	4312	1362	430	242	136	76	43	24	14	8	4,2	2,4	1,3	0,7	0,4
	4568	1443	456	256	144	81	46	26	14	8	4,4	2,5	1,4	0,8	0,4
	4820	1523	481	271	152	86	48	27	15	8	4,7	2,6	1,5	0,8	0,4
	5072	1602	506	285	160	90	51	28	16	9	5,0	2,8	1,5	0,9	0,5
	5320	1681	531	297	168	94	53	30	17	9	5,2	3,0	1,6	0,9	0,5
	5566	1758	556	313	176	99	56	31	17	10	5,5	3,0	2,0	1,0	0,5
Vert	5,00	5,50	6,00	6,25	6,50	6,75	7,00	7,25	7,50	7,75	8,00	8,25	8,50	8,75	9,00

Einige Grundregeln sollten Sie generell beachten:

- führen Sie regelmäßig einen Teilwasserwechsel (1/4 bis 1/3 des Wassers alle 2 bis 4 Wochen) unter Verwendung von Wasseraufbereitungsmitteln wie z. B. Tetra AquaSafe durch
- sorgen Sie für einen dichten und gesunden Pflanzenwuchs. Denn gut wachsende Pflanzen entziehen dem Wasser Nitrat und stabilisieren damit das biologische Geschehen im Aquarium. Verwenden Sie nitrat- und phosphatfreie Düngemittel aus dem Tetra AquaPlant-System: PlantaMin, Crypto-Dünger und InitialSticks, denn diese versorgen die Wasserpflanzen mit ausgewogenen Mikro- und Spurenelementen
- achten Sie auf eine intakte biologische, Ihrer Aquariumgröße und Ihrem Fischbesatz entsprechende Filterung
- vermeiden Sie übermäßigen Fischbesatz
- füttern Sie (wir empfehlen das bewährte Tetra Qualitätsfutter) nur so viel, wie in wenigen Minuten gefressen werden kann
- verwenden Sie bei der Neueinrichtung eines Aquariums sowie bei Wasserwechsel, Filterreinigung und nach Krankheitsbehandlung Tetra Bactozym. Es baut organische Verunreinigungen enzymatisch ab und unterstützt und beschleunigt den Abbau von Ammoniak und Nitrit.

Korrekturmaßnahmen

- führen Sie bei einem zu hohen Nitrit-Gehalt sofort einen Wasserwechsel mit aufbereitetem Wasser durch
- einen zu niedrigen CO_2-Wert können Sie durch Zugabe von CO_2 mit dem Tetra CO_2-Optimat auf einen optimalen Wert erhöhen. Eine zu hohe CO_2-Konzentration senken Sie durch Belüftung des Aquariums über einen Ausströmerstein und eine Luftpumpe, z. B. eine Tetra*tec* Luftpumpe
- einen zu hohen pH-Wert korrigieren Sie einfach und sicher durch Tetra PH/KH Minus oder durch Kohlendioxid-(CO_2)-Düngung mit dem Tetra CO_2-System. CO_2 säuert das Wasser an und verbessert gleichzeitig das Wachstum der Pflanzen
- liegt ein zu niedriger pH-Wert vor, wird dieser mit Tetra PH/KH Plus durch gleichzeitige Erhöhung der Karbonathärte des Wassers exakt und dauerhaft reguliert. Generell läßt sich der pH-Wert des Wassers auch durch Austreiben von überschüssigem CO_2, z. B. durch Belüftung des Wassers mit einer Tetra*tec* Luftpumpe und Ausströmerstein erhöhen. Eine Belüftung des Aquariums während der Nacht ist grundsätzlich zu empfehlen. Weitere Hinweise erhalten Sie in Fachzeitschriften und in der Fachliteratur (Tetra Verlagsprogramm). Bei speziellen Problemen wird Ihnen Ihr Zoofachhändler sicherlich hilfreiche Ratschläge geben.

1. Waarom aquariumwater testen?

Water wordt gevormd binnen de weersystemen en beïnvloed door het milieu. Zuiver regenwater wordt reeds in de atmosfeer belast met milieuschadelijke stoffen. Bij het binnendringen in de bodem wordt regenwater grondwater en verandert dan opnieuw van chemische samenstelling al naar gelang de geaardheid en de belasting met stoffen afkomstig uit verschillende aardlagen. Ook kunnen bij het bereiden van drinkwater of in waterleidingen voor aquariumbewoners schadelijke stoffen als chloor, koper en zink in het leidingwater terechtkomen. Door een veelvoud van invloeden is leidingwater overal verschillend, vaak kent een naburige stad of dorp een geheel andere samenstelling. Door biologische en chemische processen treedt in het aquarium opnieuw verandering van de waterkwaliteit op.

Voor de vitaliteit en gezondheid van vissen en een goede plantengroei moeten we in een aquarium milieuvoorwaarden scheppen, die verregaand overeenstemmen met een gezond, natuurlijk biotoop. Het biologisch evenwicht en daarmee het welzijn van vissen en planten is geheel afhankelijk van de waterkwaliteit.

Met de Tetratest Laborett kunnen de totale hardheid, carbonaathardheid, pH waarde, het nitriet- en kooldoxide-gehalte van het aquariumwater op eenvoudige wijze en heel precies gemeten en vastgesteld worden.

2. De waterwaarden Totale en carbonaat-hardheid

● De totale hardheid (GH)

NL

De totale hardheid van water wordt bepaald door de diverse zouten (in feite calcium- en magnesiumzouten), die daarin zijn opgelost. Bij een hoog gehalte aan dergelijke zouten noemt men water hard, bij een laag gehalte zacht. De totale hardheid beïnvloedt de organische functies van levende organismen in water aanzienlijk. Een gunstige GH waarde, waarbij de meeste siervissen uitstekend gehouden kunnen worden, ligt tussen dH 6° en dH 16° (°dH = graden duitse hardheid).

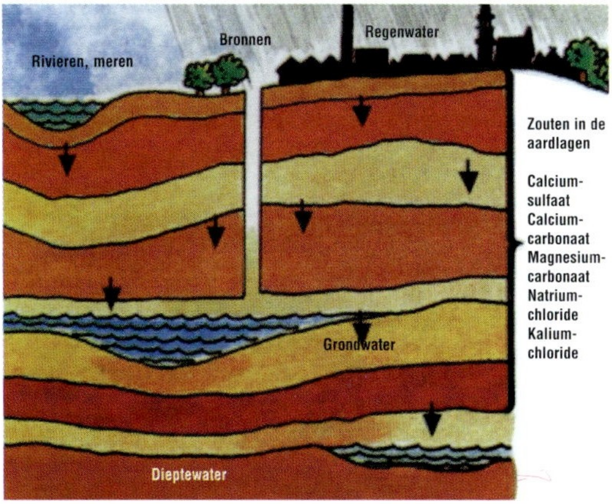

• De carbonaathardheid

Naast de reeds genoemde calcium- en magnesiumzouten bevat water, waar het ook vandaan komt, nog andere bestanddelen van zouten, bijv. hydrogeencarbonaat-ionen. Dit wordt aangegeven via de KH waarde. Hydrogeencarbonaten bezitten een heel belangrijke eigenschap, want ze werken

pH - Skala

als pH buffer en verhinderen door hun aanwezigheid snelle en sterke fluctuaties in de pH waarde, zoals bijv. de beruchte scherpe daling van de zuurgraad (zuurval) die soms in aquaria kan optreden. Door de nauwe wisselwerking tussen de KH en pH waarde heeft de carbonaathardheid eveneens directe invloed op het functioneren en het welzijn van alle levende organismen in aquariumwater. Een KH waarde tussen 3° dH en 10° dH werkt over het algemeen goed. Vissen uit Oostafrikaanse meren (Malawi, Tanganjika, Victoria) zijn aangepast aan hogere carbonaatgehalten.

• De pH waarde

De pH waarde wordt verkregen uit de in het water opgeloste zuren en basen, die

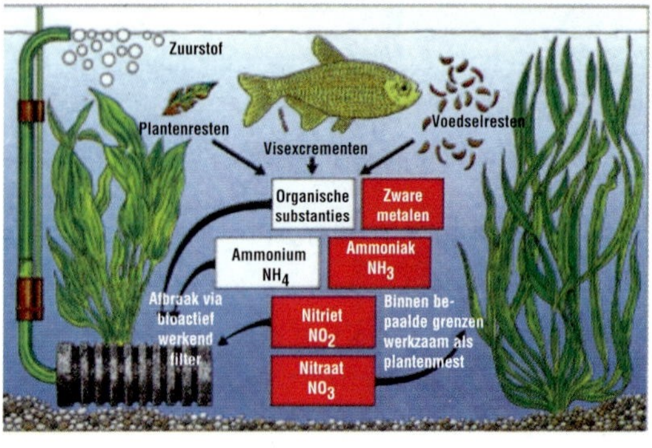

het water of aanzuren of alkalisch maken. Chemisch zuiver water heeft een pH waarde van 7 en wordt neutraal genoemd. Zuren en alkalische componenten zijn hier dus in evenwicht met elkaar. Hoe meer zuren in water aanwezig zijn, hoe meer de pH waarde daalt. Hoe meer basen, hoe hoger de pH waarde stijgt. Een plotselinge daling van de pH – een zgn. zuurval – kan eventueel optreden in zeer zacht water waarin de hydrogeencarbonaten als buffer zijn opgebruikt. Alle vissen, planten en micro-organismen reageren uiterst gevoelig op sterke veranderingen in de pH waarde. Daarom verdient het aanbeveling de pH waarde minstens 1x per week te testen. Vrijwel alle siervissen in zoetwateraquaria kunnen binnen een pH traject dat zich beweegt tussen 6,5 en 8,5 prima gehouden worden. Vele wildvangvissen uit zgn. zwartwater biotopen vertonen een voorkeur voor zacht water met een pH waarde tussen 6,0 en 7,5. Oostafrikaanse cichliden voelen zich pas echt goed in hard water met een pH waarde tussen 7,5 en 8,5 en een hogere carbonaathardheid.

Het nitrietgehalte

Via vaste en vloeibare excrementen van vissen, resten van planten en voedsel komen organische substanties in het water terecht en lossen daarin op. Deze kunnen tijdens de biologische afbraak die hierop volgt sikstofhoudende toxische stoffen vormen. Allereerst ontstaat het giftige ammoniak, respectievelijk het niet giftige ammonium. Welke van de twee gevormd wordt hangt af van de pH waarde. Bij een pH waarde van 7,5 – 8 bevat het aquariumwater reeds giftig ammoniak.
In de tweede fase wordt ammoniak door Nitrosomonas bacteriën

afgebroken tot nitriet. Nitriet is giftig en uitermate schadelijk voor vissen. Door een hoge nitrietwaarde wordt de waterkwaliteit sterk negatief beïnvloed. Aquariumwater dat geleid wordt over een goed werkend biologisch filtersysteem bezit nitrietconcentraties die lager zijn dan of gelijk aan 0,3 mg/l. Het nitrietgehalte mag niet langdurig boven 0,8 mg/l uitkomen, want een waarde van 1,6 mg/l kan reeds bezwaarlijk zijn voor de vissen.

Het CO_2-gehalte

Kooldioxide (CO_2) vormt een belangrijke basis voor de voeding en groei van waterplanten. Onnatuurlijk hoge CO_2 concentraties evenwel vormen een bedreiging voor het leven van de siervissen. De optimale concentratie ligt tussen 5 en 15 mg/l. Hogere concentraties kunnen bij langere inwerking schadelijk zijn voor de waterorganismen.

3. Het verloop van de test

Voor het verkrijgen van een permanent overzicht met betrekking tot de kwaliteit van het aquarium water adviseren wij U wekelijks alle waarden te testen. Noteer de meetwaarden in het bijgeleverde diagnoseboekje. Zo heeft U steeds een goed overzicht over de veranderingen die zich binnen het aquariumwater voltrekken.

Totale- en carbonaathardheid

De totale- en carbonaathardheid worden afzonderlijk gemeten, elk met een speciale testvloeistof. Voor beiden evenwel is dezelfde gebruiksaanwijzing van toepassing.

1. Cuvette en doseercanule met aquariumwater uitspoelen.
2. 5 ml aquariumwater met de doseercanule in de cuvette brengen.
3. Druppelflesje GH voor de totale hardheid of KH voor de carbonaathardheid loodrecht boven de opening van de cuvette houden en de te gebruiken testvloeistof druppelsgewijze toevoegen. Na elke druppel de cuvette lichterlijk schudden tot kleurverandering volgt.

Bij GH: van ROOD naar GROEN
Bij KH: van BLAUW naar GEEL

Attentie: wanneer er al na één druppel kleurverandering optreedt, is de meetwaarde 0-1° dH.

Het aantal druppels totdat kleurverandering optreedt komt overeen met de hardheidsgraad van het water; (1 druppel testvloeistof is gelijk aan 1° dH).

Na meting cuvette en doseercanule uitspoelen met leidingwater.

Verwijzing

Door 10 ml aquariumwater te testen in plaats van 5 ml wordt de meetnauwkeurigheid verhoogd: (1 druppel testvloeistof is dan gelijk aan 1/2° dH).

Licht ontvlambaar!

Waarschuwing: Buiten bereik van kinderen houden!

GH: Licht ontvlambaar! Bevat Ethylalcohol! Verwijderd houden van ontstekingsbronnen.

KH: ontvlambaar! Bevat Ethylalcohol!

De pH waarde

1. Cuvette en doseercanule met aquariumwater uitspoelen.
2. 5 ml aquariumwater met de doseercanule in de cuvette brengen.
3. Druppelflesje pH loodrecht boven de opening van de cuvette houden en 7 druppels toevoegen.
4. Cuvette afsluiten met het deksel en lichtelijk schudden.
5. Vergelijk nu de kleur met die van de pH kleurschaal en lees de pH waarde af.
6. Na meting cuvette en doseercanule uitspoelen met leidingwater.

Waarschuwing: Buiten bereik van kinderen houden! Ontvlambaar! Bevat 2-Propanol.

Het nitrietgehalte

1. Cuvette en doseercanule uitspoelen met aquariumwater.
2. 5 ml aquariumwater met de doseercanule in de cuvette brengen.
3. Druppelflesje loodrecht boven de opening van de cuvette houden en 7 druppels testvloeistof nitriet 1 toevoegen.
4. Cuvette met deksel afsluiten en lichtelijk schudden.
5. Na 10 seconden de cuvette openen en 7 druppels testvloeistof nitriet 2 toevoegen.
6. Cuvette opnieuw sluiten en schudden.
7. Cuvette nu 2 tot 5 minuten laten staan, daarna de kleur van de vloeistof vergelijken met de kleurschaal (zie bijgeleverde kleurenkaart) en de meetwaarde aflezen.
8. Na meting cuvette en doseercanule uitspoelen met leidingwater.

Attentie! Met de Tetra*test* Nitriet Kit meet men de nitriet ionenconcentratie (NO_2^-).

Waarschuwing: Buiten bereik van kinderen houden! Ontvlambaar! Bevat ethylalcohol!

Het CO_2-gehalte

Met de CO_2 indicatietabel kunt U het CO_2-gehalte van het aquariumwater heel eenvoudig aflezen via de gevonden pH waarde en carbonaathardheid. De waarden in de tabel zijn gebaseerd op een gemiddelde temperatuur van 25° C. Bij andere watertemperaturen wijken de CO_2-waarden in geringe mate af van de in de tabel opgegeven waarden.
De voor aquariumwater meest gunstige CO_2, pH- en KH waarden zijn aangegeven in het omlijnde veld van de tabel.

4. Wat te doen bij gevaarlijke negatieve waterwaarden

Een patentrecept voor het verkrijgen van ideaal aquariumwater is niet te geven en bestaat ook niet. Immers, geen twee aquariummilieus zijn gelijk. In elk aquarium ontwikkelt zich in feite

KH (°dH)	CO_2-Concentratie in mg/l														
1	347	108	34	19	11	6	3	2	1	1	0,3	0,2	0,1	0,1	0,1
2	669	209	66	37	21	12	7	4	2	1	0,7	0,4	0,2	0,1	0,1
3	981	308	97	55	31	17	10	5	3	2	1,0	0,5	0,3	0,2	0,1
4	1284	404	128	72	40	23	13	7	4	2	1,3	0,7	0,4	0,2	0,1
5	1581	498	157	88	50	28	16	9	5	3	1,6	0,9	0,5	0,3	0,1
6	1873	590	186	105	59	33	19	10	6	3	1,8	1,0	0,6	0,3	0,2
7	2159	681	215	121	68	38	21	12	7	4	2,1	1,2	0,7	0,4	0,2
8	2440	770	243	137	77	43	24	14	8	4	2,4	1,3	0,7	0,4	0,2
9	2718	858	271	152	86	48	27	15	9	5	2,7	1,5	0,8	0,5	0,2
10	2992	944	298	168	94	53	30	17	9	5	3,0	1,6	0,9	0,5	0,3
11	3262	1030	325	183	103	58	33	18	10	6	3,2	1,8	1,0	0,5	0,3
12	3529	1114	352	198	111	63	35	20	11	6	3,5	1,9	1,1	0,6	0,3
13	3793	1198	379	213	120	67	38	21	12	7	3,7	2,1	1,1	0,6	0,3
14	4054	1280	405	227	128	72	40	23	13	7	4,0	2,2	1,2	0,7	0,4
15	4312	1362	430	242	136	76	43	24	14	8	4,2	2,4	1,3	0,7	0,4
16	4568	1443	456	256	144	81	46	26	14	8	4,4	2,5	1,4	0,8	0,4
17	4820	1523	481	271	152	86	48	27	15	8	4,7	2,6	1,5	0,8	0,4
18	5072	1602	506	285	160	90	51	28	16	9	5,0	2,8	1,5	0,9	0,5
19	5320	1681	531	297	168	94	53	30	17	9	5,2	3,0	1,6	0,9	0,5
20	5566	1758	556	313	176	99	56	31	17	10	5,5	3,0	2,0	1,0	0,5
Waarde pH	5,00	5,50	6,00	6,25	6,50	6,75	7,00	7,25	7,50	7,75	8,00	8,25	8,50	8,75	9,00

een geheel eigen leefmilieu. Redenen daarvoor zijn de verschillen in beplanting, bevolkingsdruk, de kwaliteit van het lokale leidingwater en niet in de laatste plaats het watervolume en de verzorging.

Schroom daarom niet advies te vragen bij uw aquariumspecialist. Deze zal U vakkundig informeren met betrekking tot waterwaarden die als de meest gunstige in aanmerking komen voor de door U gekozen planten en vissen.

Hij kan U zeker adviseren hoe de gunstigste condities bereikt kunnen worden. Bovendien beschikt hij over alle producten voor het prepareren van water.

Algemene basisregels voor aquariumverzorging

- Ververs regelmatig water (1/4 tot 1/3 deel elke 2 tot 4 weken) met gebruik van waterpreparatiemiddelen als bijv. Tetra AquaSafe.
- Zorg voor een krachtige en gezonde plantengroei. Goed functionerende planten onttrekken nitraat aan het water en stabiliseren daarmee de biologische processen in het aquarium. Gebruik de speciale nitraat- en fosfaatvrije bemestingsproducten als Tetra PlantaMin, Tetra Cryptodünger en Tetra Initial Sticks, want deze brengen uitgebalanceerde micro- en sporenelementen in het systeem t.b.v. de waterplanten.
- Bevorder het goed functioneren van biologisch filteratie en zorg dat de afmetingen van het filter in overeenstemming zijn met de productie van de visbezetting en het totale watervolume.
- Voorkom overbevolking.
- Voer nooit méér dan in enkele minuten wordt opgegeten. Wij adviseren de beproefde Tetra kwaliteitsvoeders te gebruiken.
- Bij nieuwinrichting van een aquarium heeft een filter ca. 4 tot 6 weken nodig alvorens de inhoud biologisch actief kan functioneren.

Maatregelen ter correctie

- Ververs bij het constateren van een te hoog nitrietgehalte onmiddellijk met water dat vooraf geprepareerd is.
- Een te laag CO_2-gehalte kunt U opheffen door toevoeging van CO_2 via het Tetra CO_2-Systeem of met gebruik van Tetra CO_2-Optimat

verhoging tot de optimale waarde. Een te hoog CO_2-gehalte kan verminderd worden door beluchten van het aquariumwater via een luchtuitstromer, aangesloten op een luchtpomp; bijv. een Tetra*tec* luchtpomp.
- Een te hoge pH waarde (dus in het alkalische traject) corrigeert U door koolzuur (CO_2-bemesting via het Tetra CO_2-Systeem. CO_2 zuurt het water aan en verbetert tegelijkertijd de groei van de aquariumplanten.
- Test bij het constateren van een te lage pH waarde de carbonaadhardheid van het aquariumwater met de Tetra*test* KH. Bevindt de carbonaarardheid zich beneden 1°-2° dH (zoet water) of in zeewater beneden 6° dH is het aan te bevelen het water aan te harden door toevoeging van zgn dolomietkalk, marmersplit of oestergrit. Over het algemeen is de pH waarde van het water ook te verhogen door het verwijderen van overtollig CO_2 bijv. door beluchting van het aquariumwater met behulp van een Tetra*tec* luchtpomp. Een rustige continue beluchting van het aquariumwater gedurende de nacht is aan te bevelen.

Meer aanwijzingen verkrijgt U via de tijdschriften op aquariumgebied en de vakliteratuur (Tetra Uitgeverij). Bij speciale problemen kunt U zeker raad en daad verwachten van uw aquariumspecialist.

1. Pourquoi tester l'eau de l'aquarium?

La qualité de l'eau dépend de son environnement. L'eau de pluie, initialement très pure, se charge déjà dans l'atmosphère en éléments polluants. En pénétrant dans le sol et en arrivant au stade de nappe phréatique, la composition chimique de l'eau de pluie est entièrement modifiée en fonction de la nature des couches géologiques traversées et de leur teneur en matières polluantes. Ensuite, le traitement de l'eau potable et les conduites d'eau peuvent introduire dans l'eau du robinet des éléments nocifs pour vos poissons, tels que le chlore, le cuivre ou le zinc. Tous ces différents facteurs font que l'eau du robinet présente une qualité très variable et souvent même une composition entièrement différente d'un lieu voisin à un autre. Les phénomènes chimiques et biologiques qui se produisent en aquarium modifient à leur tour la composition de l'eau.

Pour avoir des poissons et des plantes en parfaite santé, il faut que les propriétés de l'eau de votre aquarium correspondent le plus possible à celles de leur biotope naturel. Le maintien de cet équilibre biologique, et donc le bien-être des poissons et des plantes, dépend essentiellement de la qualité de l'eau.

Grâce à **Laborett Tetra*test***, vous pouvez vérifier, de façon simple et précise, la dureté totale, la dureté carbonatée, la valeur du pH, la teneur en nitrite et en gaz carbonique de l'eau de votre aquarium.

2. Les propriétés de l'eau

La dureté totale et la dureté carbonatée

• La dureté totale (GH)

La dureté totale de l'eau dépend de sa teneur en certains sels, en particulier en sels de calcium et de magnésium. Une eau contenant une grande proportion de ces sels est qualifiée de "dure" tandis qu'une faible proportion de ces sels la rend "douce".

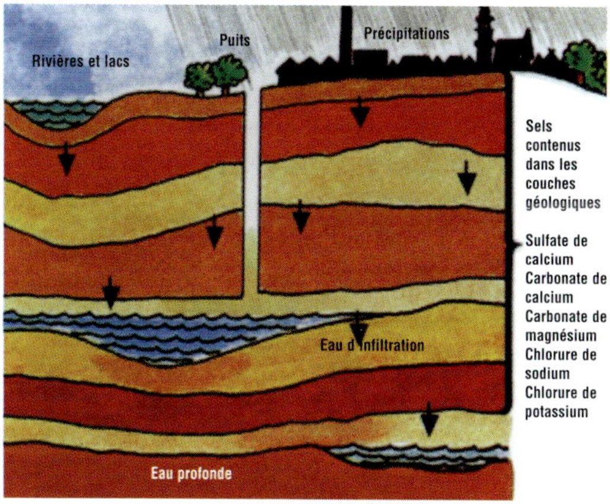

C'est la dureté totale qui détermine principalement les fonctions organiques des êtres vivants dans l'eau. La valeur GH la plus favorable à la plupart des poissons d'ornement se situe entre 6° et 16° (°dH = degré allemand de dureté totale ou Titre Hydrotimétrique), soit entre 10 et 28 degrés français (TH).

• La dureté carbonatée (KH)

En dehors des sels de calcium et de magnésium cités ci-dessus, presque toutes les eaux contiennent d'autres composants salins, tels que le bicarbonate dont la teneur est indiquée

pH - Skala

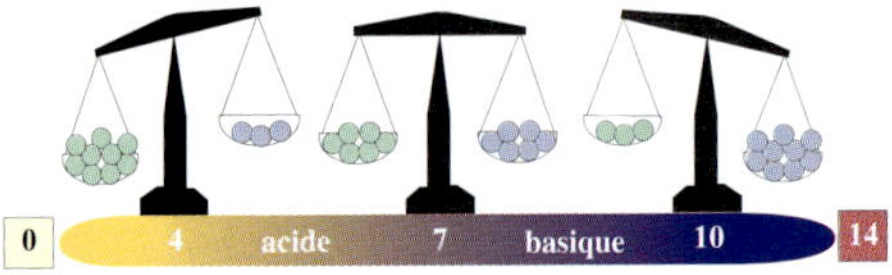

par la valeur KH de l'eau. Le bicarbonate joue un rôle important dans un aquarium car il agit en tant que régulateur du pH: il évite de trop rapides changements du pH (tels que sa chute brutale appelée "chute acide"). En raison de cette interaction entre la valeur KH et la valeur du pH, la dureté cabonatée a une influence directe sur la santé et l'épanouissement de tous les êtres vivants de l'aquarium.

Une valeur KH entre 3° et 10° dH (°dH = degré de dureté allemand) soit entre 5 et 18 degrés THCa français, est recommandée. Par exemple, les poissons d'origine est-africaine (Lac Malawi, Tanganyika) sont habitués à des duretés carbonatées assez élevées.

La valeur pH

Le pH résulte de la présence de toutes les substances acides et basiques en

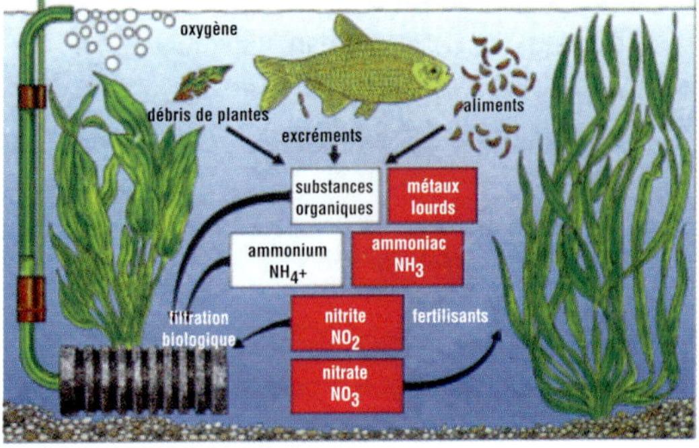

solution dans l'eau et qui la rendent soit acide, soit alcaline. Une eau chimiquement pure a un pH de 7 et est qualifiée de neutre. Les acides et les composants alcalins y sont bien équilibrés. Plus l'eau contient d'acides, plus son pH est faible. Inversement, plus l'eau contient de bases, plus son pH est élevé. Une chute rapide de la valeur du pH, la chute acide, peut se produire, par exemple, dans une eau très douce lorsqu'il n'y a plus assez de bicarbonates régulateurs.

Tous les poissons, les plantes et les micro-organismes sont très sensibles aux brusques changements du pH. Il est préférable de vérifier le pH au moins une fois par semaine. Les valeurs pH recommandées pour presque tous les poissons d'ornement se situent entre 6,5 et 8,5. Par exemple, les poissons vivant en "eaux noires" préfèrent des eaux douces avec des pH compris entre 6,0 et 7,5. Les cichlidés des lacs d'Afrique de l'Est se sentent bien dans une eau plus dure avec des indices pH compris entre 7,5 et 8,5 et une dureté carbonatée élevé.

La teneur en nitrite (NO_2^-)

L'eau se charge en substances organiques provenant entre autres des excréments des poissons, des débris de plantes et des restes de nourriture. Pendant leur processus de dégradation biologique, les substances contenues dans l'eau peuvent produire des composants azotés nuisibles. Au premier stade de la décomposition, apparaît l'ammoniac toxique ou l'ammonium non toxique. Au cours de cette phase, l'indice pH revêt une importance particulière. Tant que l'indice pH reste inférieur à 7, il se forme de l'ammonium inoffensif, mais si l'indice pH dépasse 7,5 ou 8, il se produit de l'ammoniac nocif pour les poissons.

Lors de la deuxième phase de décomposition de l'azote, certaines bactéries présentes dans l'aquarium transforment l'ammoniac en nitrite. Le nitrite est nocif et très dangereux pour les poissons. Par conséquent, lorsque la teneur en nitrite est trop élevée, la qualité de l'eau est considérablement perturbée. Seuls les aquariums pourvus d'un système de filtration approprié présentent des concentrations en nitrite inférieures ou égales à 0,3 mg/l. La teneur en nitrite ne devrait pas dépasser 0,8 mg/l. Une concentration en nitrite supérieure à 1,6 mg/l est, à long terme, nocive pour les poissons.

La teneur en gaz carbonique (CO_2)

Le gaz carbonique (CO_2) constitue une base importante pour la nourriture et la croissance des plantes aquatiques. La concentration optimale dans l'aquarium doit être maintenue entre 5 et 15 mg/l. Des concentrations plus fortes en CO_2 peuvent à la longue se révéler nocives pour les poissons d'ornement.

3. Comment procéder aux tests?

Afin de surveiller en permanence la qualité de l'eau de votre aquarium, nous vous recommandons de vérifier les principales valeurs une fois par semaine.

Dureté totale (GH) et dureté carbonatée (KH)

La dureté totale (ou Titre Hydrotimétrique GH) et la dureté carbonatée (KH) se mesurent séparément au moyen du liquide test correspondant. Ces valeurs (GH et KH) se mesurent dans la même unité: le degré °dH allemand. Le mode d'emploi est le même pour les deux tests:

1. Rincer l'éprouvette et la seringue de dosage avec l'eau de l'aquarium.
2. A l'aide de la seringue, verser 5 ml d'eau de l'aquarium dans l'éprouvette.
3. Tenir le flacon doseur (GH pour la dureté totale, ou KH pour la dureté carbonatée) au-dessus de l'éprouvette et verser le liquide test goutte par goutte. Agiter légèrement l'éprouvette après chaque goutte et compter les gouttes nécessaires jusqu'au changement de couleur.

Pour le GH: la couleur varie du ROUGE au VERT

Pour le KH: la couleur varie du BLEU au JAUNE

Note: si un changement de couleur apparaît après la 1ère goutte, alors le degré est compris entre 0 et 1°dH.

La nombre de gouttes nécessaires jusqu'au changement de couleur correspond au degré allemand de dureté de l'eau (1 goutte de liquide test = 1° dH). Pour obtenir la dureté en degrés français, il faut multiplier les degrés allemands par 1,78.

Après le test, rincer l'éprouvette et la seringue à l'eau du robinet.

Remarque:

La précision de lecture est augmentée en pratiquant le test sur 10 ml d'eau d'aquarium (1 goutte de liquide test = 1/2° dH).

F - Facilement inflammable !

Xn-Nocif !

Attention: Conserver hors de la portée des enfants ! GH: Xn-Nocif! F-Facilement inflammable! Contient de l'éthanol et de la pipérazine! Conserver à l'écart de toute flamme ou source d'étincelles.

Peut entraîner une sensibilisation par inhalation et contact avec la peau. En cas d'ingestion consulter immédiatement un médecin et lui montrer l'emballage ou l'étiquette. Porter un vêtement de protection et des gants appropriés. Ne pas respirer les poussières et les vapeurs.

KH: Inflammable! Contient de l'éthanol!

La valeur pH

1. Rincer l'éprouvette et la seringue de dosage avec l'eau de l'aquarium.
2. Verser 5 ml d'eau de l'aquarium dans l'éprouvette à l'aide de la seringue.
3. Tenir le flacon doseur verticalement au-dessus de l'éprouvette et verser 7 gouttes.
4. Fermer l'éprouvette au moyen du couvercle, puis agiter légèrement.
5. Comparer la coloration obtenue avec l'échelle colorimétrique du pH indiquée sur la carte jointe et relever la valeur correspondante.
6. Après le test, rincer l'éprouvette et la seringue à l'eau du robinet.

Attention: Conserver hors de la portée des enfants ! Inflammable! Contient du 2-Propanol.

La teneur en nitrite (NO_2^-)

1. Rincer l'éprouvette et la seringue de dosage avec l'eau de l'aquarium.
2. Verser 5 ml d'eau de l'aquarium dans l'éprouvette à l'aide de la seringue.
3. Tenir le flacon doseur n° 1 au-dessus de l'éprouvette et verser 7 gouttes.
4. Fermer l'éprouvette au moyen du couvercle, puis agiter légèrement.
5. Attendre 10 secondes, rouvrir l'éprouvette et verser 7 gouttes du flacon doseur n° 2.
6. Refermer puis agiter encore une fois légèrement.
7. Laisser le mélange reposer pendant 2 à 5 minutes, comparer la coloration du liquide avec l'échelle colorimétrique indiquée sur la carte jointe et relever la valeur correspondante.
8. Après le test, rincer l'éprouvette et la seringue à l'eau du robinet.

Le Tetratest Nitrite mesure la concentration totale des nitrites.

Attention: Conserver hors de la portée des enfants ! Inflammable ! Contient de l'éthanol. N° CE 200-578-6. Etiquetage CE.

KH (°dH)	Concentration en CO_2 en mg/l														
1	347	108	34	19	11	6	3	2	1	1	0,3	0,2	0,1	0,1	0,1
2	669	209	66	37	21	12	7	4	2	1	0,7	0,4	0,2	0,1	0,1
3	981	308	97	55	31	17	10	5	3	2	1,0	0,5	0,3	0,2	0,1
4	1284	404	128	72	40	23	13	7	4	2	1,3	0,7	0,4	0,2	0,1
5	1581	498	157	88	50	28	16	9	5	3	1,6	0,9	0,5	0,3	0,1
6	1873	590	186	105	59	33	19	10	6	3	1,8	1,0	0,6	0,3	0,2
7	2159	681	215	121	68	38	21	12	7	4	2,1	1,2	0,7	0,4	0,2
8	2440	770	243	137	77	43	24	14	8	4	2,4	1,3	0,7	0,4	0,2
9	2718	858	271	152	86	48	27	15	9	5	2,7	1,5	0,8	0,5	0,2
10	2992	944	298	168	94	53	30	17	9	5	3,0	1,6	0,9	0,5	0,3
11	3262	1030	325	183	103	58	33	18	10	6	3,2	1,8	1,0	0,5	0,3
12	3529	1114	352	198	111	63	35	20	11	6	3,5	1,9	1,1	0,6	0,3
13	3793	1198	379	213	120	67	38	21	12	7	3,7	2,1	1,1	0,6	0,3
14	4054	1280	405	227	128	72	40	23	13	7	4,0	2,2	1,2	0,7	0,4
15	4312	1362	430	242	136	76	43	24	14	8	4,2	2,4	1,3	0,7	0,4
16	4568	1443	456	256	144	81	46	26	14	8	4,4	2,5	1,4	0,8	0,4
17	4820	1523	481	271	152	86	48	27	15	8	4,7	2,6	1,5	0,8	0,4
18	5072	1602	506	285	160	90	51	28	16	9	5,0	2,8	1,5	0,9	0,5
19	5320	1681	531	297	168	94	53	30	17	9	5,2	3,0	1,6	0,9	0,5
20	5566	1758	556	313	176	99	56	31	17	10	5,5	3,0	2,0	1,0	0,5
Valeur du pH	5,00	5,50	6,00	6,25	6,50	6,75	7,00	7,25	7,50	7,75	8,00	8,25	8,50	8,75	9,00

La teneur en gaz carbonique (CO_2)

Après avoir relevé la valeur du pH et la dureté carbonatée, vous pouvez en déduire la teneur en gaz carbonique de l'eau de votre aquarium au moyen du tableau CO_2 ci-dessus. Les valeurs indiquées sont calculées pour une eau dont la température est de 25°C. Mais, en cas de températures différentes, les valeurs CO_2 ne varient pas de façon significative par rapport à celles indiquées sur le tableau.

Les valeurs recommandées pour le CO_2, le pH et le KH sont indiquées dans le champ blanc.

4. Que faire si les valeurs relevées sont mauvaises?

Il n'y a pas de règles précises pour obtenir une eau d'aquarium idéale, et il ne peut pas y en avoir, car chaque aquarium représente un biotope unique en son genre et ne ressemble à aucun autre. Cela s'explique par les differentes combinaisons possibles de poissons et de plantes, leur nombre, la qualité de l'eau que vous utilisez et, bien sûr, la taille de votre aquarium. Nous vous conseillons donc de vous adresser à votre commerçant spécialisé. Il vous dira quelles sont les valeurs à respecter pour vos poissons et vos plantes. Votre commerçant vous conseillera également dans le cas où les valeurs de l'eau ne se situeraient pas dans les fourchettes acceptables. Il dispose de produits destinés au traitement de l'eau et vous indiquera les meilleurs moyens d'atteindre les valeurs les plus favorables à vos poissons et à vos plantes.

Pour préserver les meilleures conditions de vie dans votre aquarium, veillez à respecter quelques règles générales:

- Changez régulièrement une partie de l'eau de l'aquarium (1/4 à 1/3 de l'eau toutes les 3 à 4 semaines) en utilisant des produits de traitement de l'eau, tels que Tetra AquaSafe.
- Veillez à ce que la croissance des plantes soit saine et dense car les plantes qui poussent bien absorbent

les nitrates de l'eau et participent ainsi à l'équilibre biologique de l'aquarium. Utilisez des engrais sans phosphate, ni nitrate, tels que Tetra FloraPride, Tetra Crypto et Tetra Initial Sticks de la gamme Tetra AquaPlant, car ils nourrissent les plantes aquatiques en micro- et en oligo-éléments indispensables.

- Veillez à ce qu'il y ait une parfaite filtration biologique, adaptée à la taille de votre aquarium, ainsi qu'au nombre et à l'espèce de vos poissons.
- Evitez une surpopulation de poissons dans un espace trop restreint.
- Ne donnez à vos poissons que la quantité de nourriture qu'ils peuvent absorber en quelques minutes (nous vous recommandons une nourriture de qualité, telle que celle proposée par Tetra).
- Lors d'une nouvelle installation, le système de filtration nécessite environ 4 à 6 semaines d'activation biologique pour être parfaitement efficace.

Nous vous donnons ci-après quelques moyens d´action permettant de corriger les valeurs de l´eau.

- En cas de teneur trop élevée en nitrite, procédez immédiatement à un changement d'eau.
- Si votre valeur CO_2 est trop basse, vous pouvez l'augmenter jusqu'à la concentration optimale en ajoutant du gaz carbonique au moyen du Système Tetra CO_2 Optimat. En cas de concentration trop élevée en CO_2, aérez l'aquarium au moyen d'un diffuseur d'air et d'une pompe à air telle que Tetra*tec* AP.
- Pour modifier une valeur pH trop élevée, introduisez du gaz carbonique dans votre aquarium au moyen du Système Tetra CO_2-Optimat. Le gaz carbonique acidifie l'eau et favorise en même temps la croissance des plantes.
- Dans le cas d'une valeur pH trop basse, testez la dureté carbonatée de l'eau de l'aquarium au moyen du Tetra*test* KH. Si la dureté carbonatée est inférieure à 1° ou 2° dH en eau douce, ou à 6° dH en eau de mer, il est recommandé d'augmenter la dureté de l'eau en y ajoutant un morceau de dolomie calcaire ou de marbre. Mais, d'une façon générale, il est possible d'augmenter le pH de l'eau en expulsant l'excédent de gaz carbonique, par exemple en aérant l'aquarium au moyen de la pompe à air d'aquarium Tetra*tec* AP. Il est toujours recommandé d'aérer l'aquarium pendant la nuit.

Vous trouverez de plus amples conseils dans les ouvrages spécialisés et dans la littérature professionnelle (Programme d'édition Tetra). En cas de problèmes particuliers, votre commerçant spécialisé vous fournira sans nul doute de précieux conseils.

1. Perché testare l'acqua dell'acquario?

La qualità dell'acqua di una data zona dipende dalle condizioni dell'ambiente. L'acqua piovana, originariamente pura, assorbe sostanze inquinanti già nell'atmosfera. Disperdendosi nel suolo e divenendo acqua sotterranea, essa modifica ancora la propria composizione chimica in base alla struttura e al grado di inquinamento degli strati biologici. Con i vari trattamenti di potabilizzazione o attraverso lo stesso acquedotto, nell'acqua di rubinetto possono giungere sostanze come cloro, rame o zinco, nocive per gli abitanti del nostro acquario. A causa di queste molteplici influenze, l'acqua di rubinetto è ovunque diversa e, spesso, presenta grandi differenze anche tra località vicine. Altri processi chimici e biologici che si verificano in acquario provocano un'ulteriore variazione della qualità dell'acqua.
Perché i pesci possano crescere in modo ottimale, le condizioni ambientali in acquario devono essere perfette e corrispondere il più possibile a quelle del loro habitat naturale. L'equilibrio biologico e, quindi, il benessere di pesci e piante dipendono notevolmente dalla qualità dell'acqua.

2. I valori dell'acqua Durezza Totale (GH)

La durezza totale (GH) dell'acqua deriva dalla concentrazione di sali di calcio e di magnesio disciolti. Questi sali influenzano direttamente il metabolismo dei pesci, delle piante e dei microorganismi. Se il contenuto di sali di calcio e di magnesio è alto, l'acqua viene definita "dura", se il loro contenuto è basso essa viene definita tenera. La durezza totale influisce in

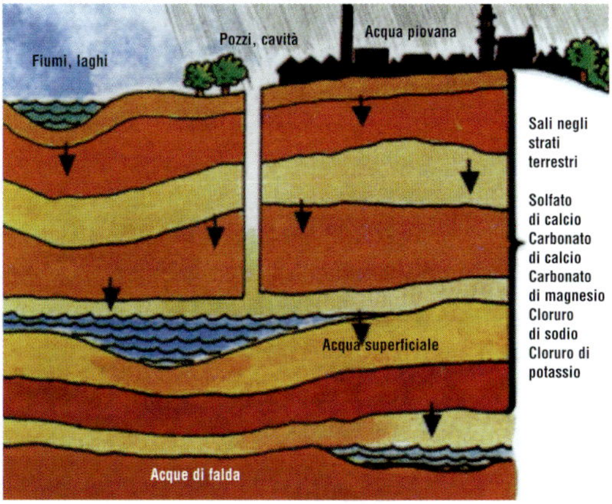

modo determinante sulle funzioni organiche di tutti gli essere viventi in acquario. La maggior parte dei pesci d'acqua dolce gradisce un'acqua con durezza totale compresa tra i 6° e i 16°dH (°dH = grado tedesco).

Durezza carbonatica (KH)

Oltre ai già citati sali di calcio e di magnesio, quasi ogni tipo di acqua contiene altri sali come i carbonati e bicarbonati, la cui percentuale viene indicata dal valore KH. I carbonati sono molto importanti in quanto agiscono da tampone per il pH, prevenendone variazioni improvvise come un suo abbassamento repentino. Più è alto il valore KH dell'acqua, maggiore è il contenuto di sostanze tampone: sarà quindi più difficile acidificare l'acqua a causa dell'effetto di queste sostanze. Più è basso il valore KH dell'acqua, minore è il contenuto di sostanze tampone: sarà quindi più facile acidificare l'acqua ma si otterrà un pH meno

Scala del pH

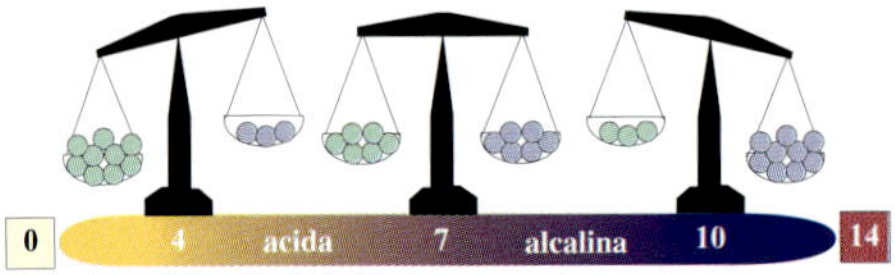

stabile (sbalzi del pH). Forti oscillazioni del valore pH sono molto pericolose per pesci e piante.
Un valore KH compreso tra 3°-10° dH è consigliabile per la maggior parte dei pesci d'acqua dolce. I pesci provenienti dai laghi dell'Africa orientale (Malawi, Tanganika) sono abituati a durezze carbonatiche maggiori.

Valore pH

Il valore pH risulta da tutte le sostanze acide o basiche disciolte nell'acqua, che la rendono acida o alcalina. L'acqua chimicamente pura presenta un valore pH pari a 7.0 e viene definita neutra. Le componenti acide e quelle alcaline sono in perfetto equilibrio. Più aumentano gli acidi più si abbassa il valore pH (acqua acida), più

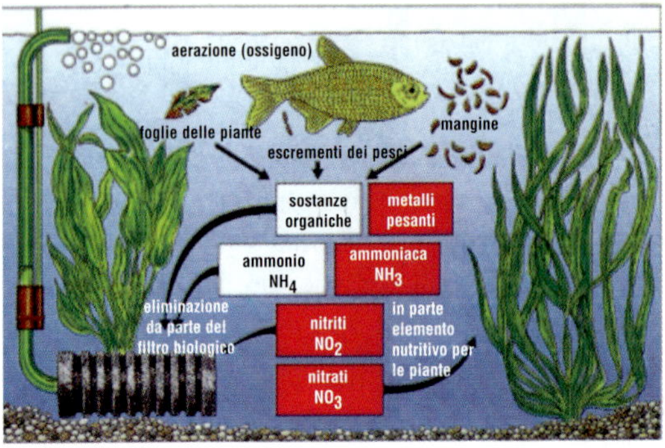

aumentano le basi più intensa è l'ascesa del valore pH (acqua alcalina).
Un calo improvviso del valore pH, la cosiddetta precipitazione degli acidi, può verificarsi in acque molto tenere, carenti di bicarbonati quali sostanze tampone.
I pesci, le piante e i microorganismi reagiscono sensibilmente a variazioni violente e improvvise del valore pH. Per questo motivo, esso dovrebbe essere misurato almeno una volta alla settimana.
Per quasi tutti gli organismi d'acqua dolce sono in genere ottimali valori pH compresi tra 6.5 e 8.5. I pesci provenienti dai fiumi di "acqua scura" preferiscono acqua tenera con valori pH compresi tra 6.0 e 7.5. I Ciclidi dell'Africa orientale si trovano a proprio agio in acqua dura con valori pH compresi tra 7.5 e 8.5 e con una durezza carbonatica maggiore.

Valore NO_2^- (Nitriti)

Dai prodotti di rifiuto dei pesci, dai frammenti di piante e dagli avanzi di mangime si formano sostanze organiche che si disciolgono nell'acqua e tendono a decomporsi in varie fasi. Durante la decomposizione biologica, le sostanze disciolte nell'acqua possono dare origine a sostanze nocive contenenti azoto. Dapprima si formano i sali tossici di ammoniaca e quelli non tossici di ammonio i cui quantitativi dipendono largamente dal valore pH dell'acqua. Con valori di pH inferiori o uguali a 7 l'ammoniaca è presente come ione ammonio non velenoso. Quando il filtro biologico non lavora bene e se i valori del pH sono superiori a 7.5, è presente in misura crescente la tossica ammoniaca. Un contenuto di ammoniaca di solo 0.1 mg/l può avere alla lunga effetti dannosi su pesci sensibili. Concentrazioni comprese tra

0.5 e 1 mg/l possono causare la morte di alcuni pesci.

In una seconda fase, l'ammoniaca viene scomposta in nitriti dai batteri Nitrosomonas. Anche i nitriti sono velenosi e molto nocivi per i pesci.

In caso di elevata presenza di nitriti, la qualità dell'acqua risulta essere notevolmente peggiorata. Gli acquari provvisti di un buon sistema di filtraggio presentano concentrazioni di nitriti inferiori o uguali a 0.3 mg/l. Il contenuto di nitriti non dovrebbe superare 0.8 mg/l; un valore pari a 1.6 mg/l può già essere pericoloso per i pesci.

CO_2 (Anidride carbonica)

L'anidride carbonica (CO_2) costituisce una base d'importanza fondamentale per la nutrizione e la crescita delle piante acquatiche. La concentrazione stabile ottimale è compresa tra 5 e 15 mg/l. Concentrazioni di CO_2 più elevate possono avere effetti negativi sui pesci.

3. Come eseguire i test

Per avere una panoramica costante della qualità dell'acqua del vostro acquario, vi consigliamo di controllare settimanalmente i valori dell'acqua.

Importante: tenere tutti i reagenti lontano dalla portata dei bambini.

Durezza totale e durezza carbonatica

La durezza totale e la durezza carbonatica vengono misurate singolarmente con il rispettivo reagente. Per entrambi i valori valgono le stesse istruzioni:

1. Sciacquare la provetta e la siringa dosatrice con l'acqua dell'acquario.
2. Con la siringa dosatrice versare nella provetta 5 ml di acqua dell'acquario.
3. Capovolgere il flaconcino contagocce GH per la durezza totale e KH per la durezza carbonatica e versare goccia a goccia il reagente nella provetta.
4. Agitare leggermente la provetta dopo ogni goccia e contare il numero di gocce necessario al viraggio del colore.

Per GH: viraggio dal ROSSO al VERDE.

Per KH: viraggio dal BLU al GIALLO

Osservazione: se il cambiamento di colore si verifica immediatamente dopo la prima goccia, il valore è compreso tra 0 e 1° dH.

Il numero di gocce aggiunte fino al viraggio di colore indica il livello di durezza dell'acqua (1 goccia di liquido = 1° dH - gradi tedeschi).

Dopo ogni test, sciacquare la provetta e la siringa dosatrice con acqua di rubinetto.

La misurazione è ancora più precisa se si effettua il test con 10 ml di acqua dell'acquario (1 goccia di liquido per la misurazione = 1/2° dH).

Facilmente infiammabile!

Avvertenza: Tenere lontano dalla portata dei bambini!

GH: Facilmente infiammabile! Contiene alcol etilico. Conservare lontano da fonti di calore.

KH: Infiammabile! Contiene alcol etilico!

Valore pH

1. Sciacquare la provetta e la siringa dosatrice con l'acqua dell'acquario.
2. Con la siringa dosatrice versare nella provetta 5 ml di acqua dell'acquario.
3. Capovolgere il flaconcino contagocce e versare 7 gocce di reagente nella provetta.
4. Chiudere la provetta e agitarla leggermente.
5. Tenere la provetta e la scala colorimetrica pH (vedere scheda colori allegata) in posizione verticale e confrontare il colore del liquido con quello più vicino sulla scala colorimetrica. Leggere il valore corrispondente.
6. Dopo ogni test, sciacquare la provetta e la siringa dosatrice con acqua di rubinetto.

Avvertenza: Tenere lontano dalla portata dei bambini!
Infiammabile!
Contiene 2-propanolo.

Nitriti

1. Sciacquare la provetta e la siringa dosatrice con l'acqua dell'acquario.
2. Con la siringa versare nella provetta 5 ml di acqua dell'acquario.
3. Capovolgere il flaconcino contagocce 1 e versare 7 gocce di reagente nella provetta.
4. Chiudere la provetta e agitare leggermente.
5. Dopo 10 secondi, aggiungere nella provetta 7 gocce del reagente 2.
6. Chiudere e agitare di nuovo.
7. Lasciar riposare per 2-5 minuti; quindi tenere la provetta e la scala colorimetrica (vedere scheda colori allegata) in posizione verticale e confrontare il colore del liquido con quello più vicino sulla scala colorimetrica. Leggere il valore corrispondente.
8. Dopo ogni test, sciacquare la provetta e la siringa con acqua di rubinetto.

Il Tetra*test* Nitriti misura la concentrazione degli ioni nitrito (NO_2^-).

Avvertenza: Tenere lontano dalla portata dei bambini!
Infiammabile! Contiene alcol etilico.

Contenuto di CO_2

Dopo aver misurato il valore pH e la durezza carbonatica, è possibile determinare il contenuto di CO_2 dell'acqua del vostro acquario leggendo la tabella di calcolo dell'anidride carbonica. I valori si riferiscono ad acqua con una temperatura di 25° C. In caso di temperature diverse, i valori dell'anidride carbonica si scostano solo leggermente da quelli indicati nella tabella. I valori consigliati per CO_2, pH e KH sono quelli racchiusi nel settore bianco circoscritto.

KH (°dH)	Concentrazione di CO_2 in mg/l														
1	347	108	34	19	11	6	3	2	1	1	0,3	0,2	0,1	0,1	0,1
2	669	209	66	37	21	12	7	4	2	1	0,7	0,4	0,2	0,1	0,1
3	981	308	97	55	31	17	10	5	3	2	1,0	0,5	0,3	0,2	0,1
4	1284	404	128	72	40	23	13	7	4	2	1,3	0,7	0,4	0,2	0,1
5	1581	498	157	88	50	28	16	9	5	3	1,6	0,9	0,5	0,3	0,1
6	1873	590	186	105	59	33	19	10	6	3	1,8	1,0	0,6	0,3	0,2
7	2159	681	215	121	68	38	21	12	7	4	2,1	1,2	0,7	0,4	0,2
8	2440	770	243	137	77	43	24	14	8	4	2,4	1,3	0,7	0,4	0,2
9	2718	858	271	152	86	48	27	15	9	5	2,7	1,5	0,8	0,5	0,2
10	2992	944	298	168	94	53	30	17	9	5	3,0	1,6	0,9	0,5	0,3
11	3262	1030	325	183	103	58	33	18	10	6	3,2	1,8	1,0	0,5	0,3
12	3529	1114	352	198	111	63	35	20	11	6	3,5	1,9	1,1	0,6	0,3
13	3793	1198	379	213	120	67	38	21	12	7	3,7	2,1	1,1	0,6	0,3
14	4054	1280	405	227	128	72	40	23	13	7	4,0	2,2	1,2	0,7	0,4
15	4312	1362	430	242	136	76	43	24	14	8	4,2	2,4	1,3	0,7	0,4
16	4568	1443	456	256	144	81	46	26	14	8	4,4	2,5	1,4	0,8	0,4
17	4820	1523	481	271	152	86	48	27	15	8	4,7	2,6	1,5	0,8	0,4
18	5072	1602	506	285	160	90	51	28	16	9	5,0	2,8	1,5	0,9	0,5
19	5320	1681	531	297	168	94	53	30	17	9	5,2	3,0	1,6	0,9	0,5
20	5566	1758	556	313	176	99	56	31	17	10	5,5	3,0	2,0	1,0	0,5
Valore pH	5,00	5,50	6,00	6,25	6,50	6,75	7,00	7,25	7,50	7,75	8,00	8,25	8,50	8,75	9,00

4. Cosa fare se i valori sono negativi?

Non esiste una ricetta brevettata che permetta di ottenere l'acqua ideale per l'acquario, e non potrebbe nemmeno esistere. Ogni acquario è diverso dall'altro e rappresenta uno spazio vitale unico. I motivi che determinano questa unicità sono le differenti quantità di pesci e piante, la qualità dell'acqua di rubinetto e, non ultimo, la grandezza dell'acquario. Lasciatevi quindi consigliare dal vostro rivenditore che, sicuramente, saprà dirvi quali valori sono idonei per i vostri pesci e le vostre piante. Se i valori da voi riscontrati non sono accettabili, rivolgetevi ancora al vostro rivenditore. Sicuramente vi darà indicazioni utili che vi aiuteranno a raggiungere valori adatti e, inoltre, saprà suggerirvi i giusti prodotti per il trattamento dell'acqua.

Alcune regole base da rispettare sempre:

- È consigliabile effettuare regolarmente un cambio parziale dell'acqua (da 1/4 a 1/3) ogni 2-4 settimane, aggiungendo Tetra AquaSafe per neutralizzare il cloro e legare i metalli pesanti.
- Controllate che la crescita delle piante sia sana e regolare. Una vegetazione con una buona crescita sottrae all'acqua i nitrati ristabilendo, in tal modo, l'equilibrio biologico in acquario. Utilizzate fertilizzanti senza nitrati e senza fosfati, come Tetra FloraPride, TetraCrypto e Tetra InitiaSticks. Questi fertilizzanti nutrono le piante acquatiche con una combinazione bilanciata di macroelementi e oligoelementi.
- Accertatevi che il sistema di filtraggio lavori bene, che sia biologicamente attivo e adatto alla grandezza dell'acquario e alla quantità di pesci.
- Evitate di introdurre in acquario un numero eccessivo di pesci.

Tetra*test*

- La quantità di cibo (si consiglia di utilizzare i mangimi di qualità Tetra) deve essere tale da venir consumata nel giro di pochi minuti.
- Nel caso di installazione di una nuova vasca, il sistema di filtraggio diventa biologicamente attivo dopo circa 4-6 settimane.

Azioni correttive per migliorare la qualità dell'acqua:

- Nel caso di un contenuto di nitriti troppo elevato, sostituite immediatamente l´acqua dell´acquario con acqua trattata con Tetra AquaSafe.
- Un valore troppo basso di CO_2 può essere compensato con l´aggiunta di anidride carbonica con Tetra CO_2 System o con Tetra CO_2-Optimat. Se la concentrazione di CO_2 è troppo elevata, aerate l´acquario utilizzando l´aeratore e le pietre porose Tetra. In linea di massima si consiglia di ossigenare l´acquario di notte.
- Un valore pH troppo elevato può essere corretto aggiungendo anidride carbonica (CO_2) con il sistema CO_2 Tetra. L´anidride carbonica rende l´acqua più acida favorendo, allo stesso tempo, la crescita delle piante.
- Se il valore pH è troppo basso, misurate la durezza temporanea dell´acqua con Tetra*test* KH. Se il valore riscontrato è inferiore a 1°-2° dH o, per l´acqua marina, a 6° dH, si consiglia di indurire l´acqua introducendo rocce di calcare dolomitico o pietrisco di marmo. Potrete trovare altre indicazioni utili nelle riviste e nella letteratura specializzata (Linea editoriale Tetra). In caso di problemi specifici il vostro rivenditore potrà darvi consigli preziosi.

e-mail: Tetra.it@wl.com

Numero Verde
800-257496

pH: 7,5
KH: 4°dH ✓
GH: 12°dH ✓
NO2: <0,3 mg/l ✓
CO2: 4
14.11.01

ph: 5,0
KH: 0,1°dH
GH: 18°dH
NO2: <0,3mg/l ✓
CO2: 34,7mg/l

TetraWerke
Dr. rer. nat. Ulrich Baensch GmbH
D-49304 Melle, Made in Germany
www.tetra-online.com

Tetra
The Heart and Mind of Waterlife

Mat.-Nr. 501 386 CE - 1

EINZIGARTIGE AQUARIENWELT

SÜSSWASSERFISCHE NATURNAH ERLEBEN

Autor: Ulrich Schliewen
Fotos bekannter Aquaristik-Fotografen
Zeichnungen: Renate Holzner

INHALT

Zebrawels (*Hypancistrus zebra*)

KAPITEL 1

GRUNDLAGEN UND PRAXIS

Lebensraum Wasser

Biotope und Lebensgemeinschaften

Die schönsten Aquarien sind solche, die der Natur ihrer tropischen Bewohner am ehesten gerecht werden, indem sie den natürlichen Lebensraum versuchen nachzuvollziehen. Jede Fisch- und Pflanzenart hat sich im Lauf ihrer oft Millionen Jahre dauernden Evolution an bestimmte Umweltbedingungen angepasst, so dass jedes einzelne Individuum nur unter ganz bestimmten Bedingungen zur vollen Entfaltung seiner spezifischen Lebensart in der Lage ist. So können beispielsweise Fische aus mineralreichen Gewässern nicht in Schwarzwasser überleben, und umgekehrt.

Die erfolgreiche Pflege eines Aquariums mit all seinen Bewohnern hängt daher ganz entscheidend davon ab, inwieweit das Aquarium einen vollwertigen Ersatzlebensraum für Fische und Pflanzen schaffen kann. Bevor man sich über die notwendige Technik und Pflegemaßnahmen Gedanken macht, ist es daher wichtig, sich einige Grundkenntnisse über die natürliche Umwelt seiner Pfleglinge anzueignen.

Ausschnitt aus einem natürlichen Biotop von Zierfischen in Amazonien: Überschwemmungswald, der in der Trockenzeit trocken fällt.

Beispiel Bachbiotop

Um die Umwelt aller tropischen Zierfische in all ihrer Vielseitigkeit zu verstehen, ist es hilfreich, sich beispielsweise einen tropischen Regenwaldbach in seinen Eigenschaften vorzustellen. Im Folgenden möchte ich daher die wichtigsten Aspekte des Lebensraums »Bachbiotop« vorstellen und exemplarisch darauf eingehen, was die jeweilige Biotopausprägung von den Fisch- und Pflanzenarten, die diesen Lebensraum besiedeln, abverlangt.

Dieses Biotop habe ich als Beispielbiotop herausgegriffen, da aus Regenwaldbächen ein Großteil unserer Zierfische stammt.

Der Wassertyp

Er kann von Bach zu Bach unterschiedlich sein. Bestimmt wird er von der chemischen Zusammensetzung, Farbe und Transparenz des Wassers. Diese Eigenschaften hängen davon ab, in welchen Untergrund der Bach seinen Lauf gegraben hat:

- Über kalkreichem und kristallinem Untergrund ist auch das Bachwasser kalkhaltig. Stark kalkhaltiges Wasser schimmert grünlich im Sonnenlicht.

Im bergigen Oberlauf der Regenwaldgewässer ist das Wasser meist kühl und sauerstoffreich. Fische von solchen Lebensräumen verlangen diese Bedingungen auch im Aquarium.

- War der Bodengrund dagegen extrem nährstoffarm und kalkarm, was im Regenwald die Regel ist, so weist auch das Wasser einen niedrigen Salzgehalt auf. Solche Wässer sind oft kristallklar und farblos (Klarwasser).
- Fließt mineralarmes Wasser langsam durch Regionen, in denen sich viel pflanzliches Material, zum Beispiel das Falllaub der Urwaldbäume, zersetzt, reichern sich pflanzliche Abbaustoffe an. Sie färben das Wasser teeähnlich, ohne es jedoch zu trüben. Dieses so genannte Schwarzwasser weist chemische Besonderheiten auf, ist etwa extrem sauer.
- Läuft der Regenwaldbach durch Gebiete, wo die Gesteine des Untergrunds noch nicht stark ausgewaschen sind, ist das Wasser oft mineralreich und mehr oder weniger milchig trübe (Weißwasser).

Wie die einzelnen chemischen Eigenschaften des Schlüsselelements Wasser zu verstehen und für die Aquarienpraxis zu manipulieren sind und was davon für die Aquaristik wichtig ist, erfahren Sie ab Seite 16.

Je nach Wassertyp unterscheiden sich die Lebensbedingungen in mineralarmen (Schwarz-) Wässern und mineralreicheren Klar- und Weißwässern für die Fische und Pflanzen sehr stark. Dies liegt vor allem daran, dass in mineralarmen und sauren Gewässern viel weniger Nahrung und weniger Bakterien zu finden sind. Viele Schwarzwasserfische haben sich auf diese fast bakterienfreie Mangelumwelt eingestellt. Sie vertragen oft höhere Wasserwerte und damit höhere Keimzahlen nicht, weil ihre Abwehrkräfte nicht darauf eingestellt sind.

Strukturvielfalt im Bach

Der Untergrund bestimmt aber nicht nur die chemischen Eigenschaften, sondern zusammen mit der Wasserströmung auch die strukturelle Vielfalt des Lebensraums Bachlauf. Im hügeligen Oberlauf treten in steileren Abschnitten durch das schnell fließende Wasser Steine und Felsen zu Tage, die stark umströmt werden. Nur extrem wendige Fische oder solche, die sich mit speziellen Anpassungen an den Steinen in der Strömung fixieren können, werden dort nicht fortgespült.

Sobald sich das Gefälle und damit die Strömungsgeschwindigkeit des Baches abgeschwächt hat, entstehen stillere Zonen, in denen sich Holzreste, gröberes Falllaub und kleinere Kiesel absetzen können. Zwischen den Steinen können hier auch schon einige Wasserpflanzen wurzeln. Dadurch entstehen neue Kleinlebensräume, die von weniger schwimmfreudigen Fischarten besiedelt werden.

Im Tieflandbereich schließlich fehlen bis auf Engstellen schnell strömende Bachbereiche. Hier herrschen sandige, feinkiesige oder manchmal sogar schlammige Bereiche vor, in denen bei ausreichend Licht und Nährstoffen Wasserpflanzen üppig wachsen können. Die Wasserpflanzen selbst schaffen eine Vielzahl von Kleinlebensräumen in ihrem Wurzelbereich und zwischen ihren Blättern und ergänzen so die Versteckvielfalt für Fische, die durch ins Wasser gefallene Äste und Blätter entstanden ist. In diesen Kleinverstecken, aber auch vergraben im weicheren Bodengrund, finden wieder andere Fische Unterschlupf.

Temperatur und Sauerstoff

Mit dem Lauf des Wassers ändern sich aber auch die Temperatur- und Sauerstoffverhältnisse im Bach. Die starke Wasserbewegung im Oberlauf führt wegen der entstehenden Verdunstungskälte meist zu niedrigen Wassertemperaturen um die 20° C. Gleichzeitig bleibt das Wasser reich an Sauerstoff, weil kühleres Wasser mehr Sauerstoff binden kann als wärmeres. Ist der Bach auch im Tieflandareal durch ausreichend Regenwaldbäume beschattet, steigen die Temperaturen selten über 24° C.
Sobald aber das Wasser langsamer durch stark besonnte Bereiche fließt, kann man schnell bis zu 29° C messen. Mit steigender Wassertemperatur und geringer Wasserbewegung schwindet auch der Sauerstoff aus dem Wasser – oft in erheblichem Maß. Viele Fischarten, besonders die strömungsliebenden oder die aus stark beschatteten Regenwaldbächen, sind auf hohen Sauerstoffgehalt und niedrige Wassertemperaturen angewiesen. Umgekehrt sind solche Fischarten, die mit geringen Sauerstoffmengen auskommen, weil sie beispielsweise auch Luft atmen können (siehe Seite 124 und 129), ausgesprochen Wärme liebend und kümmern bei niedrigen Wassertemperaturen.

Die Lichtverhältnisse

➤ Viele beliebte Aquarienfischarten bevorzugen dämmerige Lichtverhältnisse, wie sie unter dem dichten Blätterdach der Urwaldbäume entstehen. Fische aus diesen »Schummerlichtverhältnissen« haben oft reflektierende, bunte Farben, die bei zu greller Aquarienhaltung nicht zur Geltung kommen.

➤ Einige andere sind aber regelrechte »Sonnenkinder« aus Bachbereichen, wo das Blätterdach unvollständig schließt. Es sind oft quirlige Schwarmfische, die man im Schattenbereich nie oder selten antrifft. Die meisten Wasserpflanzen sind nur an besonnten Stellen zu finden.

➤ In besonnten, aber trüben Bächen herrscht schon in geringer Tiefe Schummerlicht. Normalerweise nachtaktive Fische wie zum Beispiel viele Welsarten sind in solchen Gewässern oft schon tagsüber unterwegs, weil es ihnen bereits dunkel genug ist.

Alle oben aufgeführten Lebensraumaspekte sind jedoch auch in den Tropen nicht über das ganze Jahr gleich. Statt unserer Jahreszeiten gibt es dort Trocken- und Regenzeiten, die mindestens ebenso drastische Auswirkungen auf das Leben der Fische haben können wie Winter oder Sommer. In der Regenzeit kann dort so viel Regen an einem Tag fallen wie bei uns über einen ganzen Monat. Dadurch schwellen kleine Bäche an wie bei uns nur nach der Schneeschmelze. Aus klaren, warmen und langsam fließenden Bächlein werden im Oberlauf kühle, reißende Wildbäche, in denen sich nur extrem gute Schwimmer halten können.

Nur an Stellen in Regenwaldbächen, wo ausreichend Licht durch die Baumkronen bis zum Bachgrund dringt, können auch Wasserpflanzen gedeihen.

Haben sich mehrere Bäche zu einem Flüsschen vereinigt, ist die Vielfalt der Biotope höher. Zum Beispiel gibt es dann auch besonnte Stromschnellen.

Mit der Strömungsgeschwindigkeit ändern sich auch die chemischen Wasserverhältnisse. Im Unterlauf treten durch den Regen die Bäche über ihre Ufer, wodurch neue Nahrungsgründe entstehen. Deswegen ist die Regenzeit die »fette Jahreszeit« für viele Fischarten, in der sie sich auch fortpflanzen, um möglichst vielen Jungfischen eine ausreichende Nahrungsgrundlage in den ersten Lebensmonaten zu verschaffen.

Die Nahrungsgrundlage der Fische

Sie unterscheidet sich in Bächen je nach Standort und Wasserqualität stark:

- Fische aus dunklen, nährstoffarmen Urwaldbächen ernähren sich hauptsächlich von ins Wasser gefallenen Insekten und deren wasserlebenden Larven, wie Mückenlarven.
- Besonnte und nährstoffreiche Bäche dagegen bieten weitere Ernährungsmöglichkeiten, weil Algen und Blätter tragende Wasserpflanzen gut wachsen können, die von manchen Fischarten gefressen werden. Zudem bieten diese Pflanzen Lebensraum für viele kleinste Fischnährtiere, die von anderen spezialisierten Fischen gesucht werden.

Weitere Fischlebensräume

Flussbiotope

Wegen ihrer Größe und des Einzugsgebietes weisen Flüsse eine größere Habitatvielfalt auf als Bäche: Ausgedehnte Sand- und Schlammzonen sind dort genauso zu finden wie felsige Stromschnellen, jahreszeitlich überschwemmte Auen und tiefe Stillwasserzonen. Große, ins Wasser gefallene Bäume bieten Schutz und Struktur für eine Vielzahl von Fischen und Nahrungstieren, die es in kleineren Gewässern nicht gibt. Im Durchschnitt sind Flussbiotope auch nährstoffreicher und trüber, weil sie ein Sammelbecken für viele Nährstoffe sind, die aus einer Unzahl kleiner Bäche in die Flüsse geschwemmt werden. Die Flusstemperaturen liegen immer einige Grad über der der benachbarten Bäche.

Aus diesen Gründen leben in den Flüssen oft völlig andere Fische als in Bächen. Hier gibt es große Raubfische, die in kleinen Bächen nicht auf ihre Kosten kommen würden. Sandzonenbewohner, wie Süßwasserrochen, sind ebenso auf große Flüsse beschränkt wie kleine Fischarten, die sich von Plankton ernähren.

Sumpfbiotope

Werden Bäche oder Flüsse in der ebenen Landschaft aufgestaut oder kann Regenwasser in Senken nicht schnell genug abfließen, können Sümpfe entstehen. Diese flachen, meist pflanzenreichen Gewässer sind oft sehr sauerstoffarm, warm und nährstoffreich. Ihr Wasserstand schwankt jahreszeitlich manchmal so stark, dass in der Regenzeit regelrechte Seen entstehen, die in der Trockenzeit auf kleine Restwasserpfützen reduziert werden.

Um diesen extremen Lebensraum nutzen zu können, haben einige Fischarten Spezialanpassungen zur Luftatmung oder zur Überdauerung der trockenen Jahreszeiten entwickelt. Dazu gehören beliebte Aquarienfische wie viele Labyrinthfische, Flösselaale und einige Welse. Im Aquarium sind solche Fische wegen ihrer Anspruchslosigkeit oft vergleichsweise pflegeleicht. Eine Ausnahme bilden aber die Fische aus bewaldeten Schwarzwassersümpfen, die hohe Ansprüche an die Wasserqualität stellen.

Seebiotope

Die meisten gängigen Aquarienfische stammen nicht aus tropischen Seen. Eine bedeutende Ausnahme stellen aber die Buntbarsche aus den ostafrikanischen Seen Tanganjika, Malawi und Viktoria dar. Wegen ihres speziellen Charakters werden diese Seebiotope mit ihren typischen Bewohnern in den entsprechenden Kapiteln (siehe Seite 138 und 140) beschrieben.

Brackwasserbiotope

Als Brackwasser bezeichnet man die Mischung aus Meer- und Süßwasser. Diese kommt überall dort vor, wo Süßwasser im meernahen Bereich rückgestaut wird. Abhängig von den Jahreszeiten sowie Ebbe und Flut ändert sich der Salzgehalt und oft auch die Wassertemperatur, Trübung und der Sauerstoffgehalt kontinuierlich.

Im Aquarium kommen Fische, die sich an diesen Lebensraum angepasst haben, gut mit wechselnden Salzgehalten und den Schwankungen der anderen Faktoren zurecht, brauchen aber mindestens zeitweise einen Salzzusatz. Entsprechend sind sie keine Fische für reine Süßwasseraquarien. Trotzdem werden immer wieder einige Brackwasserfischarten, beispielsweise Flossenblätter und Segelkärpflinge, häufig als Besatz für Süßwasseraquarien verkauft. Sie sind aber nicht auf Dauer im reinen Süßwasseraquarium zu halten.

Die Lebensbedingungen in tropischen Flüssen verändern sich drastisch während der Trockenzeit, wenn der Pegel oft mehr als zehn Meter unterhalb dem in der Regenzeit liegt.

»Lebenselixier« Wasser

Das Wohlbefinden von Fischen und Wasserpflanzen hängt vom Zustand ihres Lebensmediums Wasser ab, von den darin gelösten Stoffen. Da aber jede Art unterschiedliche Ansprüche an die Zusammensetzung des Wassers stellt, ist es für den Aquarianer wichtig, einige Grundkenntnisse über das Zusammenspiel der im Wasser gelösten Stoffe zu erwerben. Nur so ist es möglich, die optimalen Lebensbedingungen im Aquarium bereitzustellen oder regulierend einzugreifen, wenn sich bestimmte Wasserwerte ungewollt verändern.
Zwei unterschiedliche Stoffgruppen spielen dabei im Aquarium eine besondere Rolle:

- Härte bildende Salze und die mit ihnen chemisch zusammenspielenden Säuren;
- Stoffe, die durch den bakteriellen Abbau von organischen Abfallprodukten entstehen.

Weiterhin ist für die Atmung der Fische und Pflanzen der Sauerstoffgehalt und für die Ernährung der Pflanzen der Gehalt bestimmter Nährsalze von Bedeutung.

Die Wasserhärte

Damit ist der Gehalt an so genannten Härte bildenden Salzen gemeint. In der Aquaristik unterscheidet man zwei verschiedene »Härten«:

- die für Fische und Pflanzen besonders wichtige Karbonathärte (KH),
- die weniger bedeutende Nichtkarbonathärte (NKH).

Beide zusammen ergeben die Gesamthärte (GH). Der Gehalt an Härte bildenden Salzen wird in »Grad deutscher Härte« angegeben, für die Karbonathärte zum Beispiel als °dKH. Leitungswasser kann je nach Gehalt an Härte bildenden Salzen »härter« oder »weicher« sein.
Wie hart oder weich Ihr Leitungswasser ist, erfahren Sie vom Wasseramt oder besser durch eigene Messungen.

Die Karbonathärte

Sie entsteht vor allem durch das Salz Kalziumkarbonat. Ein Bestandteil des Salzes, das »Karbonat«, hat großen Einfluss auf das Ökosystem Aquarium: Es wirkt sich zum Beispiel auf die Verfügbarkeit des Pflanzennährstoffs und Säuerungsmittels Kohlendioxid (CO_2) aus (siehe Seite 18). Da die meisten Aquarienfische und -pflanzen aus weichen Regenwaldgewässern (0 bis 3 °dKH) stammen, das heimische Leitungswasser aber recht hart ist (8 bis 10 °dKH), muss man für die erfolgreiche Pflege vieler Arten die Karbonathärte senken. Dazu siehe Seite 21.

Die Nichtkarbonathärte

Sie setzt sich aus verschiedenen Salzen zusammen, die – wie der Name schon sagt – keine Karbonate sind. In unseren Breiten ist ihr Gehalt im Vergleich zur Karbonathärte meist gering. Daher ist die Karbonathärte oft fast so hoch wie die Gesamthärte. In der Regel spielt die Nichtkarbonathärte für Fische und Pflanzen keine große Rolle, so dass auch »Weichwasserfische«

Dicklippiger Fadenfisch (*Colisa labiosa*)

Nichtkarbonathärten von über 10 °dNKH vertragen, bei einer gleich hohen Karbonathärte aber leiden würden.

Die elektrische Leitfähigkeit

Sie ist ein Maß für den Gehalt an gelösten Salzen im Wasser. Entsprechend bedingt eine hohe Gesamthärte auch eine hohe Leitfähigkeit. Allerdings gilt das nicht umgekehrt, denn eine hohe Leitfähigkeit kann auch durch Salze, die keine Härte bilden (zum Beispiel Kochsalz), zustande kommen.

Gemessen wird die Leitfähigkeit mit speziellen elektronischen Geräten, die im Zoofachhandel erhältlich sind. Leitwerte werden in der für Laien kaum verständlichen Messgröße uS/cm angegeben. In Süßwasser werden normalerweise Leitwerte zwischen 20 und 1000 uS/cm gemessen, wobei 1 °dH etwa 33 uS/cm entspricht.

Für die Aquaristik ist die Leitfähigkeitsmessung wichtig, wenn Sie im Aquarium kontrolliert den Salzgehalt verringern oder erhöhen möchten. Außerdem gibt die tägliche Leitwertmessung einen Hinweis darauf, ob sich der Gesamtsalzgehalt unerwünscht verändert. Falls er das tut, muss man allerdings zuerst die Ursache herausfinden, zum Beispiel durch gezielte Tests auf Härtebildner oder andere Salze, wie zum Beispiel organische Abfallstoffe (siehe Seite 19).

Der Säuregrad (pH-Wert)

Der pH-Wert gibt an, wie »sauer« ein Wasser reagiert, also wie viele Säurebestandteile sich im Wasser befinden und wie stark sauer diese wirken. Der pH kann Werte zwischen 0 und 14 annehmen.

- Werte zwischen 0 und 7 werden als »sauer« bezeichnet.
- Der Wert 7 gibt den Neutralpunkt an.
- Mit Werten über 7 reagiert ein Wasser »basisch«.

Wichtig für die Einschätzung des pH-Werts ist die Tatsache, dass die pH-Wert-Skala nicht einen gleichmäßigen An- bzw. Abstieg des Säuregehalts angibt. Vielmehr bedeutet eine Absenkung des pH-Werts um eine pH-Stufe eine zehnfache Steigerung des Säuregehalts, eine Absenkung um 2 Stufen bereits eine hundertfache Steigerung usw. Eine drastische Änderung des pH-Werts bedeutet daher einen wesentlich höheren Stress für die Fische, als die Ausdrucksweise in Zahlen vermuten lässt.

Die pH-Werte in den meisten tropischen Süßgewässern liegen zwischen 6 und 7,5. Entsprechend fühlen sich auch die meisten Zierfische in diesem pH-Bereich wohl. Fische und Pflanzen, die aus Gewässern mit extrem sauren pH-Werten stammen, sind jedoch oft intolerant gegenüber einer pH-Wert-Änderung zum basischen Bereich. Zum Beispiel leben speziali-

Sowohl Schwarzwasser (Foto oben) als auch Klarwasser (Foto unten) bieten Lebensraum für Fische mit irisierenden Farben (im Foto *Chromidotilapia finleyi*).

sierte Schwarzwasserfische bei pH-Werten deutlich unter 6 und kümmern schon bei der Haltung um den Neutralpunkt. Umgekehrt vertragen Fische aus basischen Gewässern wie den ostafrikanischen Seen keine sauren pH-Werte.

Woher kommt die Säure?

Die wichtigsten Säurebildner im Süßwasser sind die Kohlensäure und so genannte Huminsäuren.

- Huminsäuren entstehen bei der unvollständigen Zersetzung pflanzlichen Materials und sind für stark saure Reaktionen und für die dunkle Färbung des Schwarzwassers verantwortlich.
- Zur Bedeutung der Kohlensäure siehe unten und Seite 44.
- Der Säuregehalt hängt auch vom Gehalt an bestimmten Salzen ab, zum Beispiel den oben erwähnten Karbonaten.

Bei der gezielten Regulierung des pH-Werts entsprechend der Bedürfnisse der Pfleglinge muss man daher den Gehalt an Säuren und Salzen kennen, ehe man zu pH-Wert senkenden Maßnahmen, wie Torffilterung oder Kohlendioxiddüngung, greift. Leitungswasser kommt in unseren Breiten fast immer mit leicht basischen pH-Werten aus dem Wasserhahn. Genaueres zur elektronischen oder chemischen Messung beziehungsweise zur gezielten Veränderung des pH-Werts erfahren Sie auf Seite 20 und 38.

FISCHE UND SAUERSTOFF

Ohne Sauerstoff kein Leben

Fische und Pflanzen brauchen zur Atmung im Wasser gelösten Sauerstoff. Bei einer leicht bewegten Wasseroberfläche ist in einem gering besetzten, gut gepflegten und bepflanzten Aquarium normalerweise immer ausreichend Sauerstoff vorhanden. Sauerstoffmangel tritt nur dann auf, wenn zu viele lebende Sauerstoffverbraucher im Aquarium sind (Überbesatz) oder sich organisches Material (Futterreste, Tierleichen) durch die Einwirkung Sauerstoff verbrauchender Bakterien zersetzt. Außerdem gilt: Je wärmer das Aquarienwasser ist, desto weniger Sauerstoff ist darin vorhanden. An warmen Sommertagen kann es dadurch in ansonsten gut laufenden Aquarien zu Sauerstoffmangel kommen.
Sauerstoffmessung: Dies ist in der Aquaristik nicht üblich, weil jede Fischart unterschiedliche Toleranzen aufweist. Sauerstoffmangel stellt man an der beschleunigten Atmung der Fische fest.
Achtung: Die Ursache für beschleunigte Atmung kann auch in einer Ammoniakvergiftung begründet sein! Deshalb im Zweifelsfall den Ammoniumgehalt messen. Abhilfe schafft eine gute Belüftung, der Einsatz eines Oxidators und sicherheitshalber auch ein Teilwasserwechsel (siehe Seite 54).

Kohlendioxid und Kohlensäure

Diese beiden Bezeichnungen beziehen sich auf den gleichen Stoff, je nachdem ob er gasförmig (Kohlendioxid, CO_2) oder in Wasser gelöst (Kohlensäure, H_2CO_3) vorliegt.
Kohlendioxid ist ein wichtiger Pflanzennährstoff, mit dem Wasserpflanzen gezielt gedüngt werden können (zur Messung und Düngung siehe Seite 21 und 44). Das ist deshalb oft nötig, weil im Wasser nur verhältnismäßig wenig von diesem Gas vorhanden ist. Bei Werten unter 10 mg/l kümmern bereits viele Pflanzen. Andererseits vertragen viele Fische keine Werte über etwa 60 mg/l.
Wie viel CO_2 im Aquarium oder in der Natur vorhanden ist, lässt sich anhand der Karbonathärte und des pH-Werts abschätzen (siehe Seite 21). Allgemein gilt: Je höher beide Werte, desto weniger CO_2 ist für die Pflanzen verfügbar.
Durch eine starke Belüftung wird Kohlendioxid effektiv aus dem Wasser ausgetrieben. Deshalb sollten Sie nur schwach belüften oder den Sauerstoff aus einem Oxidator beziehen, wenn Sie mit Kohlendioxid düngen wollen.

Mit CO_2 sorgfältig umgehen

Weil Kohlendioxid schwerer als Luft ist, bildet sich bei der Düngung eine Kohlendioxidschicht

zwischen Wasseroberfläche und Deckscheibe. Daher darf in abgedeckten Becken nicht mit Kohlendioxid gedüngt werden, in denen Luft atmende Fische gepflegt werden. Diese würden beim »Luftholen« ersticken, weil sie lediglich Kohlendioxid einatmen.

Organische Stoffwechselprodukte

Dazu zählen Ammonium, Ammoniak, Nitrit und Nitrat. Sie gelangen mit jeder Fütterung der Fische in das Aquarium; ein großer Teil davon wird durch die Fische wieder ausgeschieden. Denkt man bilanzmäßig, wird schnell klar, dass sich durch die kontinuierliche Fütterung im Lauf der Zeit große Mengen organischer Abfallstoffe im Aquarium ansammeln, die aus den Exkrementen der Fische, liegengebliebenen Futterresten und Tierleichen entstehen.

In einem gut laufenden Aquarium sorgt eine »natürliche Kläranlage« aus vielen Bakterien im

Bei guten Wasserbedingungen präsentieren sich die Männchen des Ramirezi (*Microgeophagus ramirezi*) in den schillerndsten Farben voreinander.

Filter und im Bodengrund dafür, dass diese Abfallprodukte über einen längeren Stoffwechselweg über das Zwischenprodukt Nitrit zum Endprodukt Nitrat umgewandelt werden. Was bei diesen Prozessen genau geschieht, erfahren Sie auf Seite 20 und 52.

Leider sind schon in manchem belasteten Leitungswasser hohe Konzentrationen an diesen Stoffen vorhanden. Um das festzustellen, messen Sie den Nitratgehalt von Leitungswasser anfänglich und den des Aquarienwassers regelmäßig mit handelsüblichen Messstäbchen aus dem Zoofachhandel. Liegt die Nitratkonzentration im Aquarium über 50 mg/l, müssen Sie mit nitratarmem Wasser einen Teilwasserwechsel vornehmen. Ist jedoch bereits Ihr Leitungswasser nitratbelastet, hilft nur die Anschaffung einer Umkehrosmose-Anlage (siehe Seite 38).

PRAXIS

Lebensraum Wasser

Bakterien und Pflanzen – die natürliche Kläranlage im Aquarium
Bakterien in Filter und Bodengrund und Wasserpflanzen sind in der Lage, giftige Abfallprodukte, die durch Futterreste, Ausscheidungen und Fischleichen im Aquarium entstehen, so zu verstoffwechseln, dass sie weniger schädlich sind (siehe unten).
In einem eingefahrenen Aquarium entstehen aus den Abfallprodukten zuerst das giftige Ammoniak NH_3 (bei pH-Werten über 7) beziehungsweise das etwas weniger giftige Ammonium NH_4^+. Die im Filter vorhandenen Bakterien wandeln diesen Stoff in das hochgiftige Nitrit NO_2^- um. Eine andere Bakterienart verwandelt dieses Gift in das nur in höheren Konzentrationen giftige Nitrat NO_3^-. Damit sich das Nitrat nicht doch zu giftigen Konzentrationen anhäuft, muss es durch regelmäßigen Teilwasserwechsel aus dem Aquarium entfernt werden. Auch starker Pflanzenwuchs kann helfen, den Nitratgehalt niedrig zu halten, ersetzt aber im begrenzten Lebensraum Aquarium nicht den Teilwasserwechsel (siehe Seite 54). »Krautbecken« mit schnellwüchsigen Aquarienpflanzen wie Hornkraut und schwachem Fischbesatz benötigen außer vorsichtiger Belüftung und regelmäßigen Wasserwechseln nur schwache Filterung.
Bitte beachten:
Die beschriebenen Vorgänge funktionieren nur dann, wenn sich bereits genügend Bakterien in Filter und Bodengrund befinden. Das ist in frisch eingerichteten Aquarien nicht der Fall, weil sich die wenigen natürlicherweise immer vorhandenen Bakterien erst vermehren müssen. Deshalb nach der Neueinrichtung das Aquarium erst »einfahren«, bevor Fische eingesetzt werden (siehe Seite 50 und 52). Ansonsten werden die Fische in der Anfangsphase durch die notwendige Fütterung vergiftet.

Karbonathärte und Kohlendioxid bestimmen den pH-Wert
Der Säuregehalt des Aquarienwassers (pH-Wert) hängt nicht nur von Säurebildnern (vor allem Kohlendioxid, CO_2) ab, sondern auch von den »Gegenspielern« der Säuren im Wasser, vor allem Karbonathärtebildnern. Welcher pH-Wert sich im Aquarium einstellt, hängt daher von dem Verhältnis der beiden »Kontrahenten« ab und nicht von der absoluten Menge.

Die Abbildung verdeutlicht, welche chemischen Prozesse im Aquarium ablaufen.

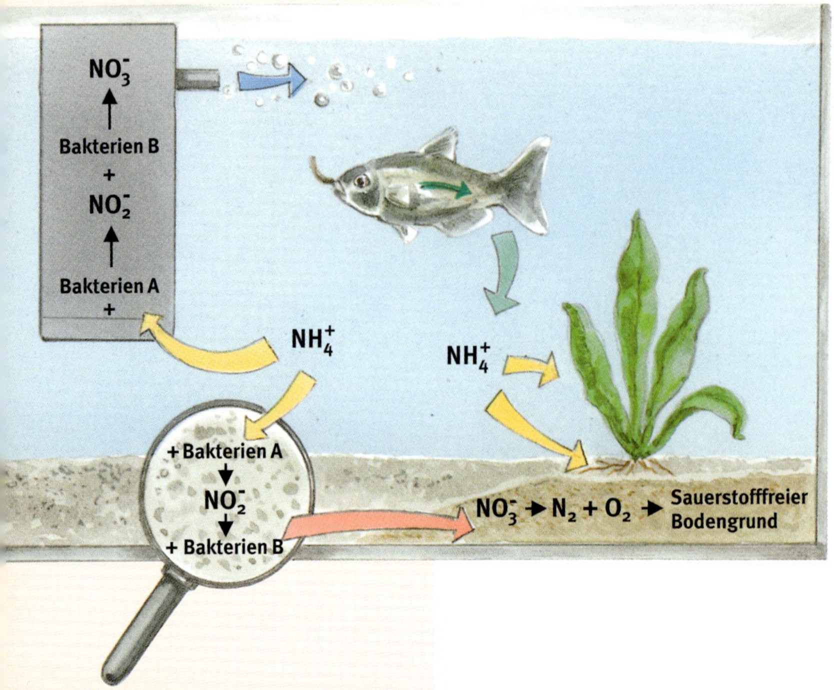

Die Abbildung Seite 21 veranschaulicht diesen Zusammenhang, indem Karbonathärte und Kohlensäure in entgegengesetzter Richtung auf die Einstellung des pH-Wertes wirken. Bei hoher Karbonathärte muss man zum Beispiel viel Kohlendioxid zuführen, um den pH-Wert zu senken. Bei niedriger oder gar nicht vorhandener Karbonathärte reichen dagegen schon kleine Mengen CO_2, um den pH-Wert zu senken.
Wer daher für spezielle Fische einen niedrigen pH-Wert bereitstellen möchte, sollte eher das Wasser enthärten, als zu große Mengen Kohlendioxid zuführen.

CO_2-Gehalt bestimmen

Mit dem Wissen über das Dreiecksverhältnis Karbonathärte – Kohlensäure – pH-Wert kann man den Kohlendioxidgehalt im Aquarienwasser bestimmen, wenn man Karbonathärte und pH-Wert misst. Das ist nötig, um Kohlendioxid für die Düngung der Aquarienpflanzen richtig zu dosieren.
Verwenden Sie dazu die Tabelle wie folgt: Messen Sie pH-Wert und Karbonathärte mit den handelsüblichen Tropftests oder elektronisch. Suchen Sie beide Werte an den beiden Randleisten der Tabelle. Am Schnittpunkt finden Sie den CO_2-Gehalt des Wassers (in mg/l). Weichen die gemessenen pH- und KH-Werte von den in der Tabelle aufgeführten Werten ab, nehmen Sie die am nächsten liegenden Werte. Optimale CO_2-Werte für die meisten Wasserpflanzen liegen zwischen 10 und 30 mg/l.
Bitte beachten:

➤ Die Tabelle ist nicht anwendbar bei Torffilterung!

➤ Dunkel gefärbte Bereiche in der Tabelle können für Fische auf Dauer schädlich sein und entstehen durch übermäßige CO_2-Düngung. Drosseln Sie die Düngung entsprechend.

TABELLE CO_2-GEHALT BESTIMMEN

°dkH/pH	6,0	6,4	6,8	7,2	7,6	8,0
1	30	11	4,5	2,0	1,0	0,5
2	59	24	9,5	3,5	1,5	0,5
3	87	35	14,0	5,5	2,0	1,0
4	118	47	18,5	7,5	3,0	1,0
5	147	59	23,0	9,5	3,5	1,5
6	177	71	28,0	11,0	4,5	2,0
8	240	94	37,0	15,0	6,0	2,5
10	300	118	47,0	18,5	7,5	3,0
15	440	176	70,0	28,0	11,0	4,5
20	590	240	94,0	37,0	14,5	6,0

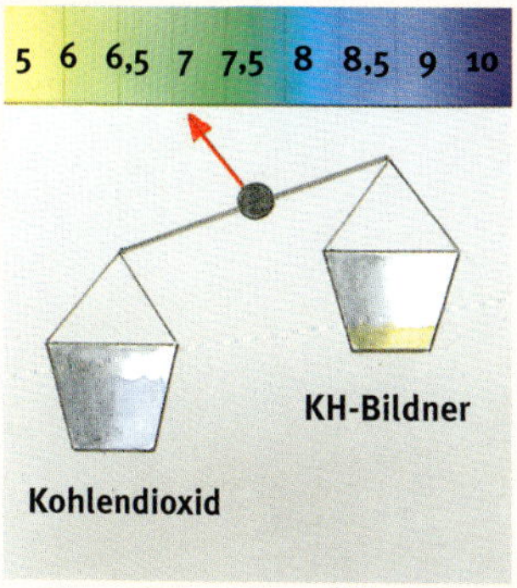

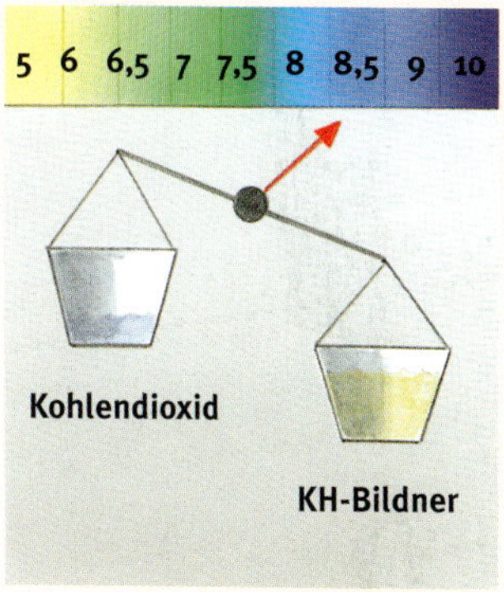

Kohlendioxid und Karbonathärtebildner beeinflussen den pH-Wert des Aquarienwassers. Bei hoher Karbonathärte muss man viel Kohlendioxid zuführen, um den pH-Wert zu senken, bei wenig Karbonathärte reichen dafür bereits kleine Mengen Kohlendioxid.

Körperbau und Verhalten

Der Körperbau als Spiegelbild der Lebensweise

Wie schaffen es die Fische tropischer Gewässer, in den zum Teil extremen Lebensräumen zu überleben? Der Schlüssel zu dieser Frage liegt in den verschiedenen Anpassungen in Körperbau, Färbung und Verhalten, die die Fische im Lauf der Evolution in Konkurrenz mit anderen Fischarten erworben haben, um sich in einer bestimmten Umwelt durchzusetzen. Genau diese Anpassungen sind es, die uns bei ihrer Beobachtung im Aquarium so faszinieren und bei artgerechter Pflege zu Hause nachempfinden lassen, mit welcher Raffinesse jede einzelne Fischart in der Natur zurechtkommt: Ob es die elegante oder skurrile Körperform ist, die nach einer Erklärung verlangt. Oder ob die perfekte Tarnfärbung oder exzessiv bunte Balzfärbung mancher Arten die ökologische oder verhaltenskundliche Erklärung bei der Betrachtung gleich mitliefert. Genau diese Anpassungen sind es aber auch, die bei sensibler Betrachtung den Schlüssel zur erfolgreichen Pflege der jeweiligen Arten liefern.

Ablaichendes Paar einer Zuchtform des Zwergfadenfisches *Colisa lalia*. Bei artgerechter Pflege lassen sich im Aquarium viele Zierfischarten zur Fortpflanzung bringen.

Die Körperform

Sie ist vor allem darauf ausgerichtet, den Fisch im Wasser zu stabilisieren. Je nachdem, wo der Fisch lebt und von welcher Strömung er umgeben ist, variiert sie.

- Die klassische Fischform ist seitlich abgeplattet und leicht hochrückig. Sie zeichnet viele Fische des Freiwassers aus, die nicht mit allzu starker Strömung zurechtkommen müssen (Beispiel Kirschflecksalmler, Foto Seite 24).
- Besonders hochrückige Fische, zum Beispiel Skalare, stammen aus Stillwasserzonen.
- Freiwasserfische aus schnell fließenden Gewässern weisen einen kompakten, eher drehrunden Körperquerschnitt auf (Beispiel Zebrabärbling, Foto Seite 102).
- Leben die Fische direkt unter der Wasseroberfläche, um z. B. Insekten zu erhaschen, ist ihre Oberseite stark abgeflacht (Beispiel Sechsstreifenhechtling, Foto Seite 25).
- Leben sie in Bodennähe, ist die Unterseite abgeflacht (Beispiel Fiederbartwels, Seite 25).

Eine Reihe von Spezialisten lässt sich nicht in dieses gängige Schema pressen, z. B. Aale, Rochen und Kugelfische.

Kirschflecksalmler (*Hyphessobrycon erythrostigma*) **leben in Gruppen im Freiwasser, die Männchen vereinzeln sich aber zeitweise, um Laichreviere zu etablieren.**

Die Beflossung

Normalerweise dienen die Flossen zur Fortbewegung und Stabilisierung des Fischkörpers. In vielen Fällen sind sie jedoch stark vergrößert, um den Fisch zum Beispiel zur Balz imposant erscheinen zu lassen, oder modifiziert und dienen als Begattungs- oder Tastorgan.

Man unterscheidet Rücken-, Schwanz- und Afterflosse sowie die paarigen Bauch- und Brustflossen. Bei manchen Fischen fehlen einige dieser Flossen, andere haben mehrere Rückenflossen oder eine zusätzliche kleine Flosse zwischen Rücken- und Schwanzflosse, die Fettflosse. Bis auf letztere werden Flossen von knöchernen Flossenstrahlen gestützt.

Die Kiemen

Sie liegen unter den Kiemendeckeln und scheinen bei kleineren Fischen oft rötlich durch. Sie sind stark durchblutet und dienen der Atmung, indem sie den Sauerstoff dem Wasser entnehmen, das bei den Atmungsbewegungen der Kiemendeckel vorbeiströmt. Fische aus sehr sauerstoffarmen Gewässern, z. B. viele Labyrinthfische, haben oft zusätzliche Atmungsorgane entwickelt, die es ihnen ermöglichen, Luftsauerstoff wie Landtiere zu atmen.

Die Schwimmblase

Nur bei kleinen durchscheinenden Fischchen erkennt man die Schwimmblase im hinteren Bereich des Bauchraums. Dieses gasgefüllte Organ hält den Fisch in der Schwebe. Entsprechend haben am Boden lebende Fische oft keine oder eine verkümmerte Schwimmblase, weil sie absinken dürfen.

Die Haut

Sie dient bei Fischen der Atmung, übernimmt aber auch andere Funktionen:

- Schutz vor Verletzungen
- Abschirmung vor Krankheitskeimen. Letzteres bewirkt die berührungsempfindliche Schleimschicht.

- Zum Schutz und zur Stabilisierung des Fischkörpers bei der Schwimmbewegung sind Schuppen eingebettet. Allerdings haben nicht alle Fische Schuppen, manche sind »nackt«, andere besitzen einen Knochenpanzer.
- Farbzellen in der Haut geben den Fischen ihre charakteristische Färbung.

Die Maulstellung

Sie verrät die Art der Nahrungsaufnahme:

- Fische mit einem oberständigen Maul fressen bevorzugt Insekten von der Wasseroberfläche (Hechtlinge).
- Arten mit spitz zulaufendem röhrenförmigem Maul holen kleine Lebewesen aus Vertiefungen oder zwischen Pflanzendickicht hervor (Beispiel Süßwassernadeln).
- Weit vorstülpbare Mäuler dienen zum Einsaugen von Plankton (kleine Mäuler) oder von ganzen Fischen (große Mäuler). Diese Mäuler sind meist endständig.
- Unterständige Mäuler dienen zur Nahrungsaufnahme von einem Substrat. Viele Algen fressende Fische raspeln mit den dicht mit kleinen Zähnen besetzten Mäulern den Algenaufwuchs von Steinen. Manche haben zudem ein Saugmaul, mit dem sie sich auf den algenbewachsenen Steinen in der Strömung festhalten können.

Die Sinnesorgane

Auch die Ausprägung der Sinne der Fische gibt Auskunft über ihre Lebensweise:

Die Augen

Die meisten Fische haben gut ausgebildete Augen, mit denen sie sehr gut schwarzweiß und Farbe sehen. Fische mit besonders großen Augen sind meist nachtaktiv oder bewohnen tiefe Zonen, wo sie das Restlicht versuchen zu nutzen. Ist es aber ganz dunkel, wie zum Beispiel in Höhlen oder in tieferen Falllaubschichten, verkümmern die Augen oft, während andere Sinne wichtiger geworden sind.

Der Ferntastsinn

Mit Hilfe kleiner Sinneszellen, die sich entlang der so genannten Seitenlinie der meisten Fische verteilen oder in der Kopfregion liegen, nehmen die Fische Druckwellen des Wassers wahr. Auf diese Art erkennen sie Bewegungen von Futtertieren oder herannahende Feinde. Fische aus dunklen Gewässern oder nachtaktive Arten weisen oft stark vergrößerte Sinnesporen in der Kopfregion auf.

Geruchs- und Geschmackssinn

Diese klassischen Sinne sind bei Fischen gut ausgeprägt. Entsprechend haben die meisten nasenartige Sinnesgruben auf der Schnauze.

Der Geschmackssinn ist bei vielen Arten am Ende langer häutiger Fäden, den Barteln, un-

An der abgeflachten Oberseite erkennt man den Sechsstreifenhechtling (oben) als Oberflächenfisch. Der Boden bewohnende Fiederbartwels hat ein unterständiges Maul.

tergebracht. Im Dunkeln oder Trüben tasten Fische mit Barteln die Umgebung ab und machen sich auf diese Art ein räumliches und geschmackliches Abbild ihrer Umgebung.

Verhalten bei Fischen

Fische können unerwartet intelligent im Einsatz ihrer Sinne sein. Sie bedienen sich dabei eines ganzen Repertoires von Verständigungsmöglichkeiten und Verhaltensweisen, von denen ich nur einige exemplarisch vorstellen kann. Anhand eines bei Fischen häufig vorkommenden Verhaltens zeige ich jeweils die Wirkung einer bestimmten Verständigungsmöglichkeit auf. Dabei spare ich das Fortpflanzungsverhalten mit seiner oft auffälligen Balz und Brutpflege aus, weil es in einem eigenen Kapitel erläutert wird (siehe Seite 70).

Schwarmverhalten

Dies ist wohl das bekannteste Verhalten der Fische. Viele Individuen schließen sich zu einem Schwarm zusammen und ziehen als Gruppe umher. Schwärme dienen dazu, sich gegen Räuber zu schützen, weil es für Raubfische schwierig ist, einen einzelnen Fisch zu fixieren und gezielt anzugreifen – zu groß ist die verwirrende Wirkung Dutzender oder mehr Fischleiber.

Viele Schwarmfische zeigen auffällige und arttypische Farbmuster, die es Einzeltieren schon auf die Entfernung ermöglichen, Artgenossen als solche zu erkennen und sich zu einem Schwarm zusammenzuschließen. Der reflektierende oder weiße Fleck auf der Schwanzwurzel vieler Salmler gehört dazu. Auch die Leuchtfarben der Neons dienen mit hoher Wahrscheinlichkeit dem Schwarmzusammenhalt.
Viele Aquarienfische sind keine echten Schwarmfische, sondern eher Gruppenfische. Sie schließen sich nur in Gefahrensituationen zu einem engen Schwarm zusammen.

Territorialverhalten und Lautäußerungen

Schon lange ist bekannt, dass viele Fische Reviere verteidigen. Entweder tun sie es andauernd, weil sie sich von den Ressourcen ihres Reviers ernähren. Oder sie tun es nur zeitweise, z. B. zur Fortpflanzungszeit.
Am auffälligsten ist das Revierverhalten bei solchen Fischen, die ein so genanntes Brutrevier verteidigen. So sind brutpflegende Pärchen vieler Cichliden oft extrem aggressiv, wenn potenzielle Feinde ihrer Jungen in den Schutzbereich des Brutreviers eindringen. Mit Vehemenz werden diese Eindringlinge verjagt. Diese Verhaltensweisen lassen sich im Aquarium ebenfalls beobachten, wenn auch die Revierverteidigung oft Probleme bei falscher Vergesellschaftung verursacht.
Auch Lautäußerungen lassen sich zur Revierverteidigung einsetzen. Die wenigsten Leute wissen, dass Fische nicht nur gut sichtbare aggressive Verhaltensweisen zeigen, sondern im wahrsten Sinn des Wortes lautstark werden, um ihr mühsam erobertes Plätzchen zu verteidigen oder aber um auf sich aufmerksam zu machen. Verstärkt

Männchen des Gelben Zwergbuntbarsches (*Apistogramma borellii*)

man die Laute aus der »stummen Welt« unter Wasser elektronisch, kommt man sich wie auf einem orientalischen Marktplatz vor. Fische erzeugen Laute entweder durch Aneinanderreiben von Flossenstrahlen und Knochen oder durch Vibration von speziellen Membranen. Einige Aquarienfische produzieren so starke Laute, dass sie sogar mit bloßen Ohren außerhalb des Aquariums zu hören sind. Die bekanntesten dieser Lautkünstler sind die Knurrenden Guramis.

Kampfverhalten und Bewegungssignale

Viele Fische kämpfen im Aquarium bis zum bitteren Ende. Die Ursache für solch drastische Folgen der Aggressivität ist im begrenzten Raum begründet. Auch in der Natur gehört das Kämpfen zu den normalen Umgangsformen fast aller Fischarten – allerdings nicht der tödlich endende Beschädigungskampf, sondern die zu einem Ritual abgemilderte aggressive Auseinandersetzung, mit der die meisten Kämpfe zwischen Tieren beginnen. Bevor es zu einer anstrengenden und kräftezehrenden Auseinandersetzung kommt, testen die Kontrahenten gegenseitig ihre Kampfeskraft, um herauszufinden, ob sich eine Auseinandersetzung überhaupt lohnt. Mit »angeberisch« wirkenden Bewegungen, bei denen die Flossen gespreizt und die Kiemenhäute abgespreizt werden, imponieren die beiden Kampfhähne so lange, bis einer die Flucht ergreift, ohne dass es zum Beschädigungskampf gekommen ist.

Bei Paarstreitigkeiten und anderen Gelegenheiten kämpfen Buntbarsche manchmal im Maulkampf, wie im Foto die Guyana-Augenfleckcichliden (*Heros spec. Guyana*).

Flieht der Unterlegene, wird er in der Natur nur so lange verfolgt, bis er aus dem Sichtfeld des Stärkeren verschwunden ist. Im Aquarium ist die Flucht aber nicht immer so weit möglich, wodurch der Stärkere immer wieder animiert ist, den Schwächeren aufs Neue zu vertreiben. Wenn die Kontrahenten etwa gleich stark sind, können sich die Kampfaktivitäten auch in der Natur bei einigen Arten bis zu einem Beschädigungskampf steigern. Von leichten und heftigeren Rammstößen bis zum lange dauernden

Maulkampf reicht das vielfältige Repertoire. Bis zum Tod des Verlierers kommt es jedoch sehr selten, weil in der Natur ja meist die Möglichkeit der Flucht bleibt.

Tarnung

Fressen und aufpassen, nicht selber gefressen zu werden – daraus besteht für viele Fischarten neben der Fortpflanzung das Leben. Um trotz der ständig lauernden Gefahr gut über die Runden zu kommen und sich sogar in der Nähe der Feinde gefahrlos aufhalten zu können, etwa zum Fressen, haben viele Fischarten ausgefallene Möglichkeiten der Tarnung entwickelt.

- Manche Fische ahmen die Farbstruktur des Untergrundes, auf dem sie ruhen, nach.
- Glaswelse nutzen den Hintergrund selbst als »Tarnung«, weil ihr vollkommen durchsichtiger Körper alle Hintergrundfarben durchscheinen lässt; so sind die Körperumrisse des Fisches selbst kaum wahrzunehmen.
- Die Nadelwelse der Gattung *Farlowella* ahmen zum Beispiel die belebte Umwelt nach; bei flüchtiger Betrachtung ähneln sie einem Stöckchen, die fischige Natur kommt erst bei genauer Betrachtung zum Vorschein.

Wildfänge von Aquarienfischen werden vor dem Export oft in Netzkäfigen zwischengehältert, wie hier bei den Neonfischern am Rio Negro.

Arterkennung und elektrische Entladung

Besonders bei der Fortpflanzung ist es wichtig, zwischen Artgenossen und nahe verwandten Arten zu unterscheiden, da es bei einer artfremden Begattung zur »Verschwendung« von Energie in Form von Eiern, Spermien und Brutpflegeaufwand kommen würde.
Die Arterkennung kommt auf ganz unterschiedliche Weise zustande:

- Bei vielen tagaktiven Arten erkennen sich die Artgenossen am Farbkleid oder an Bewegungsmustern während der Balz. Stimmt etwa der Bewegungsablauf einer nahe verwandten Kampffischart nicht mit dem erwarteten überein, wird die Balzhandlung unterbrochen oder läuft ins Leere, weil sich die Partner nicht richtig zur Abgabe von Eiern und Spermien synchronisieren können.
- Viele nachtaktive Arten können wegen der Dunkelheit weder Farben noch Bewegungen wahrnehmen. Sie müssen sich daher anders über die Artzugehörigkeit des anderen informieren. Besonders ausgefeilt wirkt das Erkennungs- und Ortungssystem der elektrischen Fische, etwa der afrikanischen Nilhechte oder amerikanischen Messerfische. Die Art ihrer elektrischen Entladungen muss mit dem Empfangsbereich der Artgenossen übereinstimmen.

Naturschutz, Tierschutz und Aquaristik

Die Aquaristik befindet sich immer im Spannungsfeld von Tier- und Naturschutz einerseits und dem Trieb, Lebendiges zu spüren und mehr über die Vielfalt des Lebens zu erfahren andererseits. Deshalb sollte jeder Aquarianer zumindest die wichtigsten Bedenken gegen das Hobby kennen und durch einschlägiges Wissen das Hobby auf eine solche Art ausüben, dass die Bedenken nicht zutreffen. Natur- und tierschützerische Bedenken gegenüber der Aquaristik beruhen auf zwei Tatsachen.

Einwand Nummer 1

Ein Großteil der Aquarienfische wird nicht artgerecht gehalten. Nur bei einem Teil der Exporteure und Importeure von Wildfängen sind optimaler Transport und Zwischenhälterungsbedingungen gewährleistet.

Was kann der Einzelne dagegen tun?

- Informieren Sie sich vor dem Kauf über Herkunft, Pflege- und Vergesellschaftungsbedingungen der Fischart. Nutzen Sie gute Fachliteratur und das Wissen des (kompetenten) Zoohändlers. Suchen Sie zum Erfahrungsaustausch gleichgesinnte Aquarianer. Gute Möglichkeiten bieten Aquarienvereine und Chatrooms im Internet.
- Kaufen Sie Fische nur im spezialisierten Zoofachhandel mit kompetenten Fachverkäufern. Diese sind oft selber Aquarianer und entsprechend motiviert, die richtigen Fische qualitativ hochwertiger Herkunft an den richtigen Kunden zu verkaufen. Ein guter Zoofachhändler wird Ihnen zum Beispiel keine Skalare für ein 60-l-Becken oder Haibarben für ein 80-l-Becken verkaufen. Er wird Sie vielmehr nach der Größe Ihres Beckens und nach dem bereits vorhandenen Besatz fragen, bevor er Ihnen bestimmte Fische verkauft.
- Kaufen Sie nicht in Zoogeschäften, die mit Billigangeboten lebender Tiere werben. Um qualitativ hochwertige Fische garantieren zu können, sollte jeder verantwortungsvolle Zoofachhändler selbst schon Billigangebote gemieden haben, denn die niedrigen Kosten für die Fische werden erst durch unzureichende Standards bei Transport und Hälterung wirtschaftlich.

Einwand Nummer 2

Nur wegen einer Freizeitbeschäftigung werden Hunderttausende wild lebender Fische aus der Natur entnommen. So tragen Aquarianer zur Ausrottung seltener Fischarten bei.

TIERSCHUTZ IN DER AQUARISTIK

Die Fische richtig halten

Nach dem Tierschutzgesetz ist es strafbar, einem Wirbeltier (Fische gehören zu den Wirbeltieren) länger anhaltende oder sich wiederholende erhebliche Schmerzen oder Leiden zuzufügen. Jeder Aquarianer steht also nicht nur in der moralischen, sondern auch in der gesetzlich verankerten Verantwortung, seinen Pfleglingen kein Leid zuzufügen.

- ✔ Leiden kann man nur verhindern, indem man sich über die artspezifischen Pflegebedingungen vorab informiert, um den jeweiligen Fischen optimale Pflege angedeihen zu lassen.
- ✔ Sowohl viele Aquarianer als auch Zoohändler müssen besonders umsichtig sein, gerade was die zu erwartende Endgröße der Fische anbelangt. Weil die Jugendfärbung vieler groß werdender Fischarten besonders attraktiv ist, ist man schnell verleitet, solche Fische in zu kleinen Becken pflegen zu wollen. Wahrscheinlich bedeutet das für sie Leiden.

Gegen diesen Einwand spricht die Tatsache, dass bisher noch keine Süßwasserfischart bekannt geworden ist, die wegen der Aquaristik in ihrem Bestand bedroht ist. Das soll nicht heißen, dass die Entnahme wild lebender Tiere überall und jederzeit problemlos ist. Es soll vielmehr verdeutlichen, dass die eigentliche Bedrohung für den Bestand einzelner Fischarten in der Vernichtung ihres Lebensraums liegt.

Die Nutzung von natürlichen Ressourcen aus ökologisch intakten Regionen muss aber nicht notwendigerweise schädlich sein, solange sie nachhaltig betrieben wird. Tatsächlich scheint es so, dass die nachhaltige Nutzung mancher Zierfische dem Naturschutz eher hilft. Ein Beispiel ist der Rote Neon (siehe Seite 86).

KAPITEL 2

AQUARIEN-ALLTAG

Richtige Aquarientechnik

Becken und Technik

Um Fische und Pflanzen im künstlich geschaffenen Lebensraum des Aquariums artgerecht zu pflegen, sind die richtige Auswahl und der überlegte Einsatz der Technik entscheidend.
Größe und Form des Aquarienbeckens richtet sich nach den Erfordernissen der Fische. Grundsätzlich gilt, dass eine größere Wassermenge leichter zu pflegen ist als eine kleine, weil sie stabiler gegenüber Pflegefehlern reagiert.
Ganzglasaquarien: Diese aus Kristallspiegelglas bestehenden, mit Silikon verklebten Becken kommen in der Heimaquaristik fast ausschließlich zum Einsatz. Sie bekommen sie entweder in Norm- oder Spezialmaßen als Sonderanfertigung im Zoofachhandel.
Die meisten Aquarien besitzen Deckscheiben, die das Aquarium bis auf Durchlässe für Schläuche lückenlos abdecken. Beachten Sie bitte, dass

- offene Aquarien nur in gut geheizten Zimmern zu empfehlen sind, weil das verdunstete Wasser sonst an kalten Wänden kondensiert und zu Schimmelbildung führt.
- springfreudige Fische nicht in offenen Aquarien gehalten werden dürfen!

Kugelfische sind schwer zu bestimmen. Manche Arten werden sehr groß und aggressiv. Deshalb muss man sich vor dem Kauf über Pflege und Vergesellschaftung informieren.

Ein voll eingerichtetes Aquarium wiegt sehr viel, ein 200-Liter-Becken (100 x 40 x 50 cm) 250 bis 300 kg. Um diesem hohen Gewicht gerecht zu werden, brauchen Sie sowohl einen stabilen Unterschrank als auch eine elastische Unterlage (beispielsweise eine Styroporplatte), die etwaige Unebenheiten auf der Oberseite des Unterschranks ausgleicht.
Natürlich müssen Sie auch die Tragfähigkeit des Fußbodens berücksichtigen (besonders wichtig bei Altbauten) – informieren Sie sich bei größeren Becken bei einem Architekten.

Die richtige Filterung

Die Filterung dient dazu, das Aquarienwasser von sichtbaren und unsichtbaren Verunreinigungen freizuhalten und so in der Natur ablaufende Prozesse zu ersetzen.
Drei unterschiedliche Filterwirkungen spielen bei jeder Aquarienfilterung eine Rolle:

- Die mechanische Filterwirkung beschränkt sich darauf, gröbere bis feine Schmutzpartikel im Filter anzusammeln, die durch das regelmäßige Reinigen des Filtermaterials aus dem Wasserkreislauf des Aquariums entfernt werden müssen.

- Die wichtigere biologische Filterwirkung verwandelt schädliche, im Wasser gelöste Abfallprodukte (Exkremente, liegengebliebene Futterreste) mit Hilfe von Bakterien in weniger schädliche gelöste Stoffe; diese müssen dann durch den regelmäßigen Wasserwechsel (siehe Seite 54) aus dem Wasserkreislauf des Aquariums entfernt werden.
- Die chemisch-physikalische Filterwirkung entfaltet sich beim Einsatz spezieller Filtermaterialien, wie Aktivkohle oder Torf.

Filtertypen

- Außenfilter sind über eine Schlauchverbindung mit dem Aquarium verbunden und werden mit einer Motorpumpe betrieben.
- Innenfilter sind im Aquarium selbst untergebracht und können je nach Typ mit einer Membran-Luftpumpe (Zoofachhandel) oder mit einer Motorpumpe betrieben werden.

Beide Filtertypen arbeiten prinzipiell auf die gleiche Weise, die einzelnen Modelle unterscheiden sich im Volumen und Füllmaterial.

- Außer den typischen Außen- und Innenfiltern besteht auch die Möglichkeit, sich im Glasbecken ein spezielles Filterinnenteil (Zoofachhandel) einkleben zu lassen. Vorteil dieser Mehrkammer-Innenfilterabteile ist ihr großes Filtervolumen.

Die richtige Heizung

Aquarien für die meisten gängigen Fischarten müssen beheizt werden, weil die Zimmertemperaturen zu niedrig liegen. Moderne Aquarienheizer sind thermostatgesteuert und sollten über eine Temperaturskala in Grad Celsius regelbar sein. Sie sollten sich bei versehentlichem Trockenfallen oder Thermostatdefekt abschalten. Ihre Dimensionierung muss auf die Aquariengröße und Umgebungstemperatur abgestimmt sein.

Thermostatgesteuerte Stabheizer sind die günstigste und am häufigsten genutzte Variante. Sie werden senkrecht fast untergetaucht im Aquarium angebracht.

Niedervolt-Bodenheizkabel werden vor dem Einbringen des Bodengrundes auf der Bodenscheibe des Aquariums angebracht und über einen separaten Temperaturfühler mit einem Thermostat gesteuert. Ihre Anwendung bringt vor allem in Pflanzenaquarien Vorteile. Kabelbodenheizungen sind nicht für Aquarien mit grabenden Fischen wie Welsen geeignet.

Thermofilter oder Heizpumpen mit Filtereinheit sind Außen- beziehungsweise Innenfilter, die zusätzlich zur Filtereinheit eine Heizeinheit in das Filtergehäuse integriert haben.

Ein zusätzliches unabhängiges Thermometer ist – egal welche Heizung zur Anwendung kommt – zur richtigen Einstellung und Kontrolle der Heizerfunktionen unabdingbar.

Innenfilter (rechts) eignen sich vor allem für kleine, schwach besetzte Becken. Außenfilter (links) haben einen größeren Filtertopf, in dem unterschiedliches Filtermaterial zum Einsatz kommt.

Die richtige Beleuchtung

Die Aquarienbeleuchtung muss mehrere Funktionen gleichzeitig übernehmen:

- Sie simuliert für Fische und Pflanzen durch das regelmäßige An- und Abschalten einen natürlichen Tag-Nacht-Rhythmus.
- Sie bewirkt durch die richtige Intensität und Lichtfarbe ein für Fische und Pflanzen angenehmes Lichtklima.
- Sie sorgt für ein optisch schönes Aquarium.

Wahl der Leuchtmittel

Leuchtstoffröhren sind das Mittel der Wahl für kleine bis mittelgroße Süßwasseraquarien.

- Sie sind in den verschiedensten Lichtfarben bei gleicher Wattzahl erhältlich.
- Leuchtstoffröhren verschiedener Lichtfarben lassen sich miteinander kombinieren. Natürlich wirken so genannte Vollspektrum-Leuchtstoffröhren, die dem Sonnenlicht weitestgehend entsprechen.

Die Anzahl der Leuchtstoffröhren über einem Becken richtet sich nach dessen Größe und den Bedürfnissen der Pflanzen und Fische. Nachteilig an Leuchtstoffröhren ist, dass sie ihr Licht sehr gleichmäßig verteilt abgeben, was ein wenig unnatürlich wirkt. Leuchtstoffröhren werden am energiesparendsten mit so genannten elektronischen Vorschaltgeräten betrieben.

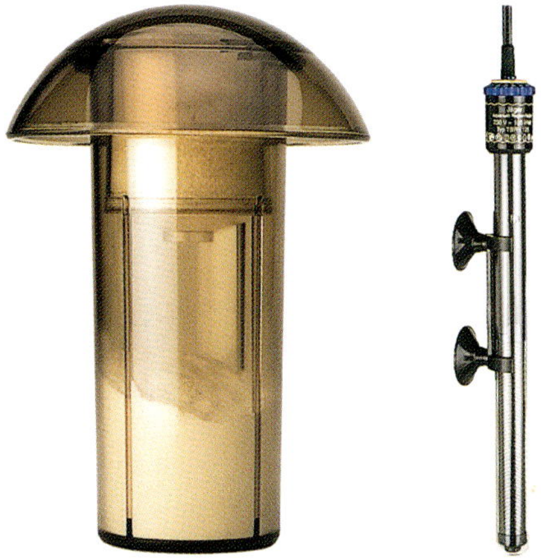

TECHNIK IM AQUARIUM

Zusätzliche technische Hilfsmittel

- ✓ Fehlstromschutzschalter helfen durch Feuchtigkeit entstandene elektrische Probleme zu erkennen und durch Abschalten der technischen Geräte unschädlich zu machen.
- ✓ Futterautomaten sind besonders im Urlaub sinnvoll, weil sie haltbares Kunstfutter über längere Zeit regelmäßig in das Becken geben.
- ✓ Vollentsalzungsanlagen (Umkehrosmose) sind empfehlenswert für Aquarianer, die Weichwasserfische pflegen wollen oder deren Leitungswasser besonders hart oder nitratbelastet ist. Kleine Anlagen, die ohne elektrischen Strom arbeiten und direkt an die Wasserleitung angeschlossen werden, liefern kostengünstig fast salzfreies Wasser, das zum Verschnitt mit Leitungswasser (siehe Seite 38) verwendet werden kann.

Halogenmetalldampflampen haben eine viel höhere Leuchtkraft als Leuchtstoffröhren. Sie werden deshalb für Starklichtaquarien sowie für eine normale Beleuchtung in Becken ab 60 cm Beckenhöhe eingesetzt. In niedrigeren Süßwasserbecken müssen sie mit mindestens 30 cm Abstand zur Wasseroberfläche angebracht werden. Zudem sollte ein UV-Filter (normalerweise automatisch vorhanden) vorgeschaltet werden. Die Auswahl der Lichtfarben ist zwar beschränkt, jedoch ist das Licht der wenigen verfügbaren Lichtfarben dem natürlichen Sonnenlicht sehr ähnlich, außerdem wird es nicht so gleichmäßig wie bei Leuchtstoffröhren abgege-

Um zu verhindern, dass sich Fische an einem Stabregelheizer (rechts) verbrennen, sollte er durch den Filterausfluss leicht umströmt angebracht werden. Der Carbonator (links) ist eine kostengünstige Möglichkeit, Pflanzen mit Kohlendioxid zu versorgen.

Im natürlichen Lebensraum wechseln sich Licht und Schatten ab und schaffen so ein abwechslungsreiches Lichtklima wie auf dem Foto für die Scheibensalmler.

ben. Dadurch entstehen besonders in Kombination mit einer leichten Bewegung der Wasseroberfläche durch Strömungspumpen sehr natürlich wirkende Lichteffekte.

Halogenstrahler dienen Spezialeffekten. Kleine Halogenstrahler lassen sich von oben zur Mondlichtsimulation (9-W-Strahler) oder schräg von vorn zur Betonung von reflektierenden Farben der Fische einsetzen.

Fast gar nicht mehr zum Einsatz kommen wegen ihrer ungünstigen Lichtfarbe und ihres ungünstigen Wirkungsgrades Glühbirnen und Quecksilberdampflampen (HQL).

Bei allen Leuchtmitteln ist das regelmäßige Auswechseln wichtig, wenn man auf die optimale Intensität und Lichtfarbe langfristig Wert legt. Wie häufig sie ausgewechselt werden müssen, hängt vom jeweiligen Fabrikat ab und muss erfragt werden. Als Faustregel gilt: Bei normalem Betrieb nach einem Jahr auswechseln.

Technische Ausstattung der Beleuchtung

Abdeckleuchten sind in die Abdeckung integriert. Hängeleuchten werden in mehr oder weniger großem Abstand zur Wasseroberfläche oder sauberen (!) Deckscheibe aufgehängt.

Zur technischen Ausstattung jeder Beleuchtung gehören eine Zeitschaltuhr, über die die Aquarienbeleuchtung geregelt wird, um für Fische und Pflanzen einen gleichmäßigen Lebensrhythmus zu gewährleisten.

Besonders komfortabel sind solche Leuchten, deren Leuchtdauer getrennt nach einzelnen Leuchtmitteln und variabel über den Jahreslauf programmierbar sind, weil sich durch diese Möglichkeit sehr naturnahe Lichtsituationen simulieren lassen.

Sauerstoffzusatzversorgung

In schwach besetzten Aquarien mit laufendem Filter, der die Wasseroberfläche leicht in Bewegung hält, ist normalerweise immer genügend Sauerstoff für die Pflege der meisten Fischarten vorhanden. Dennoch ist es für viele Becken sinnvoll, für eine gute zusätzliche Sauerstoffversorgung zu sorgen, z. B.

- an warmen Tagen;
- bei Pflegefehlern wie Überfütterung oder Überbesatz, weil es dann schnell zu Sauerstoffnot kommen kann;
- bei der Pflege von besonders sauerstoffbedürftigen Fischarten, vor allem solchen aus schnell fließenden Gewässern.

Oxidator: Er sorgt mit Hilfe einer Wasserstoffperoxidlösung, die sich langsam zu Sauerstoff und Wasser zerlegt, für reinen Sauerstoff, ohne dass dazu das Wasser bewegt werden muss. Oxidatoren sind in verschiedenen Größen erhältlich und werden in das Aquarium gestellt.
Andere Möglichkeiten der Sauerstoffversorgung gehen immer mit einer starken Wasserbewegung einher und sind daher nur bedingt für CO_2-gedüngte Becken zu empfehlen.
Membran-Luftpumpe und Sprudelstein sind eine althergebrachte Lösung, die auch heute noch ihre Berechtigung in reinen Fischbecken hat.
Diffusor: Er wird bei Einsatz von motorbetriebenen Kreiselpumpen am Filterauslauf angebracht und mischt den einfließenden Wasserstrahl mit Luft. Einfacher ist es, den Filterauslauf an der Wasseroberfläche mit Düsen zu bündeln oder mit Spritzrohren zu streuen.

Kohlendioxid für Pflanzen

Schöne Aquarien mit starkem Pflanzenwuchs erreicht man unter anderem durch die zusätzliche Düngung des Aquarienwassers mit dem Pflanzennährstoff Kohlendioxid.
Da Kohlendioxid in Wasser gelöst als Säure reagiert, verändert die Kohlendioxiddüngung den pH-Wert des Aquarienwassers. Für den richtigen Betrieb aller CO_2-Düngegeräte ist daher die Kenntnis der Wasserwerte »Karbonathärte« und die Messung des pH-Werts Voraussetzung (siehe Seite 20).
Zur gezielten Versorgung des Aquariums mit CO_2 gibt es verschiedene Möglichkeiten.

Carbonatoren produzieren mittels ungefährlicher chemischer Reaktionen reines Kohlendioxid. Sie werden einfach in das Aquarium gestellt und nach etwa 1 bis 2 Monaten mit einer neuen Patrone bestückt. Die zugeführte CO_2-Menge ist allerdings nicht dosierbar, die Menge hängt von der Anzahl der Gräte ab.
Kohlendioxid-Düngegeräte, elektronisch gesteuert, beziehen ihr CO_2 aus Gasdruckflaschen. Sie lassen sich genau dosieren. Die Geräte können automatisch über den mit der Kohlendioxidmenge zusammenhängenden pH-Wert geregelt werden. Den Vorteilen der exakten Kontroll- und Einsatzmöglichkeiten auch in großen Becken stehen die hohen Kosten gegenüber.

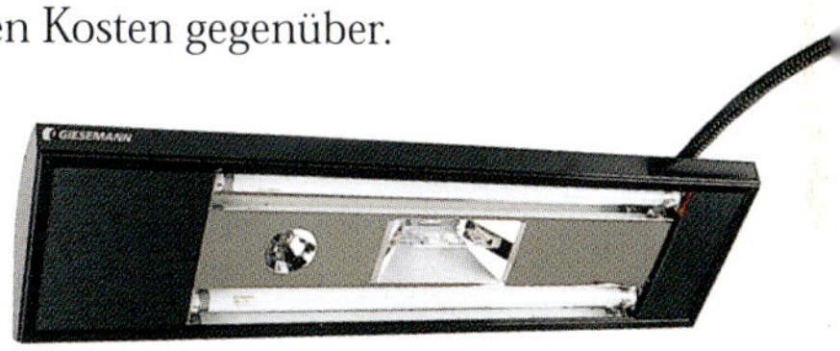

Die Versorgung der Pflanzen mit anderen Nährstoffen als Kohlendioxid und Spurenelementen kann manuell, mit Hilfe von elektronischen Dosierpumpen oder chemisch-physikalischen Geräten (Dosatoren) geschehen. Diese Dosiereinrichtungen haben den Vorteil, dass sie regelmäßig kleine Mengen zugeben und nicht schubweise größere, was unnatürlich ist.

Die zarten Reflexfarben des Sulawesi-Ährenfisches (*Marosatherina ladigesi*) kommen nur bei der richtigen Ausrichtung der Beleuchtung (siehe Hersteller Seite 156) zur Geltung.

PRAXIS

Filterung und Wasseraufbereitung

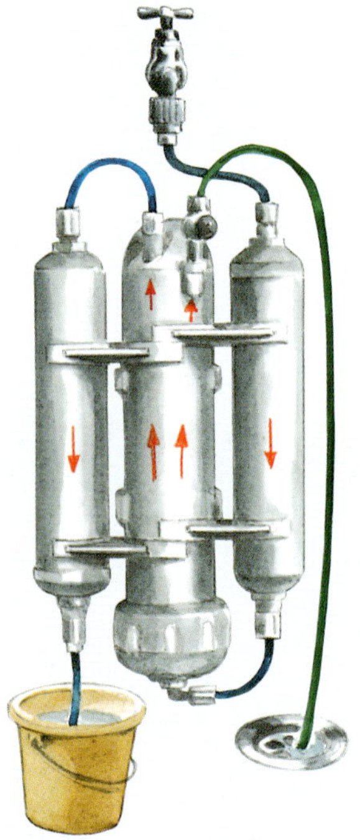

Eine Umkehrosmose-Anlage besteht aus drei Einheiten (Säulen). Das Wasser durchfließt die Säulen mit Hilfe des Drucks aus der Wasserleitung.

Zur Senkung der Gesamt- bzw. Karbonathärte und zur Senkung des pH-Werts gibt es verschiedene Methoden, die man anwendet, wenn das Leitungswasser unpassend ist.

Weichwasser herstellen durch Umkehrosmose

Um chemisch unbedenkliches mineralarmes Wasser in größeren Mengen bereitzustellen, verwendet man eine Umkehrosmose-Anlage. Sie entfernt nicht nur Härtebildner, sondern auch viele Schadstoffe (z. B. Insektizide). Sie besteht aus drei Einheiten, die das Wasser aus dem Wasserhahn nacheinander durchfließt. In der ersten Einheit wird es von schädlichem Chlor und Grobschmutz, in der Hauptsäule von Härtebildnern und weiteren Schadstoffen und schließlich in einer dritten Stufe durch einen Aktivkohlefilter von Reststoffen befreit. So bleibt auf der einen Seite Restwasser mit Härtebildnern zurück, auf der anderen Seite sammelt sich härtebildnerfreies Wasser. Das Reinstwasser steht für die Weichwasserzubereitung zur Verfügung und wird in einem Gefäß gesammelt.

Die Kreuzregel

Da Umkehrosmose-Wasser völlig frei von Härtebildnern und anderen Salzen (Spurenelementen) ist, müssen Sie es immer mit Leitungswasser vermischen. Das richtige Mischungsverhältnis zwischen Leitungswasser und vollentsalztem Wasser können Sie mit Hilfe der »Kreuzregel« berechnen:

- Härtegrad vollentsalztes Wasser (0° dKH) minus gewünschtem

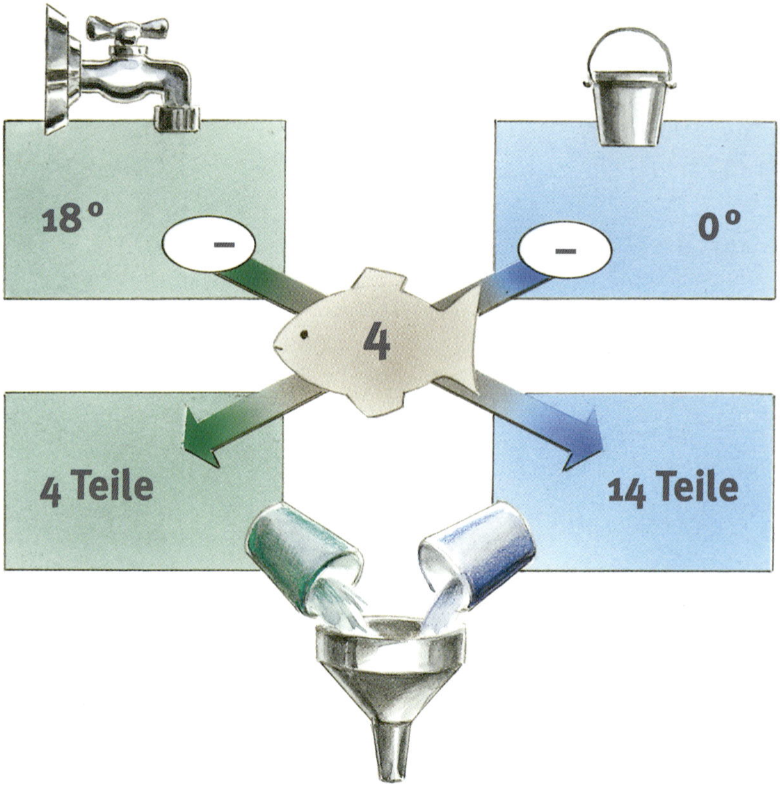

Beispiel für die Berechnung des richtigen Mischungsverhältnisses mit Hilfe der Kreuzregel: Das Leitungswasser misst 18° Karbonathärte (18° dKH), und Sie möchten Wasser mit 4° dKH herstellen. Dafür mischen Sie 14 Teile entsalztes Wasser mit 4 Teilen Leitungswasser.

Härtegrad ergibt Anteile Leitungswasser (ohne Minuszeichen).

- Härtegrad Leitungswasser minus gewünschtem Härtegrad ergibt Anteile vollentsalztes Wasser.

Achtung: Die Kreuzregel eignet sich nicht zur pH-Wert-Einstellung!

Karbonathärte und pH-Wert senken mit Torf

Wer nur wenig karbonathärtearmes Wasser benötigt und wer den pH-Wert gezielt senken möchte, kann dies auf natürliche Art mit Torf tun.

- Torf oder Torfgranulat (düngerfrei!) im Zoofachhandel kaufen.
- Den Torf in ein Gazesäckchen füllen, das speziell für Filtermaterial angeboten wird. Schalten Sie vor den Torfbeutel im Filter eine Schicht Filterschaumstoff.
- Den Filter in Betrieb nehmen.
- Den pH-Wert und die Karbonathärte täglich messen. Haben sich die gewünschten Werte eingestellt oder verändern sie sich nicht mehr, den Torf entfernen beziehungsweise erneuern.

Über Torf gefiltertes Wasser ist klar teefarben.

Heizerleistung bestimmen

In der Tabelle (unten) finden Sie die richtige Leistungsklasse gängiger Aquarienheizer für ein Glasaquarium heraus, wenn Sie die Aquariengröße und die maximal gewünschte Temperaturdifferenz (DT) zur Umgebungstemperatur kennen.

Beispiel: Sie möchten ein 200-Liter-Aquarium, das in einem mindestens 18° C warmen Zimmer steht, auf maximal 30° C aufheizen. Die Differenz zwischen 30 und 18° ergibt als Aufheizleistung 12° C. Die in etwa benötigte Heizerleistung entspricht der Tabelle (Schnittpunkte der beiden Werte suchen): 150 W.

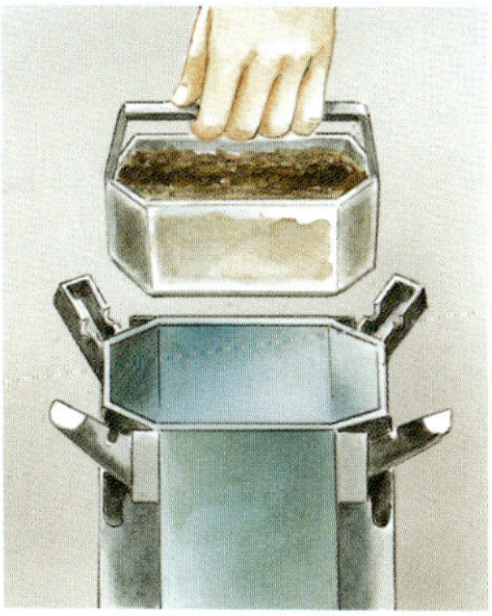

Mit Hilfe von Torf lassen sich auf einfache Weise kleine Mengen karbonathärtearmes Wasser herstellen.

TABELLE HEIZERLEISTUNG BESTIMMEN

Aquariengröße	DT 1° C	DT 2° C	DT 3° C	DT 4° C	DT 5° C	DT 6° C	DT 7° C	DT 8° C	DT 9° C	DT 10° C	DT 11° C	DT 12° C
40 Liter	25	25	25	25	25	25	25	50	50	50	50	50
60	25	25	25	25	25	25	50	50	50	50	50	50
80	25	25	25	25	25	50	50	50	50	50	50	50
100	25	25	25	25	50	50	50	50	50	50	75	75
120	25	25	25	50	50	50	50	75	75	75	75	75
150	25	25	25	50	50	50	75	75	100	100	100	100
180	25	25	50	50	50	50	75	75	100	100	100	100
200	25	25	50	50	50	75	75	100	100	100	150	150
250	25	25	50	50	75	75	75	100	100	150	150	150
300	25	25	50	50	75	75	100	100	100	150	150	150

Einrichtung des Beckens

Die Technik allein lässt noch kein artgerecht eingerichtetes und ästhetisch ansprechendes Aquarium entstehen. Dazu ist eine auf die Bedürfnisse der Fische abgestimmte Einrichtung und in vielen Fällen auch Bepflanzung nötig.

Der Bodengrund

Bis auf Zuchtbecken braucht jedes Aquarium einen Bodengrund. Er übernimmt mehrere Funktionen gleichzeitig.

- Seine Struktur bietet bodennah lebenden Fischen das jeweils geeignete Substrat zum Gründeln und Ausruhen. Gleichzeitig sorgt die richtige Struktur für die Ansiedlung von nützlichen Bakterien im Bodengrund, die bei der Erhaltung der richtigen Wasserqualität im Aquarium eine wichtige Rolle spielen (siehe Seite 20).
- Seine Farbe bestimmt den Lichtcharakter des Aquariums, denn dunkler Bodengrund schafft zusammen mit der Einrichtung einen schummrigen Urwaldcharakter im Aquarium. Heller Bodengrund kann dagegen für eine grelle Stimmung sorgen, die nur von Arten aus stark besonnten Gewässern geschätzt wird.
- Sein Nährstoffgehalt ermöglicht den Aquarienpflanzen, die ihre Nährstoffe vor allem aus dem Boden beziehen, eine ausgewogene Versorgung und damit gutes Wachstum. Zudem finden die Pflanzen Halt im Boden.
- Seine chemische Zusammensetzung ist wichtig, um die Wasserqualität nicht zu verändern. Zum Beispiel härtet kalkhaltiger Bodengrund das Wasser auf, was meist unerwünscht ist.

Das Hornkraut (*Ceratophyllum spec.*) sorgt sowohl schwimmend als auch eingepflanzt für gute Wasserqualität.

Beschaffenheit des Bodengrunds

Aquarienbodengrund muss zwei Eigenschaften haben. Er muss kalkfrei und ohne scharfe Kanten sein. Ob Bodengrund oder Steine kalkhaltig sind, verrät Ihnen der Essigtest: Schäumt es, wenn Sie ein paar Tropfen Essig auf ein Probestück geben, ist Kalk enthalten.

- Kies oder Sand in verschiedener Körnung wird am häufigsten verwendet. Ich bevorzuge kalkfreien Flusssand oder Flusskies, weil er auf natürliche Weise abgeschliffen wurde und meistens nicht sehr hell ist.
- Fast schneeweißer Quarzsand ist für normale Aquarien zu hell, eignet sich aber als natürliches Substrat für Schwarzwasseraquarien, wo seine Farbe nicht mehr grell wirkt.
- Dunkler Lavasand und Lavakies (rund geschliffen) eignet sich hervorragend für die Gestaltung dunkler Aquarien.
- Nicht geeignet ist dagegen so genannter Lavabruch, da er zu scharfkantig ist.

Bei der Wahl der richtigen Körnung und Schichtdicke stehen die Bedürfnisse der jeweils gepflegten Fische im Vordergrund.

In bepflanzten Aquarien verwendet man eine etwa 6 cm hohe Schicht in 2 bis 5 mm Körnung, wobei einzelne gröbere Kiesel das Gesamtbild natürlicher erscheinen lassen. Unter diese Schicht kann man, um optimalen Pflanzenwuchs zu erzielen, eine dünne Schicht Depotdünger (siehe Seite 50) einbringen.

Gröberer Kies setzt sich leicht mit Futterresten zu und fängt an zu faulen.

Feiner Sand eignet sich nur für Aquarien mit Schwimmpflanzen und darf nur in geringer Dicke (etwa 2 cm) eingebracht werden, weil sonst die Wasserzirkulation nicht mehr funktioniert und er ebenfalls anfängt zu faulen. Um dennoch gründelnden Fischen die Entfaltung ihres natürlichen Verhaltens zu ermöglichen, sollte man eine kleine Sandecke einrichten.

Spezielle Bodengründe sind Torffasern, ungedüngter Torfmull oder getrocknetes Falllaub.

In locker mit Hintergrund- und kleinen Vordergrundpflanzen versehenen Becken fühlen sich Kirschflecksalmler (oben) wohl. Neonfisch (*Paracheirodon innesi*, unten).

Dekorationsmaterialien

Wurzeln

Im Zoofachhandel gibt es verschiedene Sorten von Wurzeln, die im Aquarium eingesetzt werden können. Besonders geeignet sind Wurzeln aus Mooren (Moorkienwurzeln, schottische Mooreiche), die sich nicht mehr zersetzen und meist schwerer als Wasser sind. Wie Torf geben sie kontinuierlich ansäuernde und braun färbende Stoffe an das Wasser ab, die von Weichwasserfischen geschätzt werden. Von Fischen, die alkalisches hartes Wasser bevorzugen, wird das aber nicht immer vertragen. Aufschwimmende Wurzeln müssen vor dem Einbringen in das Aquarium gewässert werden. Ich empfehle, kein anderes Wurzelholz als Moorkienholz zu nehmen, weil es sich schnell zersetzt und das Wasser belastet.

Wurzeln lassen sich mit Aufsitzerpflanzen (siehe Seite 46) bepflanzen und sehen dann besonders schön aus.

Bambusstücke oder Bambusstangen

Diese können Sie unlasiert verwenden; allerdings schwimmt Bambus sehr stark auf, was sich auch durch langes Wässern nicht beheben lässt. Aus diesem Grund müssen beispielsweise aufgeschnittene Bambusstücke mit einem Stein beschwert werden. Aus Bambusstücken können Sie einen kleinen »Schilfwald« herstellen, was sehr natürlich aussieht. Dazu müssen Sie aber die Bambusstöcke einzeln auf einer PVC-Unterlage mit Silikonkautschuk befestigen, bevor Sie das gesamte »Ensemble« in das Aquarium einbringen.

Manche Welse wie der Perlhuhnwels (*Synodontis angelicus*, oben) mögen Unterstände, dagegen gräbt sich der Flunderharnischwels (*Pseudohemiodon lamina*, unten) in Sand ein.

Steine und Steinplatten

Sie sollten wie der Bodengrund kalkfrei und von der Struktur her nicht scharfkantig sein. Für die Aquaristik werden im Zoofachhandel verschiedene Sorten angeboten. Vor allem Schiefer- und Sandsteinplatten haben sich bewährt.
Kalkhaltiges Gestein, wie jugoslawisches Lochgestein, empfehle ich nur für Becken mit Hartwasserfischen aus Mittelamerika oder Ostafrika. Möchte man mehr als nur eine kleine Steinhöhle einrichten, ist es wichtig, die gläserne Bodenscheibe gegen punktuelle Belastung und damit gegen das Zerspringen abzusichern, denn größere Steinmengen bringen schnell einige Dutzend Kilogramm auf die Waage. Verwenden Sie Steine möglichst sparsam, um den Schwimmraum und das Wasservolumen im Becken nicht allzu stark zu beeinträchtigen.

Höhlen

Die als Verstecke für einzelne Fische und Brut pflegende Cichlidenpaare dienenden Höhlen lassen sich aus ausgehöhlten Kokosnüssen, Tonröhren, unlasierten Bambusröhren (beschweren!), Wurzeln und Steinen konstruieren.

Rückwandgestaltung

Der Rückwandgestaltung sollte man aus ästhetischen Gründen besondere Beachtung schenken, weil sie über die Tiefenwirkung und den Gesamteindruck der meist recht schmalen Becken entscheidet. Bei Aquarien, die als Raumteiler eingesetzt werden, kann man natürlich gut auf sie verzichten.

- Mit Aquarienmotiven bedruckte Kartons, die außen auf die Aquarienscheibe aufgeklebt werden, bieten die einfachste, aber in vielen Fällen auch einfältigste Lösung dieses Problems, weil sich ihre Ansicht in Hunderten von Aquarien wiederholt.
- Genauso gut geeignet sind einfarbige, vor allem schwarze Kartons, die die Farben der Fische und grünen Pflanzen kontrastreich hervorheben.

Auf dieser Abbildung finden Sie beispielhaft Anregungen, wie Sie verschiedene Dekorationsmaterialien im Aquarium auf natürlich wirkende Art einbringen können.

Strukturrückwände

Sie wirken nach einiger Zeit natürlich, weil sie von Algen überwachsen werden. Für die Gestaltung einer innen angebrachten Rückwand gibt es eine Reihe fertiger Modelle. Meist handelt es sich um Strukturinnenrückwände aus sehr hartem und beständigem Kunststoff.

Besonders hochwertige Rückwände können sehr natürlich aussehen, weil sie nach Abdrücken aus der Natur geformt und aufwendig koloriert wurden, einzelne Elemente reichen weit in das Aquarium, wodurch auch eine gute Tiefenwirkung entsteht. Flache Innenrückwände sehen zwar etwas weniger natürlich aus, aber sie eignen sich besser für schmälere Aquarien.

Weil alle diese Rückwände leichter als Wasser sind, müssen sie entsprechend Gebrauchsanweisung mit Silikonkautschuk eingeklebt werden. Außerdem können sie von größeren Harnischwelsen zerfressen werden, weswegen diese nicht in Becken mit solchen Rückwänden gepflegt werden sollten.

Rückwand im Selbstbau

Die Rückwand kann man auch nach eigenen Vorstellungen (siehe Zeichnung oben) herstellen. Dadurch können Sie individuelle Gestaltungswünsche und spezielle Bedürfnisse der Fische berücksichtigen. Sie müssen sich vorher eine genaue Vorstellung Ihrer Rückwand machen und dies am Besten auf einer maßstabsgetreuen Skizze fixieren, weil Sie nach erfolgter Verarbeitung nur noch schwer Änderungen vornehmen können.

Zum Bau benötigen Sie eine PVC-Platte, entsprechend den Innenmaßen der Rückscheibe, Silikonkautschuk, Dekostücke, Sand und Kies. Für komplexere räumliche Strukturen an der Rückwand, z. B. einen Überhang, können Sie PVC-Rohre verschiedener Stärke oder PVC-Platten verwenden.

Große Schwertpflanzen (links außen) dienen als Solitärpflanzen, während der Sumatrafarn (links Mitte) und der Wassernabel (links innen) schwimmend oder eingepflanzt für Struktur im Becken sorgen. Das Zwergspeerblatt (rechts innen) ist eine Aufsitzerpflanze, das Teichlebermoos (rechts Mitte) dagegen eine reine Schwimmpflanze und das Fettblatt (rechts außen) eine typische Stängelpflanze.

Wasserpflanzen und ihre Pflege

Aquarien können mit oder ohne Pflanzen gepflegt werden. Für die Fische sind folgende Eigenschaften bepflanzter Aquarien wichtiger:

- Aquarien mit gutem Pflanzenwuchs sorgen für einen niedrigen Gehalt an schädlichen organischen Stoffwechselprodukten (vor allem Nitrate und Phosphate).
- Reichlich mit unterschiedlichen Pflanzen versehene Aquarien schaffen durch die vielfältige Struktur ihrer Blätter Verstecke für Fische sowie eine große Blattoberfläche zur Besiedelung von nützlichen Kleintieren.
- Oberflächennah flutende Schwimmpflanzen oder Blätter sorgen für unterschiedliche Lichtverhältnisse, so dass ein natürliches Licht- und Schattenspiel entsteht, in dem alle Fische ihnen zusagende Plätze finden.

Falls Sie also Fische halten, die keine Wasserpflanzen fressen (siehe Beschreibungen zu den einzelnen Fischgruppen), sollten Sie Wasserpflanzen pflegen. Wie die Fische haben aber auch die verschiedenen Pflanzenarten ganz unterschiedliche Ansprüche an die Wasserwerte.

Bei der Pflege zu beachten

Die Karbonathärte des Wassers darf für viele Arten nicht zu hoch liegen.

Der Lichtbedarf der einzelnen Pflanzen kann sehr variieren. Bei einer mittelstarken Beleuchtung von zwei beckenlangen Leuchtstoffröhren über einem 40 bis 50 cm hohen und 40 bis 50 cm breiten Becken gedeihen die meisten Arten. Licht liebende Arten brauchen 3 bis 4 Röhren, wobei ab einem Wasserstand von 50 bis 60 cm HQI-Leuchten von 70 Watt wirtschaftlicher sind als viele Röhren.

Kohlendioxid ist ein wichtiger Pflanzennährstoff. Zu den Eigenschaften siehe Seite 18. Manche Pflanzen kommen mit sehr geringem Kohlendioxidgehalt im Wasser aus. Die meisten Arten dagegen sind anspruchsvoller, weswegen sich der Einsatz eines Gerätes zur Kohlendioxidversorgung empfiehlt. Da der Gehalt an verfügbarem Kohlendioxid von Karbonathärte und pH-Wert abhängt, muss man sich vor dem Einsatz eines solchen Gerätes über Karbonathärte, pH-Wert und Kohlendioxidbedarf der Pflanzen informieren. Für die meisten Pflanzen reichen etwa 10 bis 20 mg/l. Wie Sie den Gehalt bestimmen, siehe Seite 21. Der Verbrauch von Kohlendioxid hängt von der Pflanzenmenge im Aquarium und der Beleuchtungsstärke ab. Je höher beides ist, desto höher der Verbrauch.

Weitere Nährstoffe müssen für reiches Pflanzenwachstum im Wasser und bei stark wurzelnden Pflanzen auch im Boden vorhanden sein.

- Bei der Einrichtung versorgen Sie den Bodengrund mit Depotdünger, der sich allmählich erschöpft. Der Boden kann dann mit Düngepellets nachgedüngt werden.
- Das Wasser muss einen Grundgehalt an Pflanzennährstoffen haben, die Sie am Besten mit einem flüssigen Wasserpflanzendünger und einem separaten Eisendüngerpräparat einbringen (niemals Zimmerpflanzendünger verwenden).

Der Bedarf an Dünger hängt nicht allein von der Beckengröße ab, sondern – wie beim Kohlendioxid – vom Besatz an Wasserpflanzen, der Beleuchtung und vom Fischbesatz, der über seine Ausscheidungen ständig nachdüngt. Sollten frisch geschobene Wasserpflanzenblätter bei guter Beleuchtung und angemessenen Wasserwerten gelblich blass sein und auch bleiben, ist die Düngermenge zu gering und Sie sollten nachdüngen.

Wassertemperatur: Viele Wasserpflanzen sind diesbezüglich relativ anspruchslos, doch vertragen viele Arten keinen kühlen Wurzelbereich, denn in der Natur hat die Bodenoberfläche im Schnitt die gleiche Temperatur wie das Wasser.

Bodengrund: Gutes Bodenklima, bei dem es zu keiner Bildung von Faulgasen kommt, entsteht durch eine leichte Zirkulation des Aquarienwassers durch den Bodengrund. Verwenden Sie daher für die Pflege stark wurzelnder Pflanzen keinen Sand, sondern Kies in einer Körnung zwischen 2 und 5 mm. Ebenso nützlich sind Turmdeckelschnecken, die wie Regenwürmer den Boden durchpflügen. Man bekommt sie aber nicht im Zoofachhandel, sondern muss auf andere Aquarianer zugehen.

Beim Transport benötigen Pflanzen ausreichend Sauerstoff und vertragen keine extremen Temperaturen. Fast alle Arten lassen sich feucht im Plastikbeutel oder vorsichtig in feuchte Zeitung gehüllt transportieren, aber besser nicht unter Wasser. Wegen ihrer Zerbrechlichkeit gilt das aber nicht für Horn- und Nixkraut.

Glühkohlenbarbe (*Puntius fasciatus*)

Typen der Aquarienpflanzen

Rosettenpflanzen sind stark wurzelnde Pflanzen, deren Blätter an einem Punkt am Übergang der Wurzeln zum Spross entspringen. Je nach Größe eignen sie sich für Vorder-, Mittel- oder Hintergrund. Breitblättrige, große Arten werden gern als Solitärpflanzen eingesetzt. Beim Einsetzen kürzt man die Wurzeln so weit ein, dass sie sich nicht kreisförmig in das mit den Fingern vorgeformte Pflanzloch legen.
Rosettenpflanzen vermehren sich meist durch bodennahe Ausläufer. Größere Exemplare lassen sich oft teilen. Sie müssen nicht zurückgeschnitten werden, aber alte äußere Blätter sollten regelmäßig entfernt werden.

Der Javafarn eignet sich wegen seiner Robustheit und Anspruchslosigkeit als Aufsitzerpflanze auch in Becken mit größeren Buntbarschen.

Stängelpflanzen wachsen bei ausreichender Beleuchtung meist sehr schnell. Einzelne Stängel können sehr lang, allerdings unten dann auch leicht kahl werden. Deshalb schneidet man Stängelpflanzen häufig zurück, wodurch sie buschiger werden. Die Stängelkronen nutzt man zur Vermehrung, indem man sie wieder vorsichtig in den Boden steckt, wo sie weiterwachsen.
Stängelpflanzen werden vor allem im Hintergrund eingesetzt, oder sie treiben als reine Schwimmpflanzen an der Wasseroberfläche.
Rasch wachsende und anspruchslose Stängelpflanzen (z. B. Hornkraut, Hornfarne und Nixkraut) eignen sich besonders für die Neueinrichtung eines Aquariums, weil sie in der kritischen Anfangsphase viele Nährstoffe aus dem Wasser entfernen und deshalb Algenproblemen entgegenwirken können.
Reine Schwimmpflanzen sind an starke Beleuchtung gewöhnt und nicht verwurzelt. Manche Arten, z. B. die beliebte Muschelblume *Pistia stratiotes*, vertragen kein dauerndes Schwitzwasser auf der Blattoberfläche, brauchen aber hohe Luftfeuchtigkeit. Sie lassen sich deshalb besser in Aquarien ohne Deckscheibe pflegen.
Aufsitzerpflanzen spielen eine wichtige Rolle in der Aquaristik, weil sie ganz ohne Bodengrund auskommen und auf Wurzeln oder anderen Einrichtungsgegenständen aufgebracht sehr dekorativ wirken. Zudem werden die beliebtesten Arten, wie das Javamoos, der Javafarn oder das Zwergspeerblatt, auch von vielen Pflanzen fressenden Fischen nicht angerührt. Die Arten mit großen Blättern und einem so genannten Rhizom (dem blatttragenden bewurzelten »Stängel«) wachsen langsam und neigen zur Veralgung. Deswegen sollte man sie mit Algenfressern zusammen pflegen. Das Rhizom darf nie in den Bodengrund gesetzt werden, weil es sonst faulen würde. Auf Wurzeln und Steinen dagegen gedeihen sie gut, wenn sie anfänglich mit Baumwollfäden oder Nylonschnur festgebunden werden, bis ihre Wurzeln angewachsen sind. Zur Vermehrung teilt man die Rhizome in einzelne Stücke mit wenigen Blättern.

TABELLE AQUARIENPFLANZEN

Deutscher Name	Lateinischer Name	Typ	Höhe (cm)	Temperatur °C
Zwergspeerblatt	*Anubias barteri var. nana*	Aufsitzer	5–15	22–28
Javafarn	*Microsorum pteropus*	Aufsitzer	15–30	20–28
Javamoos	*Vesicularia dubyana*	Aufsitzer	Moos	15–30
Kongo-Wasserfarn	*Bolbitis heudelotii*	Aufsitzer	20–50	22–26
Härtels Wasserkelch	*Cryptocoryne affinis*	Rosette	10–40	22–26
Genoppter Wasserkelch	*Cryptocoryne aponogetifolia*	Rosette	bis 100	21–27
Becketts Wasserkelch	*Cryptocoryne beckettii*	Rosette	10–25	22–26
Große Schwertpflanze	*Echinodorus amazonicus*	Rosette	30–50	22–26
Große Schwertpflanze	*Echinodorus bleheri*	Rosette	40–60	22–28
Osiris' Schwertpflanze	*Echinodorus osiris*	Rosette	40–60	18–26
Kleine Schwertpflanze	*Echinodorus parviflorus*	Rosette	20–40	22–24
Gras-Schwertpflanze	*Echinodorus tenellus*	Rosette	bis 5	18–28
Nadelsimse	*Eleocharis acicularis*	Rosette	20–50	22–25
Kleines Pfeilkraut	*Sagittaria subulata*	Rosette	10–60	18–28
Riesenvallisnerie	*Vallisneria americana*	Rosette	über 100	22–26
Schraubenvallisnerie	*Vallisneria spiralis*	Rosette	30–50	20–28
Wendts Wasserkelch	*Cryptocoryne wendtii*	Rosette	10–40	24–28
Gemeines Hornkraut	*Ceratophyllum demersum*	Schwimm	---	18–30
Guadeloupe-Nixkraut	*Najas guadalupensis*	Schwimm	---	20–30
Teichlebermoos	*Riccia fluitans*	Schwimm	---	20–27
Kleinohriger Büschelfarn	*Salvinia auriculata*	Schwimm	---	20–27
Kleines Fettblatt	*Bacopa monnieri*	Stängel	---	18–28
Sumatrafarn	*Ceratopteris thalictroides*	Stängel	---	22–28
Riesenwasserfreund	*Hygrophila difformis*	Stängel	---	24–28
Wasserstern	*Hygrophila corymbosa*	Stängel	---	24–28
Indischer Wasserfreund	*Hygrophila polysperma*	Stängel	---	22–28

Regelmäßige Aquarienpraxis

Das Becken einrichten

Bevor Sie das Aquarium einrichten, sollten Sie sich folgende Aspekte klar machen:

- Haben Sie sich bereits Gedanken über Ansprüche der Fische gemacht, die sie pflegen möchten? Da jede Fischart andere Ansprüche hat, sollten Sie sich mit jeder Art einzeln vertraut machen, um schon bei der Einrichtung diese Bedürfnisse zu berücksichtigen (siehe Artenteil, ab Seite 81).
- Nach dem Einrichten müssen Sie mindestens 2, besser 3 bis 4 Wochen warten, bevor Sie die ersten Fische einsetzen können. Warum das wichtig ist, erfahren Sie auf den folgenden Seiten.

Beim Aufstellen des Beckens gehen Sie folgendermaßen vor:

1. SCHRITT: Stellen Sie den Unterschrank stabil und eben auf (notfalls mit der Wasserwaage überprüfen). Legen Sie die dämpfende Unterlage an die Stelle, wo das Becken steht.

2. SCHRITT: Stellen Sie das Becken darauf.

3. SCHRITT: Überprüfen Sie, ob keine kleinen harten Partikel zwischen Bodenscheibe und Unterschrank eingeklemmt sind.

Schleierkampffische sind eine Zuchtform des Siamesischen Kampffisches (*Betta splendens*). Nur in sehr großen Becken kann man mehrere Männchen zusammen halten.

Technische Geräte installieren

Installieren Sie alle technischen Geräte so, dass sie ihre Funktion optimal erfüllen können.

- Einen Stabheizer befestigen Sie senkrecht in einer Ecke, so dass eine gute Wasserzirkulation in seiner Umgebung gegeben ist.
- Das Thermometer bringen Sie diagonal gegenüber der Heizung an.
- Bodenheizkabel müssen vor dem Einbringen des Bodengrunds verlegt werden.

Den Filter einrichten

Innenfilter werden normalerweise in einer hinteren Ecke mit dem Wasserrücklauf etwas unterhalb der Wasseroberfläche platziert. Achten Sie darauf, dass der Filter im später voll eingerichteten Becken leicht zu entfernen ist.

Bei Außenfiltern sollten die Einströmöffnungen (mit Vorfilter oder Sieb) und Ausströmöffnungen der Schläuche ebenfalls in den hinteren Aquarienecken an gegenüberliegenden Seiten angebracht werden. Installieren Sie die Ausströmöffnung etwas unterhalb der Wasseroberfläche, so dass eine leichte Strömung von unten die Wasseroberfläche bewegt, ohne zu spritzen; die Strömung ist dabei so gelegt, dass sie entlang

der Vorderscheibe läuft. Viele Fische stellen sich dann mit dem Kopf gegen die leichte Strömung und zeigen so ihr natürliches Verhalten direkt vor der Frontscheibe.
Jeder Filter mit ausschließlich neuem Filtermaterial ist biologisch tot, das heißt, es haben sich noch keine notwendigen Filterbakterien etabliert. Daher sollten Sie etwas altes Filtermaterial aus einem bereits laufenden Becken in den neuen Filter geben.

Die Rückwand installieren

Falls Sie eine Innenrückwand erworben haben, installieren Sie diese nach Gebrauchsanweisung, bevor Sie Bodengrund und Dekomaterialien einbringen. Das ist besonders wichtig, wenn die Wand mit Silikonkautschuk befestigt werden muss, weil die Oberfläche beim Kleben staub- und fettfrei sein muss.

Bodengrund und Depotdünger einbringen

Die Wahl der Bodengrundschichten richtet sich nach den Dekomaterialien und Pflanzen.

- In Becken mit Aufbauten aus schweren Steinen legen Sie eine dünne Styroporplatte unter die geplanten Aufbauten. Dann schichten Sie den eigentlichen Bodengrund ein.
- Legen Sie Wert auf guten Pflanzenwuchs, kommt zuerst eine dünne Schicht Depotdünger, danach bringen Sie gewaschenen Kies in einer 5 bis 6 cm dicken Schicht ein.
- Falls Sie Sandboden für unbepflanzte Aquarien bevorzugen, sollte die Schicht nicht dicker als 2 bis 3 cm sein; zudem benötigen Sie keine Depotdüngergrundschicht.

Kies und Sand wäscht man am einfachsten unter fließendem Wasser in kleinen Portionen so lange in einem Eimer, bis das ablaufende Wasser fast nicht mehr trübe ist.

Wasser einfüllen und Pflanzen einsetzen

Bevor Sie zur Bepflanzung übergehen, sollte das Becken vorsichtig etwa zu einem Drittel mit temperiertem Wasser gefüllt werden. Ein leichtes Eintrüben lässt sich nicht verhindern, schadet aber auch nicht. Dann setzen Sie die Wasserpflanzen ein und füllen das Becken auf.

Das Becken in Betrieb nehmen

Jetzt können Sie, wenn erwünscht, weitere technische Zusatzgeräte so installieren, dass sie nicht auffallen. Danach können Sie die gesamte Technik in Betrieb nehmen:

- Heizer und Filter einstecken.
- Beleuchtung aufsetzen und mit der Zeitschaltuhr verbinden.
- Wenn vorhanden, Mess- und Kontrollgeräte einstellen.

Die Einfahrphase

In den nächsten 2 bis 4 Wochen wird ihr Aquarium biologisch aktiv, das heißt, die nützlichen Bakterienstämme bauen sich allmählich auf. Obwohl noch keine Fische im Becken sind, sollten Sie das Aquarienwasser mehrmals in der Woche kontrollieren, um die ablaufenden Veränderungen zu verstehen und gegebenenfalls eingreifen zu können. Anfängliche Trübungen geben sich mit der Zeit, weil sich die biologische und mechanische Filterwirkung von Tag zu Tag verbessert.
Auch die Funktion der technischen Geräte müssen Sie regelmäßig kontrollieren, damit Sie notfalls eingreifen können:

Weißkehlgrundel (*Rhinogobius cf. wui*)

Grüne Messerfische (*Eigenmannia spec.*) leben gesellig und benötigen große Becken mit einer Schwimmpflanzendecke, um sich wohl zu fühlen.

Ob die Pflanzen gut anwachsen, erkennen Sie daran, dass sie spätestens nach 2 Wochen beginnen, frische Blätter nachzuschieben.

Was während der Einfahrphase passiert und wie Sie auftretende Probleme lösen, siehe Seite 52.

Während Sie 2 Wochen die Einfahrphase überprüfen, sorgen Sie dafür, dass die entsprechenden Futtersorten für die Fische im Hause oder zur Zucht angesetzt sind (siehe Seite 64).

Die Fische einsetzen

Nach einigen Wochen können Sie die Fische kaufen. Im Idealfall haben Sie sich schon vorher informiert, wo Sie »Ihre« Fische in gesundem und gut gepflegtem Zustand bekommen. Dabei hilft es, sich auf einen guten Zoofachhändler verlassen zu können. Diesen finden Sie durch Nachfragen in einem Aquarienverein oder bei anderen erfahrenen Aquarianern. Ein guter Zoofachhändler wird sich Zeit nehmen und gezielt Fragen zu Ihrem Aquarium stellen, bevor er Ihnen bestimmte Fische empfiehlt. Falls Sie dennoch unsicher sind, ob die Fische gesund sind, lassen Sie sich zeigen, ob sie fressen, denn kranke Fische verweigern oft das Futter.

Beim Einsetzen gehen Sie so vor:

1. SCHRITT: Fische werden in Plastikbeuteln mit mehr Luft als Wasser transportiert, die bei Kälte durch Zeitungspapier oder eine Thermotüte geschützt sind.

2. SCHRITT: Zu Hause legen Sie den Beutel ungeöffnet auf die Wasseroberfläche des Aquariums und lassen ihn dort mindestens eine halbe Stunde zum Temperaturausgleich liegen.

3. SCHRITT: Damit sich die Fische an die neuen chemischen Wasserwerte gewöhnen können, öffnen Sie nach der halben Stunde den Beutel und lassen vorsichtig etwa ein Viertel der Wassermenge, die schon im Beutel ist, einlaufen. Diesen Vorgang wiederholen Sie zweimal im Abstand von etwa einer Viertelstunde.

4. SCHRITT: Danach entlassen Sie die Fische in das Aquarium.

PRAXIS

Anfangsprobleme lösen

Die ersten Wochen nach der Neueinrichtung sind entscheidend für die biologische Funktionsfähigkeit eines Aquariums, weil sich jetzt die wichtigen Bakterienstämme in Bodengrund, Filter und Wasser aufbauen.

Die Amano-Garnele *Caridina japonica* frisst Fadenalgen im Aquarium zuverlässig auf.

Einfahrphase verstehen

Das Schema (rechts) gibt die chemischen Vorgänge im Wasser während der Einlaufphase wieder. Solange die Konzentration eines Stoffes noch »rot« ist, ist sie schädlich. »Rote« Höchstwerte sind: Nitrit 0,2 mg/l, Nitrat 50 mg/l. Für Ammonium bzw. Ammoniak stehen keine einfachen Tests zur Verfügung.

- Am Tag Null nach der Neueinrichtung des Aquariums ist es biologisch fast tot.
- Schon nach einem Tag befindet sich das giftige Ammonium (bzw. bei pH-Wert >7 das noch giftigere Ammoniak) im Wasser. Dieser Stoff stammt aus der ersten Zersetzung von organischen Resten.
- Bereits ab dem zweiten Tag entsteht aus Ammonium/Ammoniak das hochgiftige Nitrit. Je mehr organisches Ausgangsmaterial im Aquarium ist, desto mehr Nitrit würde entstehen.
- Im Verlauf der ersten zwei bis drei Wochen baut sich eine Bakterienpopulation im Filter auf, die das giftige Nitrit in das nur schwach giftige Nitrat umzubauen vermag. Entsprechend sinkt der Nitritgehalt kontinuierlich, aber der Nitratgehalt steigt. Erst wenn nach zwei bis drei Wochen (!) mit einfachen Wassertests aus dem Zoofachhandel kein Nitrit mehr im Aquarium nachweisbar ist, dürfen Fische eingesetzt werden.
- Auch kurz nachdem die ersten Fische eingesetzt wurden, ist eine regelmäßige Kontrolle des Nitritwerts nötig, weil die jetzt erhöhte Belastung des Wassers mit organischen Abfallprodukten zu weiterem Anwachsen der Bakterienpopulationen führen muss.
- Der regelmäßige Teilwasserwechsel von einem Viertel bis einem Drittel des Wassers alle ein bis zwei Wochen ist unumgänglich, weil sich sonst Nitrat und andere Stoffe anhäufen würden.

Fischtagebuch führen

Täglich in der Einfahrphase und später wöchentlich sollten Sie die wichtigsten Wasserwerte messen, um die Fische zum richtigen Zeitpunkt einzusetzen und andere Pflegemaßnahmen wie den Teilwasserwechsel zum richtigen Zeitpunkt vorzunehmen.

Am Besten führen Sie von Anfang an ein »Fischtagebuch« (rechts), um Fehler zu vermeiden oder zumindest aus Fehlern zu lernen.

Anfangsproblem Trübung
Problem: Eine milchige Trübung in der Anfangsphase ist normal. Sie entsteht durch das rasante Wachstum bestimmter Bakterien in den ersten Tagen und verschwindet von allein.
Abhilfe: Unternehmen Sie nichts!

Anfangsproblem Fadenalgen
Problem: Besonders wenn Sie zusätzlichen Bodengrunddünger bei der Einrichtung in das Aquarium eingebracht haben, kann es zu massivem Wachstum von Fadenalgen kommen.
Abhilfe: Setzen Sie frühestens 10 Tage nach der Neueinrichtung einige »Amano-Garnelen« ein, die Fadenalgen fressen (siehe Foto links).

Anfangsproblem Nitritanstieg
Problem: Die Nitritwerte sind nach dem Einsetzen der Fische zu hoch, obwohl diese Werte vor dem Einsetzen schon niedrig waren. Eventuell Vergiftungserscheinungen an den Fischen (siehe Seite 75).
Abhilfe: Ein Drittel des Wassers wechseln und eine im Zoofachhandel erhältliche »Starterlösung« mit Instant-Bakterien zugeben. Diese helfen, die Übergangsphase zu überbrücken.

Tag	Nitrit	Nitrat	pH	KH	GH	Temp.	Bemerkungen
1.							Einrichtung
5.							Wasser trübe
14.							Wasser klar, Algen wachsen
1x pro Woche							Fische eingesetzt 1 Anostomus, 10 Neonsalmler 5 Panzerwelse
21.							

Tragen Sie im Tagebuch die regelmäßig gemessenen Wasserwerte, Pflegemaßnahmen und Beobachtungen an den Fischen ein. So sind Sie später in der Lage, Zusammenhänge zwischen Pflegemaßnahmen, Veränderungen der Wasserwerte und Verhalten der Fische zu analysieren. (KH = Karbonathärte; GH = Gesamthärte)

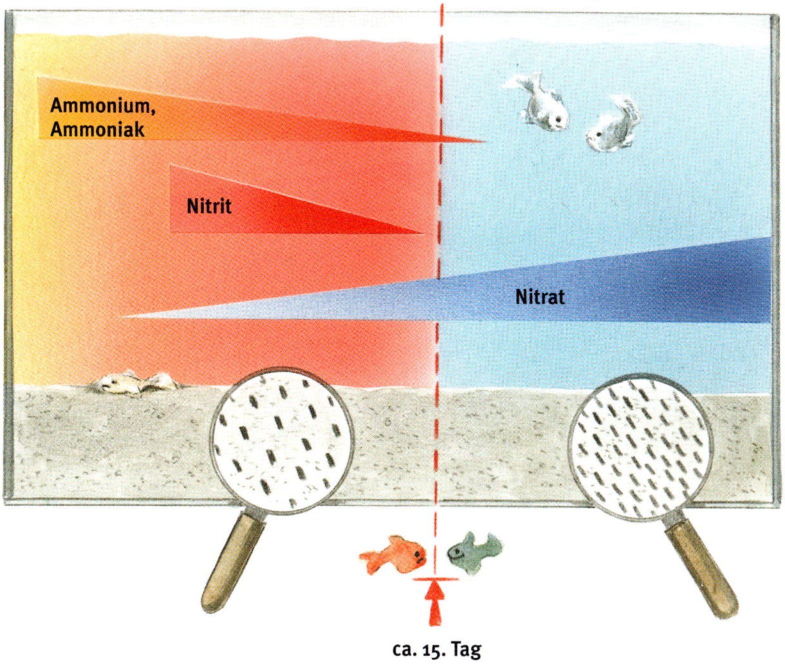

Das Schema der Einfahrphase gibt den zeitlichen Verlauf wieder, ab wann die sich langsam aufbauenden Bakterienpopulationen in der Lage sind, schädliche Stoffe so zu verstoffwechseln, dass sie Aquarienwasser und Fische nicht mehr belasten.

Regelmäßige Pflege

Der Pflegeaufwand für ein einzelnes Aquarium ist geringer, als man oft glaubt. Das gilt aber nur, wenn die wenigen Maßnahmen regelmäßig durchgeführt werden. Sie sollen dazu dienen, die natürlichen Prozesse im Aquarium zu unterstützen. Nur so entsteht ein funktionierendes ökologisches Gleichgewicht und ein gesundes »Wohnklima« für die Fische.
Ein Aquarium, in dem mit Hilfe künstlicher Wasserzusatzstoffe natürliche Reinigungs- und Regenerationsprozesse ersetzt werden, gleicht eher einer Krankenstation, in der der Patient am Tropf hängt. Sie werden deshalb in diesem Buch keine Hinweise auf Wasserzusatzstoffe finden.

Prachtkopfsteher (*Anostomus anostomus*) sind anspruchsvolle Fische und werden mit 18 Zentimetern recht groß.

Die tägliche Kontrolle

Die wichtigste Pflegemaßnahme ist die tägliche Beobachtung aller Aquarienbewohner und die Kontrolle der Technik. Nehmen Sie sich deshalb die Zeit bei der Fütterung, möglichst jeden Fisch zu beobachten. Achten Sie auf Änderungen im Verhalten oder Aussehen, zum Beispiel ob alle Fische zur Fütterung erscheinen.
Versuchen Sie dann, den Grund herauszufinden.

- Es ist ein normales Verhalten, wenn die Fische z. B. Eier in einer Bruthöhle pflegen.
- Es kann aber auch an einer Verschlechterung der Wasserwerte oder einer Infektion liegen oder die Konsequenz einer falschen Vergesellschaftung sein.

Dann können Sie gezielt vorgehen und Wasserwerte messen, Krankheiten diagnostizieren oder Fische trennen, die nicht zusammenpassen. Manchmal werden Sie auch einen toten Fisch entdecken, den Sie mit einem Aquarienkescher herausholen müssen, bevor er im Aquarium verwest und das Aquarienwasser belastet.
Genauso wichtig ist es, täglich die Technik zu kontrollieren, das heißt nachzusehen, ob der Filter läuft, wie hoch die Wassertemperatur ist und ob andere technische Hilfsmittel zuverlässig funktionieren.

Wasserwechsel

Kein Aquarium kommt ohne einen ein- bis zweiwöchentlichen Teilwasserwechsel von etwa 25 Prozent der Wassermenge aus, weil sich trotz optimaler Pflege bestimmte Schadstoffe anreichern, die nicht von Bakterien abgebaut oder von Pflanzen aufgenommen werden können.
Ein Wasserwechsel ist nicht aufwendig, Sie brauchen dazu lediglich einen Schlauch und mehrere große Eimer oder Gießkannen. Falls Sie spezielles Wasser für Weichwasserfische benötigen, muss zusätzlich ein Vorrat an aufbereitetem Wasser vorhanden sein.
Stellen Sie vor dem Wasserwechsel alle technischen Geräte ab, um das Trockenlaufen von

TABELLE PFLEGEMASSNAHMEN

Wann?	Was ist zu tun?	Wo nachzulesen?
Täglich	➤ Beobachtung aller Fische und Pflanzen, um auf Auffälligkeiten reagieren zu können	Seite 54
	➤ Kontrolle der Wassertemperatur und technischen Geräte	Seite 54
	➤ Fütterung aller Fischarten	Seite 60
Wöchentlich	➤ Ein Viertel bis ein Drittel Teilwasserwechsel mit Wasser gleicher Wasserwerte	Seite 54
	➤ Wasserwerte messen und in Tagebuch eintragen, um Veränderungen zu registrieren und eingreifen zu können	Seite 52
	➤ Scheiben putzen, damit sich keine hartnäckigen Algen ansiedeln können	Seite 56
	➤ Vorfilter auswaschen	Seite 55
	➤ Bei gutem Pflanzenwuchs und starker Beleuchtung mit Flüssigdünger für Pflanzen nachdüngen	Seite 44, 56
Zweiwöchentlich bis monatlich	➤ Filter schonend reinigen	Seite 55
	➤ Bodengrund mit Stöckchen o.Ä. auflockern	Seite 56
Dreimonatlich	➤ Pflanzen gegebenenfalls zurückschneiden oder auslichten	Seite 46, 56
Jährlich	➤ Leuchtmittel eines nach dem anderen in mehrwöchigem Abstand austauschen	Seite 57

Pumpen und Heizern zu vermeiden. Dann lassen Sie etwa ein Viertel des Aquarienwassers über den Schlauch in die Eimer laufen. Auf die gleiche Weise füllen Sie das frische temperierte Wasser über Schläuche oder mit der Gießkanne wieder in das Becken.

Beim Absaugen des Wassers saugen Sie gleichzeitig auf dem Boden liegende Futterreste mit ab. Zu diesem Zweck gibt es im Zoofachhandel spezielle Vorsatzstücke (»Mulmglocken«) für den Schlauch, die verhindern, dass versehentlich Kies oder Sand mit aufgesaugt wird.

Filterreinigung

Weil ein eingefahrener Filter das Herzstück der Wasserpflege im Aquarium ist, bedarf es einer besonders umsichtigen Pflege dieser lebenden Kläranlage. Ein Zuviel schadet bei der Filterpflege genauso wie ein Zuwenig. Waschen Sie deshalb nur die oberste beziehungsweise erste Grobfilterschicht bei jedem Wasserwechsel unter handwarmem Wasser so lange, bis das abfließende Wasser klar bleibt. Die darunter liegenden Filterschichten haben eine wesentlich längere Standzeit, weil die oberste Schicht den Grobschmutz abfängt.

Für die Filterwirkung der unteren Schichten ist es deshalb vorteilhafter, ihre Bakterienkulturen nicht zu stören. Nur falls es Anzeichen gibt, dass sich auch diese Schichten mit Filterschlamm zusetzen, müssen sie vorsichtig ausgespült werden. Um die Bakterien nicht zu zerstören, kein heißes Wasser nehmen. Chemisch-physikalisch wirkende Filtermaterialien können nicht durch Auswaschen regeneriert werden. Deshalb muss Torf und Aktivkohle ersetzt werden, wenn deren Wirkung weiterhin erwünscht ist.

Scheiben putzen

Nicht nur Bodengrund, Pflanzen und Dekorationsmaterial werden mit der Zeit von Bakterien und Algen bewachsen, sondern auch die Aquarienscheiben. Obwohl ein leichtes Algenwachstum im Aquarium erwünscht ist, stören sie an der Frontscheibe und sind besonders schwer zu entfernen, wenn sie schon lange dort gewachsen sind.
Das verhindern Sie am einfachsten mit einem Magnetscheibenreiniger, mit dem Sie zweimal in der Woche die Frontscheibe putzen, auch wenn Sie so gut wie keinen Algenwuchs entdecken können.

Pflege der Pflanzen

Zur regelmäßigen Pflege der Aquarienpflanzen gehört die Ergänzung verbrauchter Nährstoffe durch Düngung. Besonders in schwach besetzten Aquarien mit guter Wasserpflege kann eine Düngung mit einem Flüssigdüngerprodukt bei jedem oder jedem zweiten Wasserwechsel vorteilhaft sein.
Auch ein Nachdüngen des Bodengrundes ist möglich, sollte aber nur etwa einmal im Jahr gezielt im Wurzelbereich stark wurzelnder Pflanzen angewendet werden. Dazu drücken Sie im Zoofachhandel erhältliche getrocknete Tonkugeln oder Düngepellets mit den Fingern vorsichtig in tiefere Bodenschichten.
Neben der Düngung sollten die Wasserpflanzen regelmäßig ausgelichtet und eingekürzt sowie der Bodengrund aufgelockert werden. Dichte Bestände von Rosettenpflanzen, die sich durch Ausläufer gebildet haben, verjüngen Sie, indem Sie ältere Pflanzen vorsichtig aus dem Boden ziehen und dabei gleichzeitig anhängende Ausläufer mit einer Schere abtrennen, bevor auch diese mit entwurzelt werden. Stängelpflanzen und moosartige Pflanzen schneiden Sie einfach mit einer Schere zurück.

Wartung und Kalibrierung der Technik

Einige Bauteile von Pumpen, Filtern, Beleuchtung oder Messgeräten verschmutzen und verschleißen mit der Zeit, so dass sie ersetzt oder nachgestellt werden müssen.
Tauchkreiselpumpen: Da sie häufig benutzt werden, verschmutzt das Antriebsrad. Es muss deshalb bei nachlassender Pumpenwirkung nach Gebrauchsanweisung gereinigt werden.
Membran-Luftpumpe: Hier verschleißt die Gummimembran nach 1 bis 2 Jahren und muss durch eine neue ersetzt werden.
Leuchtmittel: Ob Leuchtstoffröhren oder HQI-Brenner, sie erschöpfen sich mit der Zeit, obwohl sie noch Licht abgeben, so dass die Veränderung meist nicht bemerkt wird. Auf die Pflanzenpflege kann

Fünfgürtelbarbe (*Puntius pentazona*)

sich das jedoch auswirken, weil sich dadurch die Lichtstärke und die spektrale Zusammensetzung des Lichts verändert. Je nach Herstellerangaben sollten dann die Röhren und Brenner etwa in jährlichem Abstand ausgetauscht werden. Da viele Pflanzen den plötzlichen Wechsel der Lichtintensität aber nicht vertragen, ist es besser, nicht alle Leuchtmittel gleichzeitig auszutauschen, sondern zeitlich um einige Monate verschoben.

Messfühler von pH-Messgeräten: Sie müssen spätestens nach 6 Wochen Betriebszeit neu kalibriert werden.

Vorfilter der Umkehrosmose-Geräte: Er muss regelmäßig ausgetauscht und die Membran je nach Herstellerangabe rückgespült werden.

Zudem müssen Verbrauchsmittel von Kohlendioxid-Düngegeräten, Oxidatoren und Düngeautomaten ersetzt werden, um eine gleichmäßige Versorgung zu gewährleisten.

Das Aquarium im Urlaub

Kurzurlaub: Gesunde erwachsene Fische, die nicht zu ausgesprochenen Zwergarten unter 4 cm Gesamtlänge gehören, vertragen ohne Probleme eine einwöchige Fastenzeit, große Fische sogar eine etwas längere. Für kurze Perioden können Sie demnach ein durchschnittliches Aquarium ohne weitere Aufsicht allein lassen, falls die Aquarientechnik reibungslos funktioniert und der letzte Wasserwechsel nicht allzu lange zurückliegt.

Längerer Urlaub: Bei längerer Abwesenheit müssen Sie für regelmäßige Futtergaben, Kontrolle der Technik und eventuell auch Wasserwechsel sorgen. Auf keinen Fall sollten Sie zur Urlaubsfütterung auf so genanntes Depotfutter zurückgreifen, denn seine Bestandteile können das Wasser stark belasten. Außerdem wird es von vielen Fischen nicht gern angenommen.

Deshalb kommen Sie um eine kompetente und zuverlässige Person, die die Pflege- und Kontrollaufgaben übernimmt, nicht herum. Wenn Sie weder einen Aquarianer noch einen Zoofachhändler kennen, der die Pflege Ihres Aquariums übernimmt, müssen Sie eine zuverlässige Person anlernen.

Dazu sollten Sie 2 Wochen, bevor Sie in den Urlaub fahren, damit beginnen, Ihren Helfer in das Aquarium einzuweisen. Dadurch stellen Sie sicher, dass genügend Zeit ist, bis alle Handgriffe verstanden und auch schon einmal gemeinsam ausgeführt wurden. Dies ist gleichzeitig eine gute Gelegenheit zu prüfen, ob alle technischen Geräte hundertprozentig und einwandfrei funktionieren, damit im Zweifelsfall noch Zeit für die Beschaffung und das Austesten von Ersatz bleibt. Das gilt besonders für einen eventuell zum Einsatz kommenden Futterautomaten.

FISCHE UND URLAUB

Vorbereitende Maßnahmen

- Ein bis zwei Tage vor der Abreise wechseln Sie noch einmal etwas mehr Wasser als gewöhnlich, aber nicht mehr als 50 Prozent.
- Stellen Sie für einen eventuellen Wasserwechsel genügend aufbereitetes Wasser zur Verfügung, sorgen Sie für genügend Eimer und Schläuche.
- Alle benötigten Futtersorten müssen in ausreichender Menge vorhanden sein.
- Falls sich das jeweils benötigte Futter nicht mit dem Futterautomaten füttern lässt, z. B. Gefrierfutter, ist es besonders hilfreich, das Futter im Voraus zu portionieren. Es hat sich nämlich schon oft gezeigt, dass in guter Absicht zu viel gefüttert wurde und die Filterung damit überlastet war und zusammenbrach.
- Um Fragen klären zu können, tauschen Sie vor dem Urlaub Telefon- oder Faxnummer beziehungsweise E-mail-Adressen aus.

PRAXIS

Probleme meistern

Die Vermehrung von Posthornschnecken lässt sich durch Schnecken fressende Fische wie Botien in Schach halten.

Schneckenplage

Situation: Ursprünglich nicht oder kaum vorhandene Wasserschnecken vermehren sich explosionsartig.
Mögliche Ursache: Sie haben über Lebendfutter oder Wasserpflanzen Schneckenlaich (gallertartige Massen an Wasserpflanzen) oder kleine Schnecken eingeschleppt. Diese konnten sich besonders stark vermehren, weil sie günstige Bedingungen vorfanden (z. B. durch liegengebliebene Futterreste).
Abhilfe: Schnecken sind außer in manchen Zuchtaquarien oder Becken mit zarten Wasserpflanzentrieben nicht schädlich. Versuchen Sie, der Plage mit natürlichen Mitteln Herr zu werden. Gehen Sie dabei folgendermaßen vor:
1. Schnecken über Nacht in eine Schneckenfalle locken: Eine Untertasse mit einer Futtertablette ins Aquarium geben. Darauf einen Joghurtbecher mit der Öffnung nach unten setzen, der mit kleinen Löchern versehen ist (Schnecken passen durch die Löcher, Fische nicht). Täglich Schnecken an Becher und Untertasse absammeln.
2. Schnecken fressende Fische einsetzen, sofern sie sich mit den anderen Insassen vertragen, z. B. Prachtschmerlen, Afrikanische Schmetterlingsbuntbarsche oder Kugelfische.

Algenplage

Situation: Übermäßiges Algenwachstum nur einer oder verschiedener Algenarten.
Mögliche Ursachen: Außer direkt nach der Neueinrichtung ist in den meisten Fällen der Nitrat- und auch der Phosphatgehalt des Wassers durch seltene Wasserwechsel, nicht ausreichende Filterwirkung, zu starken Fischbesatz oder zu starke Fütterung zu hoch. Manchmal ist auch ein Missverhältnis zwischen Beleuchtung, Düngung und Wasserpflanzenwachstum Schuld daran, denn gedüngt werden dürfen Wasserpflanzen nur in dem Maß, in dem sich Nähr-

Die Siamesische Rüsselbarbe (*Crossocheilus siamensis*) ist ein effizienter Algenfresser für größere Aquarien.

Süßwasserpolypen schleppt man bisweilen über Lebendfutter ein. Fadenfische (*Colisma*) fressen sie manchmal.

stoffe auch verbrauchen. Wenn Sie also bei unzureichender Pflege zuviel düngen und beleuchten, düngen Sie vor allem die anspruchslosen Algen!

Abhilfe:

1. Wöchentlich ein Drittel des Wassers wechseln. Falls das Leitungswasser sehr nitrathaltig ist, Umkehrosmosewasser verwenden.

2. Filter reinigen.

3. Wasserpflanzen nicht düngen, solange das Algenproblem besteht.

4. Sparsam füttern.

5. Schnellwüchsige Stängelpflanzen (Hornkraut, Nixkraut, Wasserpest) schwimmend einsetzen.

Tipp: Zur Algenkontrolle lassen sich verschiedene Fisch- und Garnelenarten einsetzen, die allerdings nicht alle Algenarten gleich gut fressen. Algen fressende Fische sind Blauer Antennenwels (*Ancistrus cf. dolichopterus*), Ohrgitterharnischwelse (*Otocinclus cf. affinis*), Siamesische Rüsselbarbe (*Crossocheilus siamensis*), Saugschmerle (*Gyrinocheilus aymonieri*). Gute Fadenalgenfresser sind Amano-Garnelen (*Caridina japonica*).

Süßwasserpolypen

Situation: Auf Scheiben, an Aquarienpflanzen und anderen Gegenständen befinden sich etwa 1 cm große, polypenähnliche Gebilde. Berühren Fische diese Gebilde, zeigen sie Anzeichen von Unwohlsein (Zucken, Scheuern, Würgen). Kleinste Fischlarven bleiben hängen und verenden.

Mögliche Ursache: Durch Lebendfutter oder durch Wasserpflanzen hat man Süßwasserpolypen (*Hydra*) eingeschleppt, die kleinen Fischen gefährlich werden können, weil sie diese mit ihren in den Armen untergebrachten Nesselzellen verletzen.

Abhilfe: Effektive Abhilfe schaffen Fadenfische der Gattung *Colisma* und *Trichogaster*, denn sie fressen Hydren. Um eine ständige Neubesiedelung des Aquariums mit Hydren zu vermeiden, eventuell auf die bisherige Lebendfutterquelle verzichten.

Der Blaue Antennenwels (*Ancistrus cf. dolichopterus*) ist der beliebteste Algen fressende Fisch für mittelgroße Aquarien.

Die richtige Ernährung

Das Nahrungsangebot für tropische Süßwasserfische ist in ihrer natürlichen Umwelt so vielfältig, dass man mit Sicherheit keine zwei Fischarten findet, die das gleiche Spektrum haben. Dieser Vielfalt steht in der Aquaristik eine recht bescheidene Auswahl unterschiedlicher Futtermittel und -tiere zur Verfügung. Trotzdem lassen sich die meisten Aquarienfische ausgezeichnet damit ernähren, wenn man versucht, ihren Ansprüchen gerecht zu werden. Dazu sollte man die positiven und negativen Eigenschaften der Futtermittel kennen und einige Grundregeln bei der Fütterung befolgen.

Oberflächenfische wie der Maulbrütende Kampffisch (oben) fressen gern Landinsekten, Freiwasserfische wie Kärpflingscichliden (Mitte) dagegen Plankton. Gabelbärte (unten) sind Räuber mit tief gespaltenem Maul. Zwergsüßwassernadeln (rechts) suchen im Pflanzengestrüpp nach Kleintieren.

Trockenfutter

Trockenfutter wird auch von erfahrenen Aquarianern häufig und gern verfüttert, weil es jederzeit und leicht verfügbar ist und weil es die wichtigsten Grundbedürfnisse der meisten Aquarienfische problemlos deckt. Über die Eignung einer bestimmten Sorte für die jeweilige Fischart entscheidet zum einen die Konsistenz und Darreichungsform und zum anderen der Gehalt an unterschiedlichen Inhaltsstoffen.

Weil Trockenfutter sich nicht bewegt, lassen sich allerdings viele Fischarten, die in der Natur räuberisch von Kleinstlebewesen oder Fischen leben, nicht oder nur nach langer Zeit an diese Futterart gewöhnen. Außerdem ist eine ausschließliche Fütterung mit Trockenfutter für viele Fischarten zu unausgewogen.

Futterflocken: Sie sind in unterschiedlichen Größen erhältlich und stellen das gebräuchlichste Futter für alle Fischarten dar, die ihr Futter nicht vom Bodengrund aufnehmen. Es gibt vier Flockengrößen, die für unterschiedlich große Fischmäuler gedacht sind.

Granulatfutter scheinen viele Fischarten dem Flockenfutter vorzuziehen. Auch dieses Futter gibt es in unterschiedlichen Körnungen, wobei die großen Körnungen als Pellets bezeichnet werden.

Futtertabletten wurden vor allem für am Boden lebende Fische entwickelt; sie bestehen aus gepresstem Trockenfutter.

Die verschiedenen Sorten werden vor allem danach unterschieden, ob

- das Trockenfuttermittel besonders ballaststoffreich ist (»Pflanzenflocken«);
- es besonders reich an rot färbenden Farbstoffen ist, die auch in vielen Krebstierchen vorkommen (»Farbfutter«) und die Rotfärbung vieler Fischarten verstärkt;
- die einzellige Alge Spirulina einen wichtigen Bestandteil ausmacht (»Spirulina«-Futter).

Lebende und gefrorene Futtertiere

Mittlerweile gibt es tiefgefrorene und gefriergetrocknete Futtertiere in einem ebenso großen Sortiment wie Trockenfutter, wenn nicht sogar noch größer.

Mückenlarven

Dies sind die im Wasser lebenden Larvenstadien von Mücken. Drei verschiedene Arten spielen in der Aquaristik eine Rolle.

Schwarze Mückenlarven (Stechmücken) kennt man aus Regentonnen oder kleinen Pfützen, wo sie als schwarze Striche mit ihrem Atemrohr direkt unter der Wasseroberfläche hängen.

Sie sind gefroren und lebend ein besonders hochwertiges Futter für die meisten Fischarten, besonders aber für Oberflächenfische. Lebend werden sie nicht verkauft, mit einem feinmaschigen Aquarienkescher kann man sie in den Sommermonaten aber aus kleinen Tümpeln selber fangen.

Weiße Mückenlarven, auch als »Glasstäbchen« bekannt, bewohnen verhältnismäßig klare Tümpel und Seen, wo sie in allen Wassertiefen dank eingeschlossener Gasblasen waagerecht im Wasser schweben. Sie werden im Zoofachhandel gefroren und in der kalten Jahreszeit auch lebend angeboten. Dieses sehr proteinreiche hochwertige Futter wird von allen mindestens mittelgroßen Fischen gefressen. Für kleine Fische sind nur sehr kleine Larven geeignet, größere werden zwar oft verschluckt, verursachen aber leicht Verdauungsprobleme. Lebende weiße Mückenlarven halten sich lange in kaltem Wasser, zum Beispiel in Eimern in Kellerräumen.

Rote Mückenlarven sind ein besonders nahrhaftes Futter und sollten deshalb nur sparsam an mittelgroße und größere Fische verfüttert werden. Lebende Rote Mückenlarven kann man über einige Tage an einem kühlen Platz in feuchtes Zeitungspapier oder Lappen eingeschlagen aufbewahren.

Achtung: Einige Menschen reagieren auf Rote Mückenlarven extrem allergisch! Bei Verdacht suchen Sie sofort einen Arzt auf.

Kleinkrebse

Sie machen den Hauptteil des Planktons in stehenden Gewässern aus und können jahreszeitlich bedingt in riesigen Mengen vorkommen. Wegen ihres hohen Carotinoidgehalts (natürliche rote Farbstoffe) führt ihre Verfütterung zur optimalen Ausprägung roter Farbtöne bei den Aquarienfischen.

Wasserflöhe der Gattung *Daphnia, Moina* und *Bosmina*, die in vielen nicht leicht zu unterscheidenden Arten vorkommen, sind besonders häufig. Daphnien sind im Vergleich zu den anderen Wasserflöhen und Kleinkrebsen weniger nahrhaft, wodurch sie sich positiv als optimale Ergänzung zu anderen Futtersorten abheben. Eine alleinige Fütterung mit Daphnien kann aber zu Mangelerscheinungen führen.

Hüpferlinge (*Cyclops* und *Diaptomus*) leben im Gegensatz zu den Daphnien räuberisch in klaren Gewässern, wo sie das ganze Jahr über in unterschiedlich großen Mengen zu fangen sind. Sie sind ausgewachsen kleiner als viele Wasserfloharten, dafür aber nährstoffreicher. Eine ausgewogene Ernährung allein mit *Cyclops* ist für viele Kleinfischarten daher möglich, aber wie jede einseitige Fütterung nicht optimal. Kleinste Jungfische können allerdings lebenden *Cyclops* zum Opfer fallen.

Artemien sind ausgewachsen in Größe und Nährstoffgehalt vergleichbar, doch werden Artemien haupt-

PRAXIS

Futterzuchten

Als sinnvolle Ergänzung zu kommerziell erhältlichen Futtertieren kann man mit einfachen Mitteln Lebendfutter ständig bereithalten und Futtermischungen selber herstellen.

Die roten Farbtöne des Roten Zebra (*Maylandia estherae*) verschwinden, wenn nicht carotinoidhaltiges Futter (Kleinkrebse, Garnelenmix) gefüttert wird.

»Garnelenmix« herstellen

Ein hervorragendes Frostfutter, das Sie selbst zubereiten und durch die Zugabe verschiedenster Zutaten variieren können, ist das »Garnelenmix« (nach Fohrman).

Zutaten (für eine größere Menge):
500 g tiefgefrorene Garnelen mit Schale
500 g grüne tiefgefrorene Erbsen
5 ml Spirulinapulver (Reformhaus)
50 g Gelatinepulver
5 Tropfen Multivitaminkonzentrat (Zoofachhandel)

Zubereitung:
Garnelen und Erbsen teilweise aufgetaut pürieren. Spirulinapulver und Multivitamine unterrühren. Gemäß Gebrauchsanweisung Gelatinepulver klumpenfrei (!) zu einer leicht fließenden, klebrigen Masse verarbeiten, die man im etwa 60° C heißen Wasserbad auf dem Herd warm hält. Gelatine in kleinen Portionen mit dem Garnelenbrei verrühren. Die fertige Masse daraufhin 0,5 cm dick auf ein kleines, mit Alufolie ausgelegtes Backblech gießen und 2–3 Stunden im Kühlschrank auskühlen lassen. Danach mit dem Messer in Tagesdosen portionieren und einfrieren.

Grindalwürmer züchten

1. Zuerst einen Zuchtansatz besorgen (Adressen finden Sie im Anzeigenteil der Aquarienzeitschriften).
2. Eine etwa 3 cm hohe Schicht Torf, der einige Tage eingeweicht war, leicht feucht in ein etwa 10 x 15 cm großes Plastikgefäß füllen (mit Gazefenster, siehe unten).
3. 1 Teelöffel Trockenbabybreipulver darauf streuen und mit Wasser benetzen.
4. Zuchtansatz dazugeben und auf den Torf kleine Glas- oder Plastikplatte (Durchmesser ca. 8 cm) legen.
5. Kultur an einen dunklen warmen Ort stellen. Nach ein paar Tagen haben

Der Behälter, in dem die Grindalwürmer gezüchtet werden, muss mit einem Gazefenster zur Belüftung versehen sein.

sich unter dem Deckel Würmer entwickelt, die Sie mit einem Pinsel abnehmen und direkt verfüttern können.
6. Kultur alle drei Monate erneuern; immer mehrere in Betrieb haben.

Lebendfutter selbst züchten
Viele Fischarten gedeihen besser, wenn sie zusätzlich mit lebenden Futtertieren ernährt werden. Für manche Fischarten ist es sogar lebensnotwendig. *Artemia*-Nauplien und Grindalwürmchen lassen sich besonders einfach »züchten«, so dass man immer Lebendfutter zur Hand hat. Die Kultur von *Artemia*-Nauplien ist auf Seite 73 beschrieben. Beide Futtertiere werden von den meisten größeren Fischen gern gefressen.
Variation:
Je nach Fischart kann man die Zusammensetzung durch gemahlene Fischfutterpellets (Zoofachhandel), Insektenfuttermischungen für Vögel (Zoofachhandel) oder weitere ungespritzte Grünfuttersorten variieren.

Lebendfutter selber fangen
Mit einem im Zoofachhandel erhältlichen feinmaschigen »Wasserflohnetz«, das einen mindestens 2 m langen Stiel hat, kann man effektiv jahreszeitlich unterschiedliches Lebendfutter selber fangen. Bevor Sie zu einer »Tümpeltour« starten, müssen Sie jedoch die Genehmigung des jeweiligen Fischereirechtinhabers haben. Außerdem sollten Sie sicherstellen, dass das Gewässer nicht besonders geschützt ist und dass Sie keine geschützten Arten stören. Gehen Sie nur an gut zugänglichen Stellen an den Teich, und stören Sie vor allem im Frühjahr keine brütenden Vögel. Sind diese Voraussetzungen geklärt, gehen Sie wie folgt vor:
1. Ziehen Sie mit dem Netz 8-förmige Bahnen im offenen Wasser. Vermeiden Sie dabei, in Berührung mit dem Boden oder mit Stöcken zu kommen, weil man dadurch zu viele Hydren mit einfängt.
2. Am Netzboden sammelt sich eine meist rötliche oder weißlich-grüne Schicht, bei der es sich um kleine Futtertierchen wie Wasserflöhe, *Cyclops* und Weiße Mückenlarven handelt.
3. Haben Sie genug gefangen, sieben Sie zu Hause die Futtertiere über beim Zoofachhändler erhältliche Siebe aus, um zu große – oft räuberische – Futtertiere zu entfernen.
4. Schließen Sie eine Belüftung an einen oder mehrere möglichst großvolumige Eimer an, so dass das Wasser mit Sauerstoff versorgt wird, aber nicht zu stark bewegt ist.

Sobald Sie Futtertiere mit dem Kescher gefangen haben, geben Sie diese in einen bereitstehenden Eimer mit klarem Wasser.

Mit Hilfe verschieden feiner Siebe trennen Sie die Futtertiere in unterschiedliche Größenklassen (links), die Sie in möglichst großen Eimern aufbewahren. Schließen Sie an diese eine Membranpumpe oder einen Ausströmerstein zur Belüftung an (unten).

Die richtige Vergesellschaftung

Die richtig zusammengestellte Fischgesellschaft entscheidet über die harmonische Ausstrahlung und das langfristige Funktionieren jedes Aquariums. Deshalb ist es wichtig, sich vor dem Kauf der Fische zu informieren, ob die geplanten Fische überhaupt zusammenpassen. Folgende Punkte sollten Sie bedenken:

Wasserzusammensetzung und Temperatur: Es dürfen nur solche Arten zusammen gehalten werden, deren Toleranzbereiche sich decken.

Territorialverhalten und Raumbedarf: Viele Fischarten verteidigen Reviere entweder zeitweise oder nur vorübergehend. Fische, deren Mindestreviergröße bereits größer ist als das Aquarium, werden alle anderen Fische als »Eindringlinge« betrachten und dauernd vertreiben. Die in den Tabellen jeweils angegebene Mindestgröße eines Aquariums entspricht in etwa der Reviergröße bei Revier bildenden Fischen und dient daher als Anhaltspunkt für die Vergesellschaftung. Es ist aber gut zu wissen, dass sich das Territorium oft nur auf eine bestimmte Beckenregion erstreckt, so dass man eine Boden bewohnende und Revier bildende Art mit einem Oberflächenfisch eher in einem kleineren Aquarium zusammenhalten kann als zwei Boden bewohnende Revierbildner.

Brutpflegeverhalten und Raumbedarf: Viele Brut pflegende Fische werden erst mit Beginn der Fortpflanzungsaktivität territorial beziehungsweise dehnen ihr bereits vorhandenes Territorium dann aus. Außerdem sind sie in dieser Zeit oft wesentlich aggressiver. Falls Sie also Fische mit territorialer Brutpflege halten, achten Sie darauf, dass das Aquarium auch für den Fall der Fortpflanzung groß genug für die geplante Vergesellschaftung ist. Die angegebene Mindestgröße in den Tabellen reicht für viele Arten außerhalb der Brutpflege für eine Vergesellschaftung, ist aber nicht unbedingt ausreichend bei einsetzender Fortpflanzungsbereitschaft.

Schwarmverhalten und Raumbedarf: Schwarm oder Gruppen bildende Fische sollte man immer zu mehreren halten. Dies erfordert aber auch mehr Platz, weshalb man die angegebenen Mindestaquariengrößen mit dem jeweiligen Besatzvorschlag zusammen betrachten muss.

Fressverhalten und Futterverträglichkeit: Die Ernährungsweise der Fische unterscheidet sich. Manche haben kleine Mäuler, schwimmen langsam und brauchen Zeit, um das notwendige Lebendfutter zu finden. Andere sind hektische Schnapper, die keine Futterflocke auslassen. Nachtaktive Fische kommen gar nicht auf die Idee, tagsüber mit anderen Fischen um das gleiche Futter zu konkurrieren. Manche Arten vertragen bestimmtes Futter nicht, das andere benötigen. Dann gibt es Räuber, die andere Fische oder einzelne Körperteile als Bereicherung des Speiseplans betrachten … Aus all diesen Gründen ist es wichtig, auch auf die futterverträgliche Vergesellschaftung zu achten.

Scheibensalmler (***Myleus cf. schomburkii***)

Unterschiedliche Temperamente verschiedener Fischarten führen zu Stress und damit oft zu Krankheit und Tod der zurückhaltenderen Art. Auch große ruhige Arten können von kleinen quirligen oder aggressiven gestresst werden.

Grundregeln für die Vergesellschaftung

- Fische der gleichen Beckenregion nur in größeren Becken zusammen halten.
- Ruhige Fischarten nicht mit temperamentvollen oder aggressiven Arten zusammen halten.
- Darauf achten, dass alle Arten die gleichen Wasser- und Temperaturansprüche haben.
- Keine hektischen Fresser mit langsamen Fressern zusammen halten.
- Revieransprüche bei der Kalkulation des Raumbedarfs beachten.
- Große Räuber nicht mit kleinen Fischarten zusammen halten.
- Keine Futterspezialisten mit Generalisten zusammen halten.

Kleine Salmler wie Glühlichtsalmler (*Hemigrammus erythrozonus*) sind Schwarmfische, die nicht mit lebhaften Schwarmfischen zusammen gehalten werden sollten.

Beispiele zur Einrichtung und Vergesellschaftung

Becken für kleine Südamerikaner

Maße: 60 x 30 x 33 cm (59 l).
Besatz: 12 Neonfische (*Paracheirodon innesi*), 6 Zwergziersalmler (*Nannostomus marginatus*), 5 Otocinclus (*Otocinclus cf. affinis*), 5 Zwergpanzerwelse (*Corydoras habrosus*).
Einrichtung: Dichte Bepflanzung im Hintergrund, niedrige Bepflanzung im Vordergrund, Schwimmpflanzen zur Verdunklung.

Asiatisches Kleinfischbecken

Maße: 60 x 30 x 33 cm (59 l).
Besatz: 15 Zwergbärblinge (*Boraras maculata*), 2 Pärchen Knurrende Zwergguramis (*Trichopsis pumila*), 6 Dornaugen (*Pangio spec.*).
Einrichtung: Sandiger Bodengrund, lockere Bepflanzung, kleine Wurzel, Javamoospolster.

Rennbecken für Bachfische Asiens
Maße: 100 x 30 x 30 cm (90 l).
Besatz: 15 Zebra- oder Schillerbärblinge (*Danio rerio* oder *D. albolineatus*), 8 Flossensauger (*Gastromyzon spec.*) oder 8 Weißkehlgrundeln (*Rhinogobius cf. wui*).
Einrichtung: Kieselsteinaufbau, der auch kleine Zwischenräume zulässt, Cryptocorynen, Strömung.

Gesellschaftsbecken für südamerikanische Fische
Maße: 100 x 50 x 50 cm (250 l).
Besatz: 8 Panzerwelse (z. B. *Corydoras sterbai*), 1 Paar Antennenwelse (*Ancistrus spec.*), 20 schlanke Salmler (z. B. Rotkopfsalmler *Hemigrammus bleheri*), 12 hochrückige Salmler (z. B. Schmucksalmler *Hyphessobrycon rosaceus*), 10–15 Silberbeilbäuche (*Gasteropelecus sternicla*).
Einrichtung: Gut bepflanztes Becken mit niedrigen Vordergrundpflanzen, um den Schwimmraum zu erhalten. Leichte Strömung durch Motorfilter, aber nicht an der Oberfläche.

Rote Cichliden (*Hemichromis spec.*, oben) bei der Brutpflege der frei schwimmenden Larven. Der Rote Flusskrebs (*Procambarus clarkii*, unten) lässt sich im Aquarium vermehren.

Kleines Tanganjika-Becken
Maße: 80 x 35 x 40 cm (112 l).
Besatz: 1 Paar oder Harem Schneckencichliden (z. B. *Lamprologus ocellatus*) und 1 Paar kleine Schlankcichliden (*Julidochromis transcriptus*).
Einrichtung: Sandboden mit Weinbergschneckenhäusern im Vordergrund, Steinaufbau im Hintergrund.

Kleines asiatisches Gesellschaftsbecken
Maße: 80 x 35 x 40 cm (112 l).
Besatz: 6 Schachbrettschmerlen (*Botia sidthimuncki*), 8 Eilandbarben (*Puntius oligolepis*) oder 6 Glaswelse (*Kryptopterus cf. minor*), 1 Pärchen Zwergfadenfische (*Colisa lalia*).
Einrichtung: Lockere Bepflanzung, Schwimmpflanzen.

Westafrikanisches Gesellschaftsbecken
Maße: 100 x 40 x 40 cm (160 l).
Besatz: 1 Paar Purpurprachtbuntbarsche (*Pelvicachromis pulcher*), 8 Hechtlinge (*Epiplatys dageti*), 8 Leuchtaugenfische (*Procatopus similis*).
Einrichtung: Dunkler Bodengrund mit Wurzeln und Höhle, Schwimmpflanzen.

Becken für kleinere Regenbogenfische
Maße: 100 x 40 x 40 cm (160 l).
Besatz: 8 Diamant-Zwergregenbogenfische (*Melanotaenia praecox*) oder Zwergregenbogenfische (*Melanotaenia maccullochi*), 5 Wüstengrundeln (*Chlamydogobius eremius*).
Einrichtung: Lockere Bepflanzung, wenige plattenförmige Steine zum Unterhöhlen für die Grundeln.

Becken mit südamerikanischen Zwergcichliden und Oberflächensalmlern
Maße: 120 x 40 x 50 (240 l).
Besatz: 1 Männchen und 2 Weibchen Agassiz' Zwergbuntbarsche (*Apistogramma agassizii*), 1 Pärchen Ramirezis (*Mikrogeophagus ramirezi*), 12 Marmorbeilbäuche (*Carnegiella strigata*).
Einrichtung: Höhlenverstecke für *Apistogramma*, Schwimmpflanzen, lockere Bepflanzung, Laub am Boden, Randbepflanzung.

Schwarzwasserbecken für Rio-Negro-Fische
Maße: 150 x 60 x 40 cm (360 l).
Besatz: 6 Gabelschwanz-Schachbrettcichliden (*Dicrossus filamentosus*), 12 Spritzsalmler (*Copella arnoldi*), 50 Rote Neons (*Paracheirodon axelrodi*), 6 Nadelwelse (*Farlowella spec.*).
Einrichtung: Sandboden mit Laubauflage, etwas Zwischenraum zwischen Deckscheibe und Wasseroberfläche für die Spritzsalmler, feinfiedrige Stängelpflanzen, langgestreckte Wurzeln am Bodengrund liegend, schwache Beleuchtung.

Malawi-Mbuna-Becken
Maße: 150 x 60 x 50 cm (450 l).
Besatz: 3 verschiedene Mbuna-Arten, z. B. *Pseudotropheus saulosi*, Rote Zebras (*Maylandia estherae*), *Melanochromis johannii.*
Einrichtung: Lockerer Felsaufbau bis unter die Wasseroberfläche; darauf achten, dass zwischen den Steinen Platz zum Durchschwimmen bleibt.

Diskus/Skalar/Heros-Becken mit Harnischwelsen
Maße: 150 x 60 x 60 (540 l).
Besatz: 6 Diskus (*Symphysodon aequifasciatus*), 8 Skalare (*Pterophyllum scalare* oder *P. altum*) oder 6 *Heros spec. »Guyana«*, 4 Stör-Harnischwelse *(Sturisoma panamense)* oder 6 Schlafanzugwelse (*Ancistrus cf. hoplogenys*).
Einrichtung: Wurzeln, die von oben nach unten in das Becken reichen und geräumige Unterstände bilden; großblättrige Rosettenpflanzen, Wurzelhöhlen für die Schlafanzugwelse.

FISCHE UND GESELLSCHAFT

Natürliche Vergesellschaftung
Vergesellschaftungen im Aquarium können sich an der natürlichen Vergesellschaftung orientieren. Das ist aber kein Muss, denn Fische, die sich in ihren Ansprüchen ähneln und nicht konkurrieren, nehmen sich sehr wahrscheinlich nicht als »Biotopgenossen« wahr.
Dennoch spricht Einiges dafür, natürliche Artengemeinschaften zu imitieren und das Aquarium entsprechend ihrem natürlichen Lebensraum nachzuempfinden. Allerdings braucht man dabei nicht zu strikt vorzugehen, denn einerseits lässt sich die Großräumigkeit des natürlichen Lebensraums nicht komplett auf den Minilebensraum Aquarium übertragen (beispielsweise möchte man nicht natürliche Räuber und Beute im gleichen Becken pflegen). Andererseits wird man im Handel in den seltensten Fällen verschiedene Fischarten aus exakt dem gleichen Lebensraum im Sortiment finden.
Indem man aber die Natur im Rahmen der aquaristischen Möglichkeiten nachahmt, können sich erstaunliche Haltungs- und Zuchterfolge ergeben, die sich vorher partout nicht einstellen wollten.

Gesellschaftsbecken für asiatische Fische
Maße: 100 x 50 x 50 cm (250 l).
Besatz: 10 Sumatrabarben (*Puntius tetrazona*), 5 Streifenhechtlinge (*Aplocheilus lineatus*), 6 Streifenschmerlen (*Botia striata*).
Einrichtung: Cryptocorynen, Röhren oder Steine als Verstecke für die Schmerlen, Schwimmpflanzen.

Die Fortpflanzung

Die verschiedenen Fischarten pflanzen sich auf erstaunlich vielfältige Weise fort. Jede Art hat ihr eigenes Balz-, Ablaich- und Brutpflegeverhalten entwickelt. Viele dieser Verhaltensweisen lassen sich auch im Aquarium beobachten, einige Fische pflanzen sich dort sogar ohne besonderes Zutun unter normalen Haltungsbedingungen fort. Zur erfolgreichen Aufzucht benötigt man einige Grundkenntnisse über die Fortpflanzungsbiologie der jeweiligen Arten.
In diesem Kapitel erfahren Sie, was allgemein während der Fortpflanzung passiert. Zu konkreten Anweisungen, wie Sie mit einfachen Mitteln Jungfische solcher Arten aufziehen können, die sich unter normalen Haltungsbedingungen fortpflanzen, siehe Seite 72.
Für detaillierte Zuchtinformationen einzelner Arten siehe Spezialliteratur Seite 155.

Balz und Ablaichen

Zwei Voraussetzungen müssen im Aquarium und in der Natur gegeben sein, bevor es zur erfolgreichen Fortpflanzung kommen kann.

- Die Fische müssen erst einmal in Fortpflanzungsstimmung kommen.
- Die meisten Arten wollen erst wählen, bevor sie sich zusammentun, und umwerben sich.

Meist buhlen die Männchen mit prachtvoller Färbung und aufwendigem Balzverhalten um die Gunst der unscheinbaren Weibchen, zum Beispiel bei den Regenbogenfischen. Während der Balz werden die Männchen vieler Arten territorial, wobei sich die Balzreviere oft nur auf wenige Quadratzentimeter begrenzen.

Eierleger und Lebendgebärende

Die meisten Fische legen Eier, aus denen recht unfertige Fischchen schlüpfen, die noch wenig Ähnlichkeit mit ihren Eltern aufweisen. Statt fertig ausgebildeter einzelner Flossen besitzen diese Fischlarven einen durchgehenden Flossensaum, Maul und Augen sind unverhältnismäßig groß im Vergleich zum restlichen Körper, und ihre Bauchregion wirkt durch den so genannten Dottersack aufgebläht. Wegen der Kleinheit und Verletzlichkeit ist die Larvenphase oft die kritischste Lebensphase im der Entwicklung.
Bei den Eierlegern unterscheidet man

- Freilaicher, die ihre Eier in das Wasser abgeben;
- Substratlaicher, die ihre Eier an einem Substrat befestigen.

Die Eier der Freilaicher sind meist wesentlich kleiner, dafür aber zahlreicher als die der Substratlaicher. Entsprechend kleiner sind auch die Fischlarven, die ihrerseits nach dem Aufzehren

des Dottervorrats nur kleinstes Futter fressen können und deshalb im Aquarium auch schwieriger über die ersten Wochen zu bringen sind.

- Die Maulbrüter produzieren die wegen ihres Dottergehalts weitaus größten Eier. Sie nehmen ihre Eier sofort nach dem Ablaichen in das Maul, um sie dort zu erbrüten.

Wenn der Dottersack aufgezehrt ist, begeben sich die Larven der meisten Arten in das freie Wasser und fangen an zu fressen. Dann muss auch im Aquarium der Nachwuchs gezielt gefüttert werden, wenn man auf eine größere Nachzucht Wert legt. In dieser Zeit wachsen die Larven kräftig und wandeln sich zu Jungfischen um, die erwachsenen Fischen bereits ähneln.

Nicht alle Fische legen aber Eier. Viele Fischgruppen haben unabhängig voneinander das Lebendgebären »erfunden«. Dazu gehören einige der beliebtesten Aquarienfische, wie Guppys und Platys.

Brutpflege

Zu den schönsten und spannendsten Ereignissen, die man im Aquarium beobachten kann, gehört die oft aufopfernde Brutpflege einiger Fischarten. Bei manchen kümmert sich nur einer der Partner um die Nachkommen, zum Beispiel bei Grundeln. Bei anderen beteiligen sich beide Partner an der Aufzucht der Nachkommenschaft, allerdings oft mit unterschiedlicher Aufgabenverteilung. Zu dieser Gruppe gehören die meisten substratbrütenden Buntbarsche, wie Schmetterlingsbuntbarsch oder Skalar.

Während der Brutpflege sind die meisten Arten bis auf viele Maulbrüter territorial, denn das Überleben der Jungfische in der Natur ist nur gewährleistet, wenn sie sich in einer »Sicherheitszone« befinden, in der sie ausreichend Nahrung finden, ohne zu stark von Fressfeinden bedroht zu sein. Diese »Sicherheitszone« ist das Revier, das mit hohem Einsatz und Risiko gegen zum Teil wesentlich größere Fische verteidigt wird. Deshalb kann es spätestens mit dem Schlupf der Larven Probleme mit der vorher gut gelaufenen Vergesellschaftung mit anderen Arten geben.

Mosaikfadenfische (*Trichogaster leeri*) beim Ablaichen. Nachdem das Männchen aus speichelumhüllten Luftblasen ein Schaumnest an der Wasseroberfläche gebaut hat, schreiten Weibchen und Männchen zum Ablaichen der Eier. Nach einer innigen Umschlingung der Paarpartner werden die kleinen Eier in Schüben abgegeben und besamt. Danach werden sie im Schaumnest gesammelt und mindestens bis zum Schlüpfen der Larven vom Männchen betreut.

PRAXIS

Jungfische aufziehen

In einem sparsam besetzten Haltungsbecken schreiten viele Aquarienfische ohne besonderes Zutun zur Fortpflanzung. Eier, Larven oder größere Jungfische können Sie in einem kleinen Aufzuchtbecken aufziehen. Ein eigenes Aufzuchtbecken benötigt nur eine minimale Ausstattung.

- Der Boden muss leicht zu säubern sein.
- Es muss genügend Verstecke für die Jungfische geben.

Grundausstattung Aufzuchtbecken

Ein Glasaquarium von etwa 25 l Inhalt, z. B. ein Becken mit den Maßen 40 x 25 x 25 cm. Ich empfehle Ihnen ein kleines Becken, in dem Sie etwa 20 Jungfische bis zu einer Größe von etwa 3 cm aufziehen können.
Stabheizer, 25 Watt.
Schaumstoffpatronenfilter, klein, luftbetrieben (Membranpumpe), der zum Beispiel schon einige Zeit in einem anderen Becken betrieben wurde, damit die biologische Filterwirkung von Anfang an gewährleistet ist.
Bodenscheibe: Diese bedecken Sie mit einer hauchdünnen Schicht feinen kalkfreien Sandes.
Eine oder zwei kleine Apfelschnecken (*Ampullaria*) aus dem Zoofachhandel helfen, Futterreste schnell zu beseitigen (Schnecken erst dazugeben, wenn die Fischlarven frei schwimmen).
Einige große Wasserflöhe (keine *Cyclops!*) können die Filterwirkung positiv unterstützen.
Kleine Plastikröhrchen für Arten, die sich gern verstecken. Alternativ geben Sie einige wenige trockene Rotbuchenblätter (im Winter direkt vom Baum sammeln) ins Becken – aber nur, wenn Sie Fische aufziehen, die einen leicht sauren pH-Wert vertragen.
Javamoosbüschel und ein paar Schwimmpflanzen sind empfehlenswert, wenn das Becken etwas Licht erhält. Aufzuchtbecken aber nur schwach beleuchten.

Gut eingerichtetes Aufzuchtbecken: Die Größe des Glasaquariums richtet sich vor allem nach der Anzahl der Jungfische – viele Fische brauchen mehr als wenige. Stellen Sie die Luftzufuhr mit einer Schlauchklemme oder einem Regler so ein, dass das Wasser nur langsam umgewälzt wird.

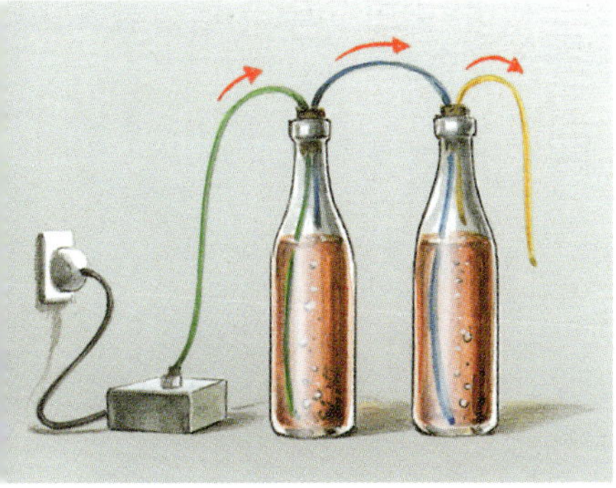

Luftzufuhr so mit den Flaschen verbinden, dass eine Pumpe zwei Flaschen betreiben kann (Pfeile). Zwei Flaschen ergeben bei zeitlich versetztem Ansatz immer genügend Aufzuchtfutter.

So gehen Sie bei der Aufzucht vor

1. Aufzuchtbecken mit Wasser aus dem Haltungsbecken füllen und die Temperatur auf identische Werte einstellen.
2. Eier, Larven oder Jungfische vorsichtig aus dem Haltungsbecken herausfangen. Eier am Besten mit den Pflanzen oder dem Substrat, an denen sie haften, überführen. Auf keinen Fall Larven oder Jungfische mit einem Kescher herausfangen. Verwenden Sie stattdessen Gläser, damit die Fische nicht in Berührung mit der Luft kommen.
3. Sobald die Larven oder Jungfische frei schwimmen (oft nur als kleine durchscheinende Stäbchen zu erkennen), anfüttern: Eierleger mit sehr kleinen Eiern (z. B. Barben, Bärblinge, Salmler, Leuchtaugen, Regenbogenfische, Labyrinthfische) benötigen Flüssigfutter, aber nur tropfenweise! Größere Jungfische vor allem von Brut pflegenden Arten (Buntbarsche, manche Grundeln, die meisten Zahnkarpfen) nehmen meist sofort *Artemia*-Nauplien oder Trockenfutter an. Grundsätzlich gilt: Lieber öfter, dafür aber sparsam füttern, sonst »kippt« die Wasserqualität in kleinen Becken.
4. Täglich mit einem Luftschlauch den Schmutz vom Boden absaugen und das abgesaugte Wasser (etwa 20 bis 25 Prozent des Wassers) gegen sorgfältig vorbereitetes Wasser gleicher Qualität ersetzen.

Artemia-Nauplien für die Jungfischernährung bereitstellen

Artemia-Nauplien sind die Larven kleiner Krebse, die aus Dauereiern mit wenig Aufwand zum Schlupf gebracht werden können. Sie sind ein ausgezeichnetes, hochwertiges Aufzucht- und auch Erwachsenenfutter.
Und so wird's gemacht:
1. Jodfreie Kochsalzlösung ansetzen (1 gehäufter Esslöffel auf 1 l Wasser) und in Flaschen füllen (siehe Zeichnung links oben).
2. Jeweils $^1/_2$ Löffel *Artemia*-Eier dazugeben, Luftpumpe anschließen und Flaschen an warmen Ort stellen.
3. Nach 36 bis 48 Stunden schlüpfen die Nauplien und können verfüttert werden. Dazu die Luftpumpe abstellen. Die Eischalen treiben dann nach oben, die rötlichen Nauplien setzen sich unten ab und können mit einem Luftschlauch abgesaugt werden.

Wenn sich nach Abstellen der Pumpe die rötlichen *Artemia*-Nauplien abgesetzt haben, diese mit Luftschlauch kurz ansaugen und über ein Artemia-Sieb (Zoofachhandel) gießen. Zurückgehaltene Nauplien in Leitungswasser spülen und sofort verfüttern.

Kardinalfisch (*Tanichthys albonubes*)

Krankheiten und Vergiftungen

Bei richtiger Wasserpflege, Vergesellschaftung und Einrichtung sowie artgerechter Ernährung treten Krankheiten im Aquarium selten auf. Da Krankheitskeime in jedem Aquarium vorhanden sind, kann eine Schwächung der Abwehrkräfte zum Ausbruch von infektiösen Krankheiten führen. Deshalb sind Fische besonders krankheitsanfällig, wenn sie unter nicht artgerechten Bedingungen gehalten werden oder wenn sie vom Transport noch mitgenommen sind. Aber auch durch Neukäufe können massiv Krankheitserreger eingeschleppt werden. Achten Sie deshalb jedes Mal beim Kauf neuer Fische, ob diese in guter Kondition sind, keine Krankheitsanzeichen zeigen und ihre natürlichen Verhaltensweisen (entsprechend der Möglichkeiten im Händlerbecken) zeigen.
Krankheiten und Vergiftungen erkennt man dadurch, dass sich Aussehen und Verhalten der Fische ändert. Das können Sie nur feststellen, wenn Sie die Fische regelmäßig beobachten und wenn Sie sich etwas mit der Biologie der jeweiligen Art beschäftigt haben. Dann können Sie zwischen natürlichem und krankheits- beziehungsweise pflegefehlerbedingtem Verhalten unterscheiden.
Zum Beispiel vermittelt das Balzverhalten vieler Fischarten oft einen »kranken« Eindruck: Buntbarsche zittern und vibrieren bei der Balz, andere Fische legen die Flossen an und machen schaukelnde Bewegungen.
Was aber tun, wenn Sie trotzdem eine Krankheit oder Vergiftung nicht ausschließen können?

Vom Kakadu-Zwergbuntbarsch (*Apistogramma cacatuoides*) gibt es durch gezielte Zuchtwahl mehrere Farbformen mit hohem Rotanteil in den Flossen.

Vergiftungen erkennen und beheben

Vergiftungen werden meist durch Pflegefehler, seltener durch belastetes Leitungswasser verursacht. Typische Vergiftungserscheinungen können Atemprobleme, Schreckhaftigkeit oder Apathie, Blässe oder extrem bunte Färbung und scheinbar unmotiviertes Umherschießen der Fische im Aquarium sein. Die Erscheinungsbilder sind also sehr vielfältig, weswegen bei möglichen Vergiftungen immer das Wasser kontrolliert werden sollte.
Außerdem sollte man sich mögliche Giftquellen überlegen, indem man kritisch zuletzt durchgeführte Änderungen bei der Pflege hinterfragt:

- Hat sich die Qualität des Leitungswassers verändert (auf der Gemeinde nachfragen)?
- Wurde anderes Futter verabreicht?
- Hat sich an der Technik etwas geändert?
- Liegt der letzte Wasserwechsel bereits zu lange zurück?

Folgende Fehler treten in der Aquaristik durch Pflegefehler oder belastetes Leitungswasser auf.

Ammoniakvergiftung

Diese erkennt man daran, dass die Fische heftig atmen und schräg unter der Wasseroberfläche stehen (Verwechslung mit Sauerstoffmangel); größere Fische haben lila gefärbte Kiemen. Ammoniakvergiftungen treten nur bei pH-Werten über 7 auf, weil sich Ammoniak unter pH 7 in das weniger giftige Ammonium umwandelt.

Ursache: Pflegefehler besonders häufig in der Anfangsphase durch zu viele organische Abfallprodukte (Futterreste, Tierleichen), die nicht mehr abgebaut werden können. Oft nach Wasserwechsel, falls der pH-Wert ungewollt sprunghaft auf über 7 steigt.
Abhilfe: Entfernen von Futterresten oder Fischleichen, eventuell leistungsfähigeren Filter einsetzen. Häufiger Wasserwechsel, um die Ammonium-/Ammoniakkonzentration zu reduzieren. Falls die Fische es vertragen, pH-Wert mit Eichenextrakt auf unter 7 drücken (vorsichtig dosieren!).

Nitrit-/Nitratvergiftung

Allgemeine Vergiftungsanzeichen (siehe oben). Bei Verdacht mit handelsüblichen Tropftests oder Messstäbchen Nitrit-Nitrat-Konzentration bestimmen. Der Nitritwert darf nie über 0,2 mg/l steigen, denn in einem eingefahrenen Aquarium liegt er bei 0. Der Nitratwert darf nie höher als 150 mg/l sein, in eingefahrenen Becken liegt er unter 25 mg/l.
Ursache: In der Einfahrphase sind noch keine Nitrit verarbeitenden Bakterienstämme vorhanden. Nach der Einfahrphase durch Überbesatz, Überfütterung, Tierleichen oder schon stark belastetes Leitungswasser.
Abhilfe: Wasserwechsel mit nitrit- und nitratarmem Wasser (aus der Umkehrosmose-Anlage, falls das Leitungswasser belastet ist). Gegebenenfalls Reduktion des Fischbesatzes. Auch schnell wachsende Pflanzen zehren Nitrat.

Schadstoffe im Leitungswasser

Falls Sie das befürchten, überprüfen Sie Ihren Haushalt auf mögliche Vergiftungsquellen oder erkundigen sich nach den Wasserwerten. Typischer »Schwimmbadgeruch« deutet auf Chlor hin, das von den Wasserwerken manchmal dem Wasser zugesetzt wird. Nach Neuinstallation oder Reinigung von Kupferleitungen kann es zu hohen Kupferkonzentrationen kommen. Pestizide führen meist zu schleichenden Vergiftungserscheinungen. Auch hausinterne »Enthärtungsanlagen« können das Wasser mit Stoffen anreichern, die Fische nicht vertragen.
Abhilfe: Aquaristische Wasseraufbereitungsmittel binden Schadstoffe. Teilwasserwechsel mit unbelastetem Wasser (Umkehrosmose-Anlage) und Aktivkohlefilterung entfernen Schadstoffe aus dem Wasser. Chlor entfernen Sie durch Aktivkohlefilterung oder Belüftung.

FISCHE UND PFLEGE

Typische Pflegefehler
Bei Verdacht auf Krankheiten oder Vergiftungen gehen Sie folgende Fragen durch:

- ✔ Wie hoch sind die Grenzwerte für Nitrit und Nitrat überschritten (siehe Seite 52)?
- ✔ Stimmen die Wasserwerte für die Wasserhärte und der pH-Wert mit den Pflegebedingungen aller Fische überein (siehe Seite 16 sowie Tabellen im Artenteil ab Seite 81)?
- ✔ Läuft der Filter einwandfrei?
- ✔ Ist der Teilwasserwechsel überfällig (siehe Seite 54)?
- ✔ Stimmt die Wassertemperatur (siehe Tabellen ab Seite 81)?
- ✔ Ist das Aquarium überbesetzt (siehe Seite 66)?
- ✔ Ist die Fütterung auf alle Arten abgestimmt (siehe Seite 66)?
- ✔ Werden schwächere oder scheuere Tiere unterdrückt (siehe Seite 66, 67)?
- ✔ Sind tote Fische im Aquarium (siehe Seite 54)?
- ✔ Kann eine Vergiftung durch Leitungswasser vorliegen (siehe Seite 75)?
- ✔ Hat sich das Aussehen der Fische verändert?
- ✔ Können kürzlich Krankheitserreger eingeschleppt worden sein (siehe Seite 74)?

Diagnose und Therapie der häufigsten Fischkrankheiten

Einige häufige Krankheiten kann man auch als tiermedizinischer Laie erkennen oder deren Ursache herausfinden. Im Folgenden erfahren Sie, wie Sie die wichtigsten Krankheiten erkennen und therapieren.

Weißpünktchenkrankheit oder »Ichthyo«

Symptome: Weiße, bis 1,5 mm große Punkte auf der Körperoberfläche, heftige Atmung sowie häufiges Scheuern der befallenen Fische zeugen von »Ichthyo«, einem einzelligen Hautparasiten.
Therapie: Für diese Krankheit gibt es spezielle Medikamente auf Malachitgrünoxalat-Basis, die sich gut bewährt haben. Besonders wichtig ist die Beachtung der in der Gebrauchsanweisung gegebenen Therapiezeiten und die Anwendung im Aquarium selbst, da sonst Dauerformen für eine Neuinfektion sorgen. Verzichten Sie auf kupferhaltige Medikamente in Weichwasseraquarien.

»Goldstaubkrankheit« oder Oodinium

Symptome: Anfänglich auf den Flossen, später am ganzen Körper feiner weißer oder goldener Staubbelag (einzelne Punkte sind nur bis 0,3 mm groß) zeigt den Befall mit einem der einzelligen Oodinium-Hautparasiten an. Auch hier scheuern sich die Fische.
Therapie: In härterem Wasser mit speziellen Oodinium-Medikamenten aus dem Zoofachhandel. In Weichwasserbecken Kochsalzzugabe (2 bis maximal 4 Teelöffel jod- und zusatzfreies Salz auf 10 l Wasser). Klingt die Krankheit ab, mehrere Teilwasserwechsel durchführen, um Fische und Pflanzen nicht unnötig zu belasten.

Kiemen- und Hautwürmer

Symptome: Fische scheuern sich häufig, atmen heftig und machen immer wieder heftige Schluckbewegungen, ohne Futter aufzunehmen. Ursache sind parasitische Würmer an den Kiemen.
Therapie: Speziell auf Kiemen- und Hautwürmer ausgerichtete Medikamente im gut sortierten Zoofachhandel nach Gebrauchsanweisung anwenden.

Bauchwassersucht

Symptome: Fische sind durch Flüssigkeit im Bauchraum aufgebläht, die Schuppen können sich dadurch absträuben, so dass die Fische wie Tannenzapfen aussehen; zudem hervorstehende Augen (Glotzaugen). Auch zerfranste, eingekürzte Flossen mit oder ohne weißen Belag (Flossenfäule) können mit einer Bauchwassersucht einhergehen.
Therapie: In den meisten Fällen nicht möglich! Fische sofort in separaten Becken isolieren, Behandlung mit Breitbandmedikamenten aus dem Zoofachhandel gegen bakterielle Erkrankungen versuchen (Achtung: Antibiotika müssen vom Tierarzt verschrieben werden). Pflegebedingungen im Aquarium soweit wie möglich verbessern, aber auf eine Behandlung mit Antibiotika im Hälterungs-

Indischer Glaswels
(Kryptopterus minor)

becken verzichten, auch wenn dies teilweise empfohlen wird. Antibiotika zerstören die gesamte biologische Funktionsfähigkeit eines Beckens, weil *alle* Bakterien und nicht nur die Krankheitserreger abgetötet werden.

Lochkrankheit

Symptome: Besonders bei Buntbarschen aus mineralarmen Heimatgewässern, z. B. Diskusfischen, bilden sich erst kleine, später größere grubenförmige Vertiefungen in der Kopfregion. Die Fische sehen »angefressen« aus. Die Gruben können, müssen aber nicht einen weißen Belag enthalten. Als Ursache spielen vermutlich einzellige Parasiten (Flagellaten) und Stress durch falsche Wasserwerte und suboptimale Ernährung eine wichtige Rolle.
Therapie: Pflegebedingungen vollständig auf die Bedürfnisse der befallenen Art abstimmen. Zu vitaminisierten Futtergaben siehe Seite 63. Eventuell Stress durch falsche Vergesellschaftung und dominante Tiere vermindern und Pflegebedingungen optimieren. Zusätzlich gibt es einschlägige Medikamente im Fachhandel.

Gefleckte Panzerwelse (*Corydoras paleatus*) züchten sehr leicht. Sie legen ihre relativ großen Eier an festen Substraten ab und betreiben keine Brutpflege.

Fische töten

Manchmal ist es sinnvoll, unheilbar kranke Fische zu töten, um sie von ihrem Leiden zu erlösen. Vorher muss man sie durch einen kräftigen Schlag auf den Kopf mit einem der Körpergröße der Fische angepassten schweren Gegenstand betäuben. Dann durchtrennt man mit einem scharfen Messer oder Schere das Rückgrat des Fisches unmittelbar hinter dem Kopf.

Der Weg zum Fachmann

Fachleute für Fischkrankheiten sind rar. Über die tiermedizinische Fakultät der Universitätskliniken oder über Aquarienvereine finden Sie aber mit Sicherheit in der weiteren Umgebung Ihres Wohnorts solche Fachleute. Kranke Fische transportieren Sie in einem Plastikbeutel, den Sie durch Styropor gegen Kälte schützen.

KAPITEL 3

AQUARIEN-BEWOHNER

Aquarienfische im Porträt

Erläuterungen zu den Gruppenbeschreibungen

Der Artenteil beschreibt nach Gruppen geordnet Merkmale und Pflegebedingungen für die häufigsten oder regelmäßig gehaltenen Fische.
Lebensraum: Herkunft und Lebensweise typischer Vertreter der jeweiligen Fischgruppe.
Becken: Beckenform.
Einrichtung und Technik: Einrichtungsmerkmale und eventuell besondere technische Ausstattung eines für diese Fischgruppe ausgerichteten Aquariums. An dieser Stelle werden nur Hinweise gegeben, die sich von einem durchschnittlichen Aquarium abheben.
Fütterung: Geeignete Futtersorten.
Vergesellschaftung: Fischarten, mit denen die Gruppe zusammen gehalten werden kann.
Geschlechtsunterschiede: Äußerlich sichtbare, jedoch nicht alle Geschlechtsunterschiede.
Zucht: Grobe Angaben über die Art der Fortpflanzung und eventuell vorhandene Brutpflege.
Arten: Häufig gepflegte Arten oder -gruppen.
Besonderes: Biologische oder pflegerische Besonderheiten.

Feuermaulbuntbarsche (*Thorichthys meeki*) drohen potenzielle Feinde oder Konkurrenten frontal an. Dabei vergrößern sie sich durch Spreizen der roten Kiemendeckel.

Erläuterungen zu den Tabellen
Deutscher Name: Es wird ein gebräuchlicher oder passender deutscher Name angegeben.
Lateinischer Name: Er besteht aus einem Gattungsnamen und einem Artnamen.
Maximale Größe: So groß kann die Art in der Natur werden. Bleibt die Art im Aquarium kleiner, ist die Pflege nicht artgerecht.
Becken: Empfohlene Größe für die Pflege ausgewachsener Fische der jeweiligen Art. Angegeben sind Länge x Breite x Höhe in Zentimeter.
Besatz: Anzahl ausgewachsener Fische, die für die unter »Becken« angegebene Aquariengröße geeignet ist. Ist ein Besatz mit einem bestimmten Geschlechterverhältnis sinnvoll, wird nach Männchen und Weibchen unterschieden.
Wassertyp: 7 Typen, die sich in ihren wasserchemischen Eigenschaften unterscheiden:
Wassertyp 1: pH 4,5 – 6,5, °dKH 0 – 3
Wassertyp 2: pH 5,5 – 6,8, °dKH 3 – 8
Wassertyp 3: pH 6,8 – 7,5, °dKH 3 – 8
Wassertyp 4: pH 6,8 – 7,5, °dKH 8 – 16
Wassertyp 5: pH 7,2 – 8,5, °dKH >12
Wassertyp 6: pH 8 – 9,5, °dKH >12
Wassertyp 7: pH >8, °dKH >12, mit 2 – 3 Teelöffeln Meersalz pro 10 l Wasser
Temperatur: Geeigneter Temperaturbereich.

ARTEN

Archaische Sonderlinge

Fischsaurier im Aquarium zu halten, ist leider nicht mehr möglich, weil alle Arten bereits ausgestorben sind. Was für die Saurier gilt, stimmt aber nicht für viele ihrer Zeitgenossen. Aus verschiedenen Fischfamilien haben einige urtümliche Arten bis heute überlebt und sind vor allem wegen ihres skurrilen und »urzeitlichen« Aussehens beliebte Aquarienfische.

Arowanas (Familie *Osteoglossidae*)

Lebensraum: Insekten-, Garnelen- und Fischjäger, die in Stillwasserbereichen der asiatischen, südamerikanischen und australischen Regenwaldgewässer allein oder zu mehreren jagen und dazu auch aus dem Wasser springen.
Becken: Grundfläche von mindestens 400 x 150 cm, besser größer.
Einrichtung: Unerheblich, solange ausreichend freier Schwimmraum zur Verfügung steht und Wurzeln oder an der Wasseroberfläche einige Schwimmpflanzen Deckung bieten.
Wassertyp: 2 – 4 bei 26 – 29° C.
Fütterung: Etwa alle 2 Tage mit einer Pinzette gezielt füttern. Größere Garnelen, größere Insekten, Süßwasserfische, abgezogene und vom Dottersack befreite Eintagsküken, Rinderherzstreifen.
Vergesellschaftung: Mit allen großen Fischen der mittleren und unteren Beckenregionen, z. B. großen Scheibensalmlern, Großbarben, Großwelsen und Süßwasserstechrochen.
Geschlechtsunterschiede: Keine.
Zucht: Soweit bekannt, Maulbrüter mit haselnussgroßen Eiern, die etwa 1 Monat zur Entwicklung benötigen. Die über ein Dutzend Jungfische werden noch monatelang vom Männchen betreut und auch gefüttert. Aufzucht der Jungen mit Daphnien, ab etwa 12 cm Länge auch kleinen Heimchen.
Arten: Amazonische Arowanas (*Osteoglossum bicirrhosum* und *O. ferrerai*), südostasiatische Arowanas (*Scleropages formosus*) und australische Arowanas oder Barramundis (*Scleropages leichhardti* und *S. jardini*).
Besonderes: *Scleropages formosus* und *S. leichhardti* fallen unter das internationale Artenschutzabkommen. Nur Tiere aus kontrollierter Nachzucht mit CITES-Papieren und teilweise auch implantiertem Microchip dürfen gekauft und gepflegt werden. Erwerb, Kauf und Verkauf müssen zusätzlich bei der Naturschutzbehörde gemeldet werden.

Nilhechte (Familie *Mormyridae*)

Lebensraum: Die meist nachtaktiven Nilhechte leben fast in allen Gewässertypen Afrikas und

JUWEL UNTER DEN SÜSSWASSERROCHEN

Südamerikanische Süßwasserstechrochen

Die zum Teil wunderschön gefärbten Süßwasserstechrochen aus der Gattung *Potamotrygon* sind trotz ihrer Größe zu regelrechten Modefischen geworden. Allerdings ist nur wenigen Leuten bewusst, dass es keine Art gibt, die weniger als 60 cm Scheibendurchmesser groß wird. Natürlich kann man auch so große Fische im Aquarium halten. Das Becken muss aber für ausgewachsene Tiere eine Mindestgröße von 400 x 150 x 60 cm (4000 l!) aufweisen. Es wird mit einer mindestens 6 cm hohen Sandschicht und einem effektiven Großfilter ausgestattet. Auf keinen Fall dürfen scharfkantige Gegenstände oder frei zugängliche Stabheizer im Aquarium sein, an denen sich die Rochen verletzen könnten. Wenn Sie mit großen Mengen tiefgefrorenen Garnelen, ausgewachsenen Artemien und aufgetautem Fisch- und Muskelfleisch füttern und die Wärme liebende Art bei 27 bis 29° C und einem Wassertyp 2 bis 4 halten, werden Sie an diesen ewig buddelnden oder aber faulenzenden Schönheiten Ihre große – allerdings auch kostspielige – Freude haben. Vergesellschaften kann man ein Paar Süßwasserstechrochen (die Geschlechter erkennt man an den unterschiedlich geformten Afterflossen) mit Scheibensalmlern, Arowanas oder Spatelwelsen. Mit Glück stellt sich dann Nachwuchs bei den lebendgebärenden Tieren ein.

ernähren sich von Insektenlarven, nur die größten Arten auch von Fischen. Die am häufigsten aus Nigeria und dem Kongo importierte Art, der Elefantenrüsselfisch (*Gnathonemus petersii*), sucht nachts im weichen Bodengrund größerer Fließgewässer nach verborgenen Insektenlarven.
Becken: Einzelne Elefantenrüsselfische können in Becken ab 120 cm gepflegt werden, eine Gruppe von 3–5 Fischen dagegen braucht mindestens 200 cm Länge. Die kleineren Arten können in Becken ab 80 x 40 cm gepflegt werden, *Campylomormyrus*-Arten erst in Becken ab 250 cm Länge.
Einrichtung: Jedes Tier braucht ein eigenes Versteck, in das es sich tagsüber zurückziehen kann. Gut eignen sich Bambus- oder Tonröhren von etwa 5 cm Durchmesser.
Wassertyp: 2–5 bei 24–28° C.
Fütterung: Lebende oder tiefgefrorene Rote Mückenlarven, Tubifex. Am Besten bei abgeschalteter Beleuchtung füttern, weil die Tiere sonst oft nicht ans Futter kommen.
Vergesellschaftung: Elefantenrüsselfische und auch die meisten anderen Nilhechtarten dürfen nur sehr vorsichtig vergesellschaftet werden, weil sie sich wegen ihrer Nachtaktivität und ihres meist kleinen Maules nicht gegenüber tagaktiven Arten durchsetzen können. Daher nur mit friedlichen Schwarmfischen des Freiwassers oder der Wasseroberfläche und kleineren Welsen zusammen halten. Unbedingt darauf achten, dass die Nilhechte bei der Fütterung nicht zu kurz kommen. Gegebenenfalls nachts ein zweites Mal füttern.
Geschlechtsunterschiede: Die Männchen der meisten Arten haben eine leicht eingekerbte Afterflosse.

Der besonders schöne *Potamotrygon cf. henlei* ist einer von vielen Süßwasserrochen aus Amazonien.

Zucht: Nur wenige Arten wurden bisher gezüchtet. Alle Arten brauchten dazu vorher eine wochenlange Regenzeitimitation (langsames Absenken des pH-Wertes und der Leitfähigkeit, zeitschaltuhrgesteuerte Beregnung über das Spritzrohr eines Außenfilters). Außer *Pollimyrus* scheint keine Gattung Brutpflege zu betreiben.
Arten: Es gibt etwa 200 Arten, von denen nur wenige häufiger importiert werden: der Elefantenrüsselfisch *Gnathonemus petersii* (35 cm), die Rundkopf-Nilhechte *Pollimyrus isidori* und *Petrocephalus spec.* (9–15 cm) und die Taman-

1 Elefantenrüsselfisch

2 Schmetterlingsfisch

3 Brauner Messerfisch

dua-Nilhechte *Campylomormyrus spec.* (mindestens 35 cm).
Besonderes: Nilhechte können sich wie die Amerikanischen Messerfische mit Hilfe schwach elektrischer Entladungswellen im Trüben und nachts orientieren (ähnlich der Echoortung der Fledermäuse). Diese Entladungen dienen aber auch der Kommunikation zwischen Artgenossen.

Messerfische (Familie *Notopteridae*)

Lebensraum: Bewohner pflanzen- und totholzreicher, auch oft sumpfiger Stillgewässer in Afrika und Asien. Die oft in Trupps umherstreifenden Tiere fressen Insektenlarven, Insekten, kleine Fische und viele Süßwassergarnelen.
Becken: Die kleinste Art, *Xenomystus nigri*, kommt mit einem Becken ab 120 cm aus (Einzeltiere auch ab 100 cm), die bis mindestens 1 m langen größeren *Papyrocranus*- und *Chitala*-Arten (Tausend-Dollarfische) benötigen Großbecken ab 400 x 150 cm Grundfläche.
Einrichtung: Strukturreiche Einrichtung mit viel Wurzelholz und Beschattung durch Schwimmpflanzen. Jedes Tier sollte einen eigenen Unterstand oder ein eigenes Versteck beziehen können.
Wassertyp: 2–5 bei 26–29° C.
Fütterung: Kräftiges Lebend-, Trocken- und Gefrierfutter.
Vergesellschaftung: *Xenomystus* kann gut in Gesellschaft mittelgroßer und großer Schwarmfische des Freiwassers, der Oberfläche und auch mit Welsen gehalten werden. Größere Cichliden sind nur in größeren Becken als Gesellschaft geeignet. Zu kleine Fische werden als Futter betrachtet.
Geschlechtsunterschiede: Bei Laichreife haben die Weibchen einen runderen Bauch.
Zucht: Kaum gezüchtet. *Xenomystus* und *Notopterus* laichen in Löchern und Spalten Eier ab, die in ein Aufzuchtbecken überführt werden können. Anfütterung mit Artemia. Eventuell Brutpflege durch das Männchen.
Arten: Afrikanischer Brauner Messerfisch (*Xenomystus nigri*, 23 cm), Asiatischer Fähnchenmesserfisch (*Notopterus notopterus*, 60 cm), Tausend-Dollarfisch (*Chitala ornata*, 100 cm).
Besonderes: Manche Arten äußern bellende Laute.

Flösselhechte und Flösselaale (Familie *Polypteridae*)

Lebensraum: Am Boden lebende ruhige Fische Afrikas, die wegen ihrer Fähigkeit, atmosphärische Luft zu atmen, auch in sauerstoffarmen Sümpfen überleben können. Die kleineren Arten ernähren sich vor allem von Garnelen und Insektenlarven, die größeren auch von Fischen. Meist nachtaktiv.
Becken: Der Flösselaal kann in Becken ab einer Fläche von 80 x 40 cm gehalten werden. Die kleineren *Polypterus*-Arten paarweise in Becken ab 120 cm, die größeren Arten einzeln in Becken ab 150 cm.
Einrichtung: Flösselaale lieben ein dichtes Gestrüpp von Wasserpflanzen (z. B. Javamoos). Alle Flösselhechte brauchen pro Tier ein eigenes röhrenförmiges Versteck, in dem sie einen Großteil

des Tages ruhend verbringen. Durch Schwimmpflanzen kann der Gesamtcharakter dunkel gehalten werden. Wurzeln dürfen vorkommen.
Wassertyp: 2–5 bei 26–29° C.
Fütterung: Tiefgefrorene oder lebende Mückenlarven und kleine Garnelen, tiefgefrorene Futtermischung (siehe Seite 64), größere Arten nestjunge Mäuse und tote kleine Süßwasserfische.
Vergesellschaftung: Mit allen größeren Fischarten, die die Flössler nicht aggressiv verdrängen. Zu kleine Fische werden nachts gefressen. Flösselaale sind etwas zurückhaltender und kommen wegen ihrer Langsamkeit in hektischer Gesellschaft kaum zum Fressen.
Geschlechtsunterschiede: Afterflosse des Männchens im Vergleich breiter als die des Weibchens.
Zucht: Gelingt nach Stimulierung mit häufigen Teilwasserwechseln mit kühlerem Wasser. Keine Brutpflege, deswegen die Eier absammeln und in Aufzuchtbecken überführen. Anfüttern mit Artemia. Die Jungfische haben anfänglich Außenkiemen, so dass sie jungen Molchen sehr ähnlich sind.
Arten: Grauer Flösselhecht (*Polypterus senegalus,* 42 cm), Schönflösselhecht (*P. ornatipinnis,* 60 cm), Flösselaal (*Erpetoichthys calabaricus,* 37 cm).
Besonderes: Flösselhechte können sehr gut riechen. Mit leicht erhobenem Kopf »wittern« sie, wenn Futtergerüche im Becken sind.

4 Flösselaal

5 Junger Schönflösselhecht

TABELLE ARCHAISCHE SONDERLINGE

Deutscher Name Lateinischer Name	Größe (cm)	Becken L x B x H	Wassertyp	Temperatur	Besatz	Foto Seite
Flösselaal *Erpetoichthys calabaricus*	37 cm	80 x 35 x 40	2–5	26–29° C	1 M / 1 W	85
Schönflösselhecht *Polypterus ornatipinnis*	45 cm	200 x 60 x 40	2–5	25–28° C	1 M / 1 W	85
Gabelbart *Osteoglossum bicirrhosum*	100 cm	450 x 150 x 70	2–5	26–29° C	1 M / 1 W	60
Schmetterlingsfisch *Pantodon buchholzi*	12 cm	100 x 40 x 40	2–5	27–30° C	1 M / 1 W	84
Elefantenrüsselfisch *Gnathonemus petersii*	23 cm	120 x 50 x 50	2–5	24–28 °C	1	84
Brauner Messerfisch *Xenomystus nigri*	23 cm	160 x 60 x 60	2–5	26–29° C	7	84

ARTEN

Salmler

Die meisten Salmler (Ordnung *Characiformes*) sind recht bunte kleine Schwarm- oder Gruppenfische (»Tetras«), die in gut bepflanzten Aquarien immer zu sehen sind und bei durchschnittlichen Wasserwerten gut gedeihen. Zudem gibt es mehrere Salmlergruppen, die sich in Größe und Ernährungsgewohnheiten von den »Tetras« unterscheiden. Berüchtigt unter diesen exotischen Ausnahmen sind die Piranhas. Deshalb ist auch bei dieser Gruppe wichtig, zwischen verschiedenen Artengruppen und Salmlerfamilien zu unterscheiden.

Tetras (diverse Unterfamilien, vor allem *Tetragonopterinae*), Afrikanische Salmler (Unterfamilie *Alestinae*)

Lebensraum: Die meisten im Zoohandel erhältlichen Arten leben in lockeren Trupps in Regenwaldgewässern des Amazonas und Afrikas. Stark reflektierende Arten, wie Neons, bevorzugen dunklere Lebensräume. Hochrückige und schwimmfreudige Arten, wie Schmucksalmler und die afrikanischen Arten, leben in klaren Fließgewässern mit sandigem Grund.

Becken: Die Größe richtet sich nach der Größe und Schwimmfreudigkeit der jeweiligen Art (siehe Tabellen Seite 89, 91 und 93).

Einrichtung: Locker bepflanzte, durch Wurzeln strukturierte Becken mit ausreichend Schwimmraum und Solitärpflanzen.

Wassertyp: Je nach Art verschieden. Für die meisten ist Wassertyp 2 ideal. Die Temperatur darf für manche Arten nicht zu hoch sein.

Fütterung: Die meisten Arten sind mit einer Mischung aus verschiedenen kleineren Futtersorten optimal zu ernähren.

Vergesellschaftung: In ausreichend großen Becken kann man die Salmler sowohl mit kleinen Bodenbewohnern und Oberflächenfischen vergesellschaften als auch mit Zwergbuntbarschen.

Geschlechtsunterschiede: Männchen meist bunter.

Zucht: Eierleger ohne Brutpflege, die in eigenen Zuchtbecken zur Vermehrung gebracht werden (siehe Spezialliteratur, Seite 155).

Arten: Schlanke Tetras ohne auffällig vergrößerte Flossen, aber oft mit stark reflektierenden Farben (Neons, viele *Hemigrammus*-Arten) und eher hochrückige Arten mit vergrößerten Flossen der Männchen und bunten, aber nicht unbedingt reflektierenden Farben (hochrückige *Hyphessobrycon*-Arten, Kaisersalmler, Königssalmler). Afrikanische Salmler sind Kongosalmler (*Phenacogrammus*-Arten), Langflossensalmler (*Brycinus longipinnis*), Afrikanischer Rotaugensalmler (*Arnoldichthys spilopterus*).

JUWEL UNTER DEN SALMLERN

Der Rote Neon

Der Rote Neon (*Paracheirodon axelrodi*) gehört zu den am häufigsten aus dem Gebiet des Rio Negro in Brasilien exportierten Fischen. In aufwendiger Handarbeit werden die Neons von einheimischen Fängern mit Keschern in Seitenbächen des Rio Negro gefangen, in Netzkäfigen zwischengehältert und über die Amazonas-Metropole Manaus direkt in die Abnehmerländer ausgeflogen. Mit dem Kauf eines Wildfangneons im Aquariengeschäft unterstützen Sie indirekt den Naturschutz in dieser Regenwaldgegend, weil die einheimischen Fänger Neons nur aus intakten Regenwaldgebieten fangen können und ihre Existenz auf intaktem Regenwald beruht. In speziellen Naturschutzprojekten wird deshalb auf die nachhaltige Nutzung des Roten Neons eingegangen, was auch eine gerechte Bezahlung für die meist in einfachen Verhältnissen lebenden Fänger beinhaltet. Von Billigangeboten sollte man daher Abstand nehmen. Rote Neons sind trotz ihrer Häufigkeit farbliche Juwelen, die aus jedem dunkel eingerichteten Aquarium ab 60 cm Länge mit Wassertyp 1 bis 4 und Temperaturen von 23 bis 27° C ein »leuchtendes« Beispiel für ein Urwaldbiotop werden lassen, wenn man mindestens 10 Tiere zusammen pflegt.

Der Fang des Roten Neons stellt für die Bevölkerung am Rio Negro eine wichtige Erwerbsquelle dar.

Beilbauchsalmler (Familie *Gasteropelecidae*)
Lebensraum: Extrem oberflächengebundene Kleininsektenfresser.
Becken: Je nach Art verschieden, ausschlaggebend ist die Grundfläche. Abstand der Deckplatte zur Wasseroberfläche etwa 15 cm.
Einrichtung: Bis auf wenige Schwimmpflanzen unkritisch. Leichte Strömung wird geschätzt.
Wassertyp: Je nach Art verschieden (siehe Tabellen Seite 89, 91 und 93), aber alle Arten sind wärmebedürftig (ab 26° C aufwärts).
Fütterung: Idealerweise Schwarze Mückenlarven und Kleininsekten.
Vergesellschaftung: Mit allen kleineren Fischarten der unteren und mittleren Wasserregion.
Geschlechtsunterschiede: Kaum zu erkennen.
Zucht: Bisher selten gelungen. Eierleger ohne Brutpflege.
Arten: Kleine bis sehr kleine *Carnegiella*- und *Gasteropelecus*-Arten. Die mit 9 cm recht großen Platinbeilbäuche (*Thoracharax securis*) brauchen Becken mit einer Grundfläche ab 150 x 60 cm.

Schlanksalmler (Familie *Lebiasinidae*)
Lebensraum: Die *Nannostomus*-Arten leben meist zwischen Wasserpflanzen der Stillwasserzone. Sie picken dort kleinste Lebewesen und Algen von der Pflanzenoberfläche. Die *Copella*- und *Pyrrhulina*-Arten halten sich oft zwischen ins Wasser hängenden Gräsern und anderen Landpflanzenteilen auf, außerdem im extremen Flachwasserbereich über Falllaub.
Becken: Verhältnismäßig große Bodenfläche.
Einrichtung: Lockere Bepflanzung mit Stängel- und Schwimmpflanzen. Für die Spritzsalmler zwischen Deckscheibe und Wasseroberfläche 5 – 10 cm Platz lassen und an der Deckscheibe innen ein Pflanzen- oder Plastikpflanzenblatt befestigen.
Wassertyp: 2 – 3 ist für die meisten Arten ideal, Temperatur um 26° C.
Fütterung: Alle kleinen Futtersorten.
Vergesellschaftung: Geeignet sind zarte andere Salmler, kleine Welse und Zwergbuntbarsche (in etwas größeren Becken).
Geschlechtsunterschiede: Männchen viel bunter, Weibchen dicker.
Zucht: *Copella*- und *Pyrrhulina*-Arten gehören zu den wenigen Brut pflegenden Salmlern; die Männchen befächeln und vertei-

1 Roter Piranha

2 Afrikanischer Rotaugensalmler

3 Kongosalmler

4 Zebra-Geradsalmler

digen die auf einem Pflanzenblatt abgelegten Eier. Feinstes Futter für die winzigen Jungfische.
Arten: Siehe Lebensraum.
Besonderes: Zum Feindschutz legt der Spritzsalmler *Copella arnoldi* seine Eier sogar über dem Wasserspiegel an einem Landpflanzenblatt ab. Das Männchen hält die Eier feucht, indem es mit Schwanzschlägen Wassertropfen von unten an die Eier spritzt.

Engmaulsalmler (Familie *Anostomidae*), große Geradsalmler (Familie *Distichodontidae*)

Lebensraum: Uferregion felsiger oder mit Totholz angereicherter Flüsse Südamerikas (*Anostomidae*) und Afrikas (*Distichodontidae*).
Becken: Mehrere Tiere der groß werdenden Arten in sehr großen Becken ab 150 cm, je nach Adultgröße der Fische.
Einrichtung: Viel Struktur mit Wurzelholz. Nur bei Prachtkopfstehern Bepflanzung. Kräftige Filterung für die stoffwechselintensiven größeren Arten.
Wassertyp: Je nach Art verschieden. Für die meisten 2–3 bei Temperaturen um 26° C.
Fütterung: Die meisten Arten sind Pflanzenfresser, die jegliche Art von Grünkost zu sich nehmen. Zusätzlich Trockenfutter und selten kleine Futtertiere.
Vergesellschaftung: In größeren Becken gut mit anderen Großfischen zu halten. Prachtkopfsteher aber nur mit kleinen bis mittelgroßen Fischen, weil die Tiere sonst verhungern.
Geschlechtsunterschiede: Kaum.
Zucht: Bisher kaum nachgezüchtet.
Arten: Kopfsteher (*Anostomus*-Arten) werden am häufigsten importiert, ebenso die hübschen Jungfische von *Distichodus sexfasciatus*.

Scheibensalmler und Piranhas (Unterfamilie *Serrasalminae*)

Lebensraum: Größere Gewässer des tropischen Südamerika.
Becken: Kleine Scheibensalmlerarten in Becken ab 150 x 60 x 60 cm, alle anderen Arten ab 200 cm Beckenlänge.
Einrichtung: Locker mit Wurzelholz, bei Piranhas auch mit großblättrigen Pflanzen. Freien Schwimmraum lassen.
Wassertyp: Siehe Tabelle Seite 89.
Fütterung: Abwechslungsreiche Grünkost für Scheibensalmler, Fischfleisch für Piranhas.
Vergesellschaftung: Piranhas mit hochrückigen, Scheibensalmler mit mittelgroßen bis großen Arten mit gleichen Ansprüchen.
Geschlechtsunterschiede: Männchen von *P. nattereri* mit roter, Weibchen mit gelber Kehle. Bei den anderen Arten schwierig.
Zucht: Scheibensalmler sind Eierleger ohne Brutpflege. Piranhaweibchen behüten einige Tage das Gelege, das auf Kies abgelegt wird.
Arten: Die häufigste Piranha-Art ist der Rote Piranha, *Pygocentrus nattereri*. Die verschiedenen Scheibensalmler-Arten gehören den Gattungen *Methynnis*, *Myleus* und *Mylossoma* an und sind schwierig zu identifizieren.
Besonderes: In Piranha-Becken wegen des scharfen Gebisses niemals hineingreifen!

TABELLE SALMLER

Deutscher Name Lateinischer Name	Größe (cm)	Becken L x B x H	Wasser-typ	Temperatur	Besatz	Foto Seite
Brachsensalmler *Abramites hypselonotus*	12 cm	160 x 60 x 60	2–5	25–28° C	6	---
Prachtkopfsteher *Anostomus anostomus*	18 cm	160 x 60 x 60	2–4	24–28° C	6	54
Gestreifter Leporinus *Leporinus cf. fasciatus*	20 cm	200 x 60 x 60	2–5	24–28° C	6	---
Sichelflossen-Scheibensalmler *Myleus schomburgkii*	20 cm	200 x 70 x 70	2–5	25–28° C	8	66
Roter Piranha *Pygocentrus cf. nattereri*	30 cm	250 x 70 x 60	2–5	25–28° C	8	88
Afrikanischer Rotaugensalmler *Arnoldichthys spilopterus*	8 cm	120 x 40 x 50	2–4	24–28° C	8	88
Langflossensalmler *Brycinus longipinnis*	13 cm	150 x 50 x 50	2–5	24–29° C	10	89
Gelber Kongosalmler *Phenacogrammus caudalis*	7 cm	100 x 40 x 40	2–5	23–27° C	3 M / 5 W	---
Mondsalmler *Phenacogrammus caudomaculatus*	5 cm	80 x 35 x 40	2–5	24–27° C	4 M / 8 W	---
Kongosalmler *Phenacogrammus interruptus*	4 cm	120 x 50 x 50	2–4	23–27° C	4 M / 8 W	30, 88
Zebra-Geradsalmler *Distichodus sexfasciatus*	25 cm	250 x 60 x 60	2–5	25–28° C	5	88
Blauer Perusalmler *Boehlkea fredcochui*	5 cm	80 x 35 x 40	2–5	23–26° C	10	---
Rotflossen-Glassalmler *Prionobrama filigera*	5 cm	80 x 35 x 40	3–6	23–27° C	3 M / 7 W	---

△ 1

△ 2

△ 3

△ 4

Kleine Salmler gehören zu verschiedenen Salmler-Unterfamilien, gleichen sich aber weitgehend in ihren Pflegeansprüchen.

1 Spritzsalmler (*Copella arnoldi*)
2 Kupfersalmler (*Hasemania nana*)
3 Schrägschwimmer (*Thayeria boehlkei*)
4 Schrägsteher (*Nannostomus eques*)
5 Rotflossensalmler (*Aphyocharax anisits*
6 Rotkopfsalmler (*Hemigrammus bleheri*)
7 Schwarzer Neon (*Hyphessobrycon herbertaxelrodi*)
8 Zwergziersalmler (*Nannostomus marginatus*)

△ 5

▽ 6

▽ 7

▽ 8

TABELLE SALMLER

Deutscher Name Lateinischer Name	Größe (cm)	Becken L x B x H	Wasser-typ	Temperatur	Besatz	Foto Seite
Rotflossensalmler *Aphyocharax anisitsi*	4,5 cm	80 x 35 x 40	2–6	22–27° C	3 M / 7 W	90
Kupfersalmler *Hasemania nana*	5 cm	60 x 30 x 30	2–6	23–27° C	3 M / 5 W	90
Rotkopfsalmler *Hemigrammus bleheri*	4,5 cm	80 x 35 x 40	1–3	22–26° C	4 M / 6 W	90
Glühlichtsalmler *Hemigrammus erythrozonus*	4 cm	60 x 30 x 30	1–5	23–26° C	6 M / 6 W	67
Schlusslichtsalmler *Hemigrammus ocellifer*	5 cm	80 x 35 x 40	2–5	24–28° C	6 M / 6 W	158
Goldtetra *Hemigrammus rodwayi*	4 cm	60 x 30 x 30	2–5	24–27° C	6 M / 6 W	---
Schwarzer Neon *Hyphessobrycon herbertaxelrodi*	4 cm	60 x 30 x 30	2–4	24–28° C	3 M / 5 W	90
Neonfisch *Paracheirodon innesi*	4 cm	60 x 30 x 30	1–5	20–24° C	15	41
Schrägschwimmer *Thayeria boehlkei*	6 cm	80 x 35 x 40	2–5	24–28° C	10	90
Spritzsalmler *Copella arnoldi*	7 cm	60 x 30 x 30	2–5	24–29° C	1 M / 3 W	90
Längsstreifen-Ziersalmler *Nannostomus beckfordi*	6 cm	60 x 30 x 30	2–5	23–26° C	2 M / 4 W	155
Schrägsteher *Nannostomus eques*	5 cm	60 x 30 x 30	2–4	26–29° C	7	90
Zwergziersalmler *Nannostomus marginatus*	3,5 cm	60 x 30 x 30	2–3	23–25° C	3 M / 6 W	90

△ 1

△ 2

△ 3

△ 4

△ 5

△ 6

Außer dem Beilbauch bilden die Männche der abgebildeten Salmler Balzreviere aus, wo sie sich in ihrer Farbenpracht zeigen.

1 Roter von Rio (*Hyphessobrycon flammeus*)
2 Schwarzer Phantomsalmler (*Hyphessobrycon megalopterus*)
3 Trauermantelsalmler (*Gymnocorymbus ternetzi*)
4 Blutsalmler (*Hyphessobrycon callistus*)
5 Kaisersalmler (*Nematobrycon palmeri*)
6 Marmorbeilbauch (*Carnegiella strigata*
7 Königssalmler (*Inpaichthys kerri*)
8 Schmucksalmler (*Hyphessobrycon rosaceus*)

▽ 7

▽ 8

TABELLE SALMLER

Deutscher Name Lateinischer Name	Größe (cm)	Becken L x B x H	Wasser-typ	Temperatur	Besatz	Foto Seite
Marmorbeilbauch *Carnegiella strigata*	4 cm	60 x 30 x 30	1–4	26–30° C	7	49, 92
Silberbeilbauch *Gasteropelecus sternicla*	6 cm	100 x 40 x 40	2–5	25–28° C	7	---
Königssalmler *Inpaichthys kerri*	4,5 cm	60 x 30 x 30	2–4	23–26° C	3 M / 6 W	92
Kaisersalmler *Nematobrycon palmeri*	6 cm	80 x 35 x 40	2–5	23–26° C	2 M / 5 W	92
Trauermantelsalmler *Gymnocorymbus ternetzi*	6 cm	80 x 35 x 40	2–6	23–28° C	8	92
Blutsalmler *Hyphessobrycon callistus*	4,5 cm	60 x 30 x 30	1–5	24–28° C	3 M / 5 W	92
Kirschflecksalmler *Hyphessobrycon erythrostigma*	8 cm	100 x 50 x 50	2–4	24–28° C	3 M / 5 W	24, 41
Roter von Rio *Hyphessobrycon flammeus*	4 cm	60 x 30 x 30	3–6	22–27° C	10	92
Schwarzer Phantomsalmler *Hyphessobrycon megalopterus*	4,5 cm	60 x 30 x 30	2–5	23–28° C	2 M / 5 W	92
Zitronensalmler *Hyphessobrycon pulchripinnis*	4,5 cm	60 x 30 x 30	2–4	24–27° C	3 M / 5 W	---
Schmucksalmler *Hyphessobrycon rosaceus*	4,5 cm	60 x 30 x 30	2–5	23–27° C	2 M / 5 W	92
Brillantsalmler *Moenkhausia pittieri*	6 cm	100 x 50 x 50	2–5	24–28° C	4 M / 6 W	---
Wasserstieglitz *Pristella maxillaris*	4 cm	60 x 30 x 30	2–4	23–27° C	8	---

ARTEN

Schmerlenartige Fische

Mit Schmerlen oder schmerlenartigen Fischen wird eine Reihe am Boden lebender Fische Asiens und Europas bezeichnet. Diese Fischgruppe bildet allerdings keine einheitliche Verwandtschaftsgruppe, die Arten gehören vielmehr verschiedenen Familien innerhalb der Ordnung der Karpfenfische (*Cypriniformes*) an.

Echte Schmerlen (Familie *Cobitidae* und *Balitoridae*)

Lebensraum: Schmerlen bewohnen die unterschiedlichsten Lebensräume, wobei die meisten Arten aus Fließgewässern Ostasiens (Thailand und Indonesien) zu uns gelangen. Prachtschmerlen der Gattung *Botia*, zu der auch »die« Prachtschmerle *Botia macracanthus* gehört, stammen fast ausschließlich aus mittleren und größeren Fließgewässern mit oft steinigem Untergrund und guter Strömung. Zwischen Steinen und Totholz verstecken sie sich und suchen nach Nahrung, zu der auch Schnecken gehören. Die Pferdekopfschmerlen aus den Gattungen *Acanthopsis* und *Acanthopsoides* sind dagegen Bewohner von Sandflächen. Sie graben sich manchmal ganz oder teilweise in den Sand ein. In kleinen und kleinsten Bächen schließlich leben Schmerlen der Gattung *Nemacheilus*, Dornaugen und Flossensauger. Erstere flitzen zwischen Steinen und Totholz umher, während die Dornaugen auf Pflanzenpolstern und im Falllaub nach Nahrung suchen. Die Flossensauger besiedeln die am stärksten umströmten Gewässerabschnitte.

Becken: Da alle Arten Bodenfische sind, spielt die Grundfläche eine größere Rolle als die Beckenhöhe.

Einrichtung: Bis auf die Pferdekopfschmerlen lieben alle Arten eine strukturreiche Bodenregion. Besonders die verschiedenen Botien verstecken sich gern zu mehreren in lückenreichen Steinhaufen oder Totholzansammlungen (Wurzeln). Die Pferdekopfschmerlen können auf größere Sandflächen nicht verzichten. Dornaugen sollte man auch Pflanzendickichte bieten. Flossensauger lieben rund geschliffene Kieselsteine und daraus gebaute Höhlen.

Wassertyp: Die Arten sind sehr unterschiedlich anspruchsvoll (siehe Tabelle Seite 97), wobei für alle Arten Wassertyp 3 sicherlich zur Pflege ausreicht. Weil viele Arten recht sauerstoffbedürftig sind, sind für die meisten (aber nicht alle Arten) nicht allzu hohe Temperaturen (bis 25° C) optimal.

Fütterung: Sie ist problemlos, denn gefrorene Futtertiere und Futtertabletten werden von allen Arten angenommen. Besonders

JUWEL UNTER DEN SCHMERLEN

Die Prachtschmerle

Die wunderschöne Prachtschmerle *Botia macracanthus* lebt auf den Inseln Sumatra und Borneo in mittleren und größeren Flüssen. Nach Berichten der indonesischen Fänger unternimmt die Art Laichwanderungen in die Oberläufe ihrer Heimatflüsse, die Altfische kehren danach zurück, die heranwachsenden Jungfische erst einige Monate später. Das ist die Jahreszeit, in der sie in großer Zahl gefangen werden. Wegen ihrer attraktiven Färbung einerseits und ihrer bisher nicht gelungenen Zucht andererseits finden die Importtiere viele Abnehmer in Europa, Ostasien und den USA. Wahrscheinlich erleiden jedoch fast 100 Prozent der importierten Tiere den »Kümmertod«, weil sie nicht artgerecht gehalten werden. Die Art ist bei einer zu erwartenden Endgröße von etwa 25 cm für durchschnittliche Heimaquarien kaum geeignet und bleibt in zu kleinen Aquarien im Wachstum zurück. Zudem handelt es sich um Gruppenfische, die als ausgewachsene Tiere mindestens zu fünft erst in großen Becken ab etwa 250 x 60 x 50 cm (Wassertyp 1 bis 5, Temperatur 25 bis 30° C) ihr natürliches Verhalten entfalten können. Unter diesen Umständen halten sich bei abwechslungsreicher Fütterung Aggressionen gegen Fremdfische und untereinander in Grenzen und die Tiere leiden wahrscheinlich nicht.

bei Flossensaugern muss man darauf achten, dass sie in Gesellschaft zum Zug kommen. Deshalb füttert man sie gezielt, indem man ihnen haftende Futtertabletten in die Nähe ihres bevorzugten Aufenthaltsortes gibt. Trotz ihres »Algenfresseraussehens« fressen Flossensauger keine Algen!
Vergesellschaftung: Schmerlen sind die idealen Bodenbewohner für asiatische Gesellschaftsbecken. Zudem sind sie sehr gesellig. Dennoch kann es in zu kleinen Becken und bei der Vergesellschaftung von nur wenigen Tieren zu andauernden Raufereien zwischen Prachtschmerlen kommen. Untereinander friedlicher sind Streifen- und Schachbrettschmerlen. Flossensauger besetzen kleine Reviere, die sie gegen Artgenossen verteidigen, ohne sie aber dabei zu verletzen. Verzichten sollte man auf eine Vergesellschaftung von Revier bildenden Bodenfischen und Schmerlen.
Geschlechtsunterschiede: Bei den meisten Arten nicht zu erkennen.
Zucht: Die Schmerlenzucht gehört zu den großen und viel diskutierten Rätseln der Aquaristik. Einige Arten scheinen Laichwanderungen zu unternehmen. Von manchen Arten sind Zufallserfolge gemeldet worden, nur Flossensauger scheinen bei artgerechter Haltung regelmäßig zur Fortpflanzung zu schreiten. Keine Brutpflege.
Arten: Die beliebtesten Arten sind in der Tabelle Seite 97 aufgeführt. In geringer Stückzahl werden viele andere Arten eingeführt.
Besonderes: Die Schmerlen aus der Familie *Cobitidae* werden auch als Dorngrundeln bezeichnet, weil sie unter dem Auge einen ausklappbaren Stachel besitzen, den sie zur Verteidigung und eventuell auch zu innerartlichen Kämpfen einsetzen.

Die mindestens 30 cm groß werdende Prachtschmerle (*Botia macracanthus*) eignet sich nur für große Aquarien.

Fransenlipper (Familie *Cyprinidae*)

Lebensraum: Fransenlipper leben auf harten Substraten wie Holz oder Stein in langsam fließenden, aber auch stehenden Gewässern Südostasiens. Sie grasen dort den Film kleinster Schwebstoffe von harten Oberflächen ab.
Becken: Alle drei Arten lassen sich in Becken ab 100 cm Länge pflegen, der Feuerschwanz jedoch nur als einzelnes Exemplar.
Einrichtung: Strukturreiche Aquarienlandschaft mit Wurzeln und

1 Punktierter Flossensauger

2 Schachbrettschmerle

3 Streifenschmerle

4 Saugschmerle

Unterständen. Bei Pflege mehrerer Exemplare sollte jedes Tier einen eigenen Unterstand haben.
Wassertyp: 3–4 für alle Arten geeignet.
Fütterung: Es wird fast jede Futterart genommen, pflanzliche Zusatzkost ist jedoch essenziell.
Vergesellschaftung: Da alle Arten Revierfische mit unterschiedlich ausgeprägter Aggressivität sind, nur mit schnell schwimmenden und nicht an den Boden gebundenen Fischarten zusammen halten. Besonders beim Feuerschwanz können ältere Exemplare zu regelrechten Streithähnen werden, die jede Gelegenheit wahrnehmen, schwächere Fische, Artgenossen und Artfremde, zu jagen.
Geschlechtsunterschiede: Männchen schlanker.
Zucht: Nur selten gelungen und wenig bekannt.
Arten: Feuerschwanz (*Epalzeorhynchus bicolor*), Schönflossenbarbe (*E. kallopterus*) und Grüner Fransenlipper (wahrscheinlich *E. frenatus*) werden häufig importiert.
Besonderes: Feuerschwänze werden oft für viel zu kleine Aquarien empfohlen, obwohl sie sich dort nach kurzer Zeit zu tyrannisierenden Einzelkämpfern entwickeln. In Thailand wird die Art in leeren Bambusröhren, die zu einer Falle umfunktioniert werden, gefangen.

Saugschmerlen (Familie *Gyrinocheilidae*) und Rüsselbarben (Familie *Cyprinidae*)

Lebensraum: Saugschmerlen bewohnen steinige Abschnitte in schnell fließenden Bächen und Flüssen. Rüsselbarben leben auch in weniger stark fließenden Gewässerabschnitten.
Becken: Langgestreckte Becken ab 120 cm Länge sind für eine Saugschmerle oder 3–5 Rüsselbarben geeignet.
Einrichtung: Strukturreiche Bodenregion mit einigen geräumigen Versteckplätzen. Starke Beleuchtung fördert den Algenwuchs und kommt den Ernährungsbedürfnissen der Fische entgegen.
Wassertyp: 2–3 ist ideal.
Fütterung: Jegliche Art pflanzlicher Nahrung, Futtertabletten.
Vergesellschaftung: In großen Becken mit fast allen Arten außer langsamen großflächigen Fischen, die manchmal von Saugschmerlen »geputzt« werden. Alte Saugschmerlen werden manchmal gegenüber anderen Aquarienbewohnern aggressiv.
Geschlechtsunterschiede: Nicht bekannt.
Zucht: Nur Zufallszuchten bekannt, daher keine genaueren Angaben.
Arten: Es gibt verschiedene Arten von »Rüsselbarben«. Nur die auf Seite 58 abgebildete »echte« Rüsselbarbe *Crossocheilus siamensis* bleibt auch im Alter friedlich untereinander und ein hervorragender Algenputzer.
Besonderes: Das Raspelmaul der Saugschmerlen ist so umgestaltet, dass es nur noch der Nahrungsaufnahme und nicht mehr der Atmung dient. Saugschmerlen haben daher separate Einatemlöcher seitlich im Kopf. Die Saugschmerle, früher ein beliebter Algenputzer, wird heute durch Antennenwelse und Rüsselbarben ersetzt.

TABELLE SCHMERLENARTIGE FISCHE

Deutscher Name Lateinischer Name	Größe (cm)	Becken L x B x H	Wasser-typ	Temperatur	Besatz	Foto Seite
Pferdekopfschmerle *Acanthopsis spec.*	bis 20 cm	100 x 40 x 40	2–5	24–28° C	6	---
Schachbrettschmerle *Botia sidthimuncki*	6 cm	60 x 30 x 30	2–6	26–29° C	6	96
Streifenschmerle *Botia striata*	10 cm	80 x 35 x 40	2–5	23–27° C	6	96
Prachtschmerle *Botia macracanthus*	25 cm	250 x 60 x 50	1–5	25–30° C	5	95
Gestreiftes Dornauge *Pangio semicincta*	8 cm	60 x 30 x 30	1–5	26–30° C	5	---
Punktierter Flossensauger *Gastromyzon punctulatus*	6 cm	60 x 30 x 30	2–5	22–24° C	5	96
Asiatische Bachschmerle *Nemacheilus selangoricus*	8 cm	60 x 30 x 30	2–5	22–24° C	5	---
Siamesische Rüsselbarbe *Crossocheilus siamensis*	15 cm	120 x 50 x 50	2–5	24–28° C	5	58
Feuerschwanz *Epalzeorhynchus bicolor*	15 cm	120 x 50 x 50	2–6	23–28° C	1	97
Grüner Fransenlipper *Epalzeorhynchus cf. frenatus*	12 cm	100 x 40 x 40	2–5	24–27° C	5	---
Schönflossenbarbe *Epalzeorhynchus kallopterus*	15 cm	100 x 40 x 40	2–5	25–28 °C	5	---
Saugschmerle *Gyrinocheilus aymonieri*	25 cm	160 x 50 x 50	2–6	24–28° C	5	96
Chinesischer Sauger *Myxocyprinus spec.*	60 cm	350 x 80 x 80	3–6	16–27° C	6	---

Barben und Bärblinge 

Die ausgeprägten Gruppenfische aus der Familie der Karpfenfische stellen aquaristisch und ökologisch ein asiatisches und afrikanisches Pendant zu den Salmlern in Südamerika dar.

Barben (Familie *Cyprinidae*)
Lebensraum: Barben haben in Asien und Afrika fast jeden Lebensraum von brühwarmen Elefantensuhlen bis hin zu glasklaren Stromschnellen erobert. Viele Arten sind ausgesprochen anpassungsfähig. Die meisten Arten leben in Bodennähe, wo sie nach kleiner Nahrung wie pflanzlichen Überresten und Kleintieren suchen. Manche Arten sind Fruchtfresser, einige sehr große Arten sind Fischräuber.
Becken: Je mehr Bodenfläche, desto besser. Die Beckenlänge wählt man entsprechend Fischgröße und Temperament (siehe Tabellen Seite 101 und 103).
Einrichtung: Die meisten Arten gründeln gern im weichen Bodengrund. Scharfkantiger oder grober Kies ist deshalb ungeeignet. Großblättrige Pflanzen und ein lichter Wurzelverhau schaffen Ruheplätze, die zwischen heftigen Aktivitätsphasen gern genutzt werden. Feinfiedrige Pflanzen dienen als Rückzugsort für kleine Artgenossen, werden allerdings auch von manchen Barben gefressen.
Wassertyp: Je nach Art sehr unterschiedliche Ansprüche, die meisten fühlen sich aber bei Wassertyp 3–5 wohl. Einige Barben wie die Prachtbarbe brauchen für dauerhaftes Gedeihen kühleres Wasser.
Fütterung: Die meisten Barben nehmen alle gängigen Futtersorten – je nach Größe – an. Viele Arten mümmeln gern an überbrühtem Gemüse herum.
Vergesellschaftung: Barben sind Gruppenfische, die ohne die Gesellschaft ihresgleichen kümmern. Dennoch bilden die Männchen zeitweise kleine Reviere, die sie gegen andere Barben, aber auch andere Boden bewohnende Fische verteidigen. Besonders einzelne größere Barben können dabei ruppig werden. Deshalb ist es besser, immer einen Trupp von mindestens 8 Tieren in einem Becken zu pflegen. Unter diesen verteilt sich die Aggression. Einige Arten, vor allem die Sumatrabarbe, neigen dazu, andere Fische an lang ausgezogenen Flossen zu zupfen. Man sollte sie also nicht mit Fadenfischen zusammenhalten.
Geschlechtsunterschiede: Männchen sind meist farbiger, Weibchen dicker.
Zucht: Barben sind Eierleger ohne Brutpflege, die normalerweise in gesonderten Zuchtbecken gezielt vermehrt werden. In sehr dicht bepflanzten und

JUWEL UNTER DEN BÄRBLINGEN

Das Glühköpfchen
Wird das Glühköpfchen *Sawbwa resplendens* artgerecht gepflegt, gehört es zu den lebendigsten und farblich attraktivsten Fischen: Auf bläulich silbrigem Grund heben sich bei den ständig hektisch balzenden Männchen der knallrote Schwanz und der »glühend« rote Kopf kontrastreich ab. Wird das Glühköpfchen aber nicht artgerecht gepflegt, verwandelt es sich in ein Aschenputtel ganz ohne Farben. Leider wird die Art meist in relativ warmem Weichwasser gehalten und nur mit Trockenfutter gefüttert. Genau das Gegenteil braucht diese Art aus dem kalkreichen Inlé-See im Hochland von Myanmar: Kalkreiches, alkalisches Wasser (Wassertyp 5 bis 6) bei einer Temperatur von 21 bis maximal 24° C und intensive Fütterung mit gefrorenen und lebenden Kleinkrebsen (*Artemia*-Nauplien, Cyclops). Ein locker mit Vallisnerien und Javamoos bepflanztes Becken mit den Maßen von etwa 80 x 35 x 40 cm, das mit einem Schwarm von etwa 5 Männchen und 10 Weibchen besetzt wird, ist dann eine Augenweide. Zur Vergesellschaftung eignen sich sehr gut etwa 20 aus dem gleichen See stammende *Danio erythromicron*. Unter diesen Bedingungen überleben auch immer wieder einige Jungfische der nicht Brut pflegenden Eierleger.

schwach besetzten Aquarien kommt aber manchmal auch ein Jungfisch mit auf. Man kann versuchen, sie durch Zufütterung von feinem Lebend- und Trockenfutter aufzuziehen.
Arten: Aus aquaristischer Sicht kann man nach Größe drei Gruppen unterscheiden: Kleinere zurückhaltendere Arten, mittelgroße robuste Arten und sehr große Arten. Zur ersten Gruppe gehören asiatische (*Puntius*) und afrikanische Arten (*Barbus*), die sich hervorragend für kleinere Aquarien ab 60–80 cm Länge als Gesellschaftsfische auch für etwas ruhigere Fische eignen, die die untere Beckenregion beleben und unterschiedlich anspruchsvoll an die Wasserwerte sind (*P. titteya, P. pentazona, P. oligolepis, B. barilioides*). Die Barben der zweiten Gruppe sind robuste Gruppenfische, die sich mit ihrer zeitweiligen Territorialität und »rumpeligen« Art nur als Gesellschaft für ebenfalls robuste Arten eignen. Zu dieser Gruppe gehören aber die beliebtesten und schönsten Arten, z. B. Sumatra-, Purpurkopf- und Glühkohlenbarbe. Zur »Bullenklasse« gehören Schwanenfelds Barbe und die Haibarbe. Obwohl besonders die zweite Art häufig angeboten wird, grenzt es an Tierquälerei, sie in durchschnittlich großen Heimaquarien zu halten.

Bärblinge (Unterfamilie *Danioninae* und *Rasborinae*)

Lebensraum: Alle aquaristisch bedeutenden Bärblinge stammen aus südostasiatischen Gewässern, in denen sie sehr unterschiedliche Biotope bewohnen. Die *Boraras*-Arten, die sehr kleinen *Rasbora*-Arten, *Danio erythromicron* und das Glühköpfchen bewohnen pflanzenreiche Stillgewässer. Die schwimmfreudigen größeren *Danio*-Arten und der Kardinalfisch sind Bewohner klarer Bäche des Hügellandes, in denen sie nach Anflugnahrung und anderen verdrifteten Nahrungspartikeln jagen. Keilfleckbärblinge und der Glühlichtbärbling bewohnen schwach fließende Gewässer des Tieflandregenwalds Indonesiens.
Becken: Für die quirligen *Danio*-Arten sind langgestreckte Becken mit strömungsreichen Zonen am Besten geeignet, denn dort können sie sich wie in der Natur ausschwimmen. Für alle anderen Arten sind Standardmaße genauso geeignet wie »Rennbecken«.

Das Glühköpfchen (*Sawbwa resplendens*) stammt aus dem kühlen Inlé-See im Hochland Myanmars. Es wird erst seit kurzer Zeit regelmäßig importiert.

1 Bitterlingsbarbe

2 Sumatrabarbe

3 Eilandbarbe

4 Brokatbarbe

Einrichtung: Wichtigste Voraussetzung für die zarten Rasboren und die Zwergarten sind Pflanzendickichte, die man mit feinfiedrigen Stängelpflanzen und Javamoos so gestaltet, dass sie mit kleinen freien Zonen abwechseln. Zusammen mit einer Schwimmpflanzendecke kommt diese Art der Einrichtung dem Schutzbedürfnis dieser Arten entgegen. Für die schwimmfreudigen Arten sind dagegen gut beleuchtete Becken mit viel Schwimmraum und einer kräftigen Strömung, die man mit einer Motorpumpe erzeugt, ideal.
Wassertyp: Die Ansprüche sind sehr unterschiedlich, denn es gibt ausgesprochene Schwarzwasserarten sowie Hartwasserarten, in denen zudem unterschiedliche Temperaturen herrschen.
Fütterung: Je nach Körpergröße kleines bis mittelgroßes Lebend- und Frostfutter. Besonders für die Zwergarten zu empfehlen sind gefrorene Cyclops und Bosminen sowie lebende *Artemia*-Nauplien aus der Zucht (siehe Seite 73).
Vergesellschaftung: Die meisten eignen sich für die Vergesellschaftung mit anderen kleinen bis mittelgroßen Arten in bepflanzten Aquarien. Zwergarten dürfen aber nur mit anderen Zwergfischen oder zarten größeren Fischen vergesellschaftet werden, weil sie sonst verdrängt werden und kein Futter bekommen. Alle Arten sind Gruppenfische, von denen man mindestens 10 Artgenossen zusammen pflegen sollte.
Geschlechtsunterschiede: Weibchen sind dicker, Männchen etwas farbiger.

Zucht: Die kleinen *Danio*-Arten und der Kardinalfisch gehören zu den am einfachsten zu züchtenden Eierlegern ohne Brutpflege, denn ihre Eier entwickeln sich auch in hartem Wasser, und die winzige Brut ist gut mit künstlichem Jungfischfutter zu ernähren. Für erste Zuchtversuche ist diese Art daher eindeutig zu empfehlen, um Erfahrungen zu sammeln (siehe Seite 72). Viele der anderen Arten stellen dagegen besondere Ansprüche an die Wasserwerte.
Arten: Die vielen *Danio*-Arten lassen sich zwei Gruppen zuordnen, die früher zu verschiedenen Gattungen zählten: *Danio* für die großen Arten wie den Malabarbärbling, *Brachydanio* für die kleineren Arten wie den Zebra- und den Schillerbärbling. Eine Sonderstellung nimmt das Kleinod *Danio erythromicron* ein. Die Art bewohnt die Randzonen der Pflanzendickichte des Inlé-Sees. Niedrige Temperaturen sind für diese Art und den Kardinalfisch *Tanichthys albonubes* angesagt. Alle *Boraras*-Arten und die meisten gängigen *Rasbora*-Arten sind dagegen wärmeliebend. Früher wurden auch die beiden Keilfleckbarbenarten zur Gattung *Rasbora* gezählt, weswegen sie auch heute noch unter dieser Gattung im Handel zu finden sind.
Besonderes: Der Kardinalfisch zeigt in der Jugend einen blau irisierenden Längsstreifen ähnlich den Neonfischen. Weil er früher billiger als Neons war und außerdem wesentlich leichter zu züchten ist, wurde er als »Arbeiterneon« bezeichnet.

TABELLE BARBEN

Deutscher Name Lateinischer Name	Größe (cm)	Becken L x B x H	Wasser-typ	Temperatur	Besatz	Foto Seite
Haibarbe *Balantiocheilus melanopterus*	35 cm	250 x 60 x 60	2–5	24–28° C	8	101
Schwanenfelds Barbe *Barbodes schwanenfeldii*	35 cm	250 x 60 x 60	2–5	22–28° C	6	---
Angola-Barbe *Barbus barilioides*	5 cm	80 x 35 x 40	2–5	22–25° C	8	---
Highfin-Zwergbarbe *Oreichthys spec. »High Fin«*	3,5 cm	60 x 30 x 30	2–5	23–26° C	3 M / 6 W	---
Prachtbarbe *Puntius conchonius*	ca. 12 cm	120 x 50 x 50	2–6	18–22° C	3 M / 6 W	---
Glühkohlenbarbe *Puntius fasciatus*	15 cm	150 x 50 x 50	2–5	22–26° C	3 M / 7 W	45
Purpurkopfbarbe *Puntius nigrofasciatus*	6,5 cm	100 x 40 x 40	2–5	21–24° C	2 M / 5 W	78
Eilandbarbe *Puntius oligolepis*	5 cm	60 x 30 x 30	2–6	23–27° C	2 M / 5 W	100
Fünfgürtelbarbe *Puntius pentazona*	5 cm	60 x 30 x 30	1–3	26–29° C	8	56
Brokatbarbe *Puntius semifasciolatus »schuberti«*	7 cm	80 x 35 x 40	2–6	20–24° C	8	100
Sumatrabarbe *Puntius tetrazona*	7 cm	100 x 50 x 50	2–5	23–28° C	12	100
Odessabarbe *Puntius ticto*	6 cm	80 x 35 x 40	3–6	20–24° C	3 M / 5 W	---
Bitterlingsbarbe *Puntius titteya*	5 cm	60 x 30 x 30	2–4	23–27° C	2 M / 4 W	4/5, 100

△ 1 ▽ 3 ▽ 4 △ 2

▽ 5 ▽ 6

Bärblinge sind lebhaft und beeindrucken durch ihre schillernden Farben.

1 Zebrabärbling (*Danio rerio*)
2 Saigon-Zwergbärbling (*Boraras urophthalmoides*)
3 Schillerbärbling (*Danio albolineatus*)
4 Kardinalfisch (*Tanichthys albonubes*)
5 Keilfleckbärbling (*Trigonostigma heteromorpha*)
6 Glühlichtrasbora (*Rasbora pauciperfora*
7 Zwergbärbling (*Boraras maculata*)
8 Malabarbärbling (*Danio aequipinnatus*

▽ 7 ▽ 8

TABELLE BÄRBLINGE

Deutscher Name Lateinischer Name	Größe (cm)	Becken L x B x H	Wasser-typ	Temperatur	Besatz	Foto Seite
Hengels Keilfleckbärbling *Trigonostigma hengeli*	3,5 cm	60 x 30 x 30	1–3	25–28° C	12	---
Keilfleckbärbling *Trigonostigma heteromorpha*	4,5 cm	60 x 30 x 30	2–5	23–28° C	12	102
Zwergbärbling *Boraras maculata*	2,5 cm	60 x 30 x 30	1–3	25–29° C	15	102
Saigon-Zwergbärbling *Boraras urophthalmoides*	2,5 cm	60 x 30 x 30	2–5	24–26° C	20	102
Malabarbärbling *Danio aequipinnatus*	10 cm	120 x 40 x 50	2–6	24–27° C	8	102
Schillerbärbling *Danio albolineatus*	6 cm	80 x 35 x 40	2–6	24–27° C	10	102
Inlé-Zwergdanio *Danio erythromicron*	3 cm	60 x 30 x 30	5–6	20–23° C	10	---
Zebrabärbling *Danio rerio*	6 cm	80 x 35 x 40	2–6	24–27° C	10	102
Großer Leuchtaugen-bärbling *Rasbora dorsiocellata*	6 cm	60 x 30 x 30	2–5	23–28° C	8	---
Leuchtaugenbärbling *Rasbora macrophthalma*	3,5 cm	60 x 30 x 30	2–5	24–28° C	12	---
Glühlichtrasbora *Rasbora pauciperforata*	7 cm	80 x 35 x 40	1–4	25–28° C	12	102
Scherenbärbling *Rasbora trilineata*	12 cm	100 x 40 x 40	2–5	23–27° C	10	---
Kardinalfisch *Tanichthys albonubes*	4 cm	60 x 30 x 30	2–6	18–22° C	12	73, 102

ARTEN

Welse

Weniger wegen ihrer Farbenpracht, sondern wegen ihrer witzigen oder skurrilen Körperformen werden in fast jedem Aquarium Panzerwelse zur Belebung der Bodenzone und Antennenwelse aus der Gattung *Ancistrus* als Algenfresser gehalten. Neben diesen bekanntesten Arten gibt es aber noch eine erstaunliche Vielzahl von Vertretern anderer Welsfamilien aus allen Erdteilen.

Panzer- und Schwielenwelse (Familie *Callichthyidae*)

Lebensraum: Fast alle Panzerwelse aus der beliebten Gattung *Corydoras* sind Gruppenfische, die emsig im sandigen oder weichen Bodengrund bevorzugt in Fließgewässern nach Würmern, Insektenlarven und leicht zerfallenem organischem Material (Detritus) suchen. Manche Zwergarten leben aber auch frei schwimmend zwischen Pflanzendickichten. Die im Durchschnitt größer werdenden Schwielenwelse leben dagegen bevorzugt in ruhigen Seitengewässern und Tümpeln.
Becken: Panzer- und Schwielenwelsbecken benötigen nur eine geringe Höhe (bis 25 cm), aber eine relativ große Bodenfläche.

JUWEL UNTER DEN WELSEN

Der Schlafanzugwels
Der Schlafanzugwels (*Ancistrus cf. hoplogenys*) ist im Vergleich zum bekannten Blauen Antennenwels (*Ancistrus cf. dolichopterus*) eine echte Schönheit: In ihrem »Sternenhimmelkleid« wirkt die Art mit den leuchtend weißen Flossensäumen in Schwanz- und Rückenflosse wie eine Traumgestalt unter den Aquarienfischen. Wohl weil das Verbreitungsgebiet des Schlafanzugwelses auf Schwarzwasserflüsse Amazoniens (Rio Negro) beschränkt ist, benötigt die Art im Gegensatz zu ihren robusten Vettern mindestens weiches und saures Wasser (Wassertyp 2) für die Pflege und für die Zucht Wassertyp 1. Auch sollte die Wassertemperatur mit 27 bis 29° C über dem normalen Aquariendurchschnitt liegen. Zur Einrichtung des Beckens gehören ausreichend Wurzeln, die zur artgerechten Ernährung von *Ancistrus* unbedingt nötig sind. Die Art sollte abwechslungsreich mit Spirulina-Futtertabletten und gefrorenen Kleinkrebsen gefüttert werden. Unter diesen Bedingungen ist der Schlafanzugwels nach der Eingewöhnungsphase, die nach dem Transportstress einige Zeit dauern kann, gut zu pflegen. Auch die Zucht gelingt, wenn man dem Brut pflegenden Vater eine enge röhrenförmige Höhle anbietet, die nur ein Einschlupfloch in der Mitte besitzt (getöpferte Röhren aus dem Zoofachhandel).

Einrichtung: Panzerwelse benötigen zumindest teilweise Sandboden und lichte Unterstände aus Wurzeln oder großblättrigen Pflanzen. Obwohl Panzerwelse träge wirken, trägt eine teilweise kräftige Strömung erheblich zu ihrem Wohlbefinden bei. Schwielenwelse schätzen eine Schwimmpflanzendecke.
Wassertyp: Die meisten Panzerwelse stellen wenig Ansprüche an die Wasserwerte. Die Temperaturansprüche der verschiedenen Arten können sich erheblich voneinander unterscheiden.
Fütterung: Mischkost aus hochwertigen Trockenfuttertabletten, feinem Frostfutter wie Cyclops und Bosminen sowie lebendem Wurmfutter.
Vergesellschaftung: Ideale Gesellschaftsfische für Fische der mittleren und oberen Beckenregion.
Geschlechtsunterschiede: Weibchen in Fortpflanzungsstimmung sind wesentlich dicker und größer als die Männchen.
Zucht: Die kleinen Panzerwels-Männchen treiben die laichvollen Weibchen vehement durch das Aquarium, bis sie an einem Pflanzenblatt oder der Aquarienscheibe mehrere große Eier ablegen, ohne sich weiter um sie zu kümmern. Die Eier kann man vorsichtig mit einer Rasierklinge abkratzen und in eingehängten Ablaichkästen zum Schlupf bringen. Sobald die Brut ihren Dottersack aufgezehrt hat, füttert man sie mit Futtertablettenstückchen an. Schwielen-

Obwohl einer der schönsten *Ancistrus*-Arten, führt der Schlafanzugwels ein Schattendasein in der Aquaristik.

welse bauen Schaumnester im Schwimmpflanzendickicht, das von den Männchen bewacht wird, bis die Jungen schlüpfen.
Arten: Es gibt weit über 100 Arten Panzerwelse aus den Gattungen *Corydoras*, *Brochis* und *Aspidoras*, von denen bereits viele eingeführt wurden. Einige Arten haben sich fest in den Aquarien etabliert (siehe Tabelle Seite 107).

Harnischwelse (Familie *Loricariidae*)
Lebensraum: Die Hexenwelsähnlichen mit stark gefiedertem Saugmaul (z. B. *Pseudohemiodon*) und *Glyptoperichthys* besiedeln Weichböden unterschiedlicher Fließgewässer. Die meisten anderen Harnischwelse besiedeln die verschiedensten Hartsubstrate in schnell fließenden Gewässerabschnitten. Manche der langgestreckten Hexenwelsähnlichen und Ohrgitterharnischwelse leben oft versteckt zwischen langgestreckten Pflanzenblättern, die in der Strömung wiegen.
Becken: Becken mit großer bis sehr großer Bodenfläche – je nach Endgröße der Art.
Einrichtung: Für fast alle Arten ist eine mit Wurzelholz strukturierte Einrichtung sinnvoll, weil es gleichzeitig als Versteck und Ballaststoffquelle dient. *Chaetostoma* und *Hypancistrus* bevorzugen dagegen Steine, *Pseudohemiodon* braucht großflächig Sand, um sich darin einzugraben. Enge getöpferte Höhlen werden von vielen Brut pflegenden Arten als Ablaichplatz bevorzugt.
Wassertyp: Im Allgemeinen wenig anspruchsvoll an den Wassertyp.
Fütterung: Für viele, aber nicht alle Arten sind Ballaststoffe unbedingt nötig, damit es nicht zu Verdauungsproblemen kommt. Deshalb ist Wurzelholz für viele Arten wichtig, weil sie permanent daran nagen. Zusätzlich füttert man viel Grünfutter, nebenbei auch eine Vielfalt anderer Futtersorten. *Pseudohemiodon* und *Hypancistrus* brauchen keine Grünkost.
Vergesellschaftung: Mit fast allen Fischarten der mittleren und oberen Wasserschicht möglich. Die etwas zurückhaltenden Nadelwelse sollten nur mit kleinen Salmlern oder ähnlichen Schwarmfischen zusammen gepflegt werden. Die Vergesellschaftung der robusteren Arten mit Buntbarschen ist ebenfalls möglich.
Geschlechtsunterschiede: Männ-

△ 1

△ 2

△ 3

△ 4

△ 5

△ 6

Panzerwelse und Fiederbartwelse gehöre zu den beliebtesten Boden bewohnenden Fischen in der Aquaristik.

1 Metallpanzerwels (*Corydoras aeneus*)
2 Schabrackenpanzerwels (*Corydoras habrosus*)
3 Sterbas Panzerwels (*Corydoras sterba*
4 Schwanzstreifen-Schwielenwels (*Dianema urostriata*)
5 Leopardpanzerwels (*Corydoras trilinea*
6 Kuckuckswels (*Synodontis multipunctatus*)
7 Pandapanzerwels (*Corydoras panda*)
8 Rückenschwimmender Kongowels (*Synodontis nigriventris*)

▽ 7

▽ 8

TABELLE PANZER- UND FIEDERBARTWELSE

Deutscher Name Lateinischer Name	Größe (cm)	Becken L x B x H	Wasser-typ	Temperatur	Besatz	Foto Seite
Smaragdpanzerwels *Brochis splendens*	8 cm	100 x 50 x 50	2–5	23–27° C	6	---
Metallpanzerwels *Corydoras aeneus*	7 cm	60 x 30 x 30	2–6	25–28° C	3 M / 2 W	106
Schabrackenpanzerwels *Corydoras habrosus*	3 cm	60 x 30 x 30	2–6	24–27° C	12	106
Sichelfleck-Zwergpanzerwels *Corydoras hastatus*	3,5 cm	60 x 30 x 30	2–6	25–28° C	12	---
Punktierter Panzerwels *Corydoras paleatus*	7 cm	80 x 35 x 40	2–6	18–23° C	3 M / 2 W	77
Pandapanzerwels *Corydoras panda*	5 cm	60 x 30 x 30	2–6	23–26° C	5	106
Sterbas Panzerwels *Corydoras sterbai*	6 cm	80 x 35 x 40	2–5	23–26° C	3 M / 2 W	106
Leopardpanzerwels *Corydoras trilineatus*	6 cm	60 x 30 x 30	2–5	25–28° C	3 M / 2 W	106
Schwanzstreifen-Schwielenwels *Dianema longibarbis/urostriata*	12 cm	100 x 50 x 50	2–5	25–28° C	5	106
Perlhuhnwels *Synodontis angelicus)*	24 cm	200 x 60 x 60	2–5	24–28° C	1	42
Kuckuckswels *Synodontis multipunctatus*	12 cm	160 x 60 x 60	5–6	25–27° C	5	106
Rückenschwimmender Kongowels *Synodontis nigriventris*	8 cm	100 x 40 x 40	2–5	24–28° C	5	106
Schoutedens Fiederbartwels *Synodontis schoutedeni*	15 cm	120 x 50 x 50	2–5	25–28° C	5	25

1 Engelswels

2 Schwalbenschwanzwels

3 Minihai

4 Bratpfannenwels

chen haben oft harte oder weiche Körperauswüchse in der Kopf- oder Schwanzstielregion.
Zucht: Bis auf die Ohrgitterharnischwelse betreiben bei allen Arten die Männchen Brutpflege. Die großen Eier werden auf Holz, Pflanzen oder in Höhlen abgelegt. *Pseudohemiodon*-Männchen sind Maulbrüter. Die großen Jungfische werden nach dem Ausschwärmen mit Futtertabletten und pflanzlicher Kost (Gurkenstückchen, überbrühte Spinatblätter) angefüttert.
Arten: Es gibt über 700 Arten, doch nur wenige haben sich dauerhaft in der Aquaristik etabliert. Dazu gehören die Algen fressenden Antennenwelse (*Ancistrus*), die auch für kleine Becken geeigneten *Otocinclus*-Arten, die Hexen- und Nadelwelse.

Fiederbartwelse (Familie *Mochocidae*)

Lebensraum: Fiederbartwelse leben in allen Gewässertypen Afrikas, wo sie sich sehr unterschiedlich ernähren.
Becken: Große Bodenfläche ist das wichtigste Kriterium.
Einrichtung: Strukturreich mit Wurzelholz und Steinen eingerichtete Becken.
Wassertyp: Außer für den Tanganjika-Fiederbartwels sind Wassertypen von 2–4 optimal für die meisten Arten.
Fütterung: Die meisten Arten lassen sich im Aquarium mit allen gängigen Futtersorten ausgezeichnet ernähren.
Vergesellschaftung: Nur die kleineren Arten sind für gängige Gesellschaftsbecken geeignet, die Arten aus dem Tanganjika- und Malawi-See lassen sich hervorragend mit robusteren maulbrütenden Cichliden aus den jeweiligen Seen vergesellschaften. Die großen Arten nur mit mittelgroßen bis großen Arten vergesellschaften. Untereinander können Fiederbartwelse recht ruppig sein, weswegen man in kleinen Becken nur Einzeltiere pflegen sollte.
Geschlechtsunterschiede: Kaum erkennbar.
Zucht: Außer beim Kuckuckswels wurden nur Zufallszuchten bekannt. Der Kuckuckswels schiebt seine Eier maulbrütenden Buntbarschweibchen zu, die die Eier dann auf Kosten der eigenen Brut ausbrüten.
Arten: Nur der Perlhuhnwels (*Synodontis angelicus*) und der Rückenschwimmende Kongowels (*S. nigriventris*) gehören zum regelmäßigen Angebot an Fiederbartwelsen aus dem Kongo. Die ansprechende Färbung der Perlhuhnwelse verliert ihren Kontrast im Alter. *S. schoutedeni* und *S. brichardi* bleiben kleiner und sind ebenfalls kontrastreich gemustert. *S. decorus* ist ein attraktiver Gruppenfisch für die Sandzone sehr großer Becken. Er besticht gerade im Alter durch lang ausgezogene Rückenflossenfilamente und kontrastreiche Färbung.

Sonstige Welse

Mehrere andere Welsarten sind aquaristisch bedeutsam, sie stammen jeweils aus verschiedenen Welsfamilien. Ihre Pflegebedingungen sind in den Tabellen zusammengefasst.

TABELLE WELSE

Deutscher Name Lateinischer Name	Größe (cm)	Becken L x B x H	Wasser- typ	Temperatur	Besatz	Foto Seite
Sternhimmel-Dornwels *Agamyxis pectinifrons*	16 cm	80 x 35 x 40	2–5	25–29° C	1	---
Minihai *Arius cf. seemanni*	> 35 cm	320 x 70 x 70	6–7	22–25° C	6	108
Großmaulwels *Chaca bankanensis*	ca. 20 cm	60 x 30 x 30	2–5	23–26° C	1	---
Bratpfannenwels *Dysichthys coracoides*	12 cm	60 x 30 x 30	2–5	25–28° C	2	108
Schwalbenschwanzwels *Eutropiellus spec.*	8 cm	100 x 40 x 40	2–5	24–28° C	12	108
Butterfly-Wels *Hara jerdoni*	3,5 cm	60 x 30 x 30	2–5	22–25° C	6	---
Indischer Glaswels *Kryptopterus minor*	8 cm	100 x 40 x 40	2–5	24–28° C	12	76
Harlekinwels *Microglanis iheringi*	7 cm	60 x 30 x 30	2–5	24–28° C	5	---
Rotflossen-Panzerkopfwels *Phractocephalus hemioliopterus*	120 cm	450 x 150 x 80	2–5	23–27° C	1	---
Engelswels *Pimelodus pictus*	12 cm	160 x 60 x 60	2–5	25–28° C	8	8/9, 108
Gestreifter Dornwels *Platydoras costatus*	20 cm	100 x 40 x 40	2–5	25–29° C	1	---
Spatelwels *Sorubim lima*	ca. 60 cm	200 x 60 x 60	2–5	24–29° C	3	---
Haiwels *Pangasius micronemus*	> 60 cm	Ringbecken 6000 l	3–5	23–26° C	12	109

△ 1

△ 2

△ 3

△ 4

Harnischwelse bestechen vor allem durch ihr skurriles Aussehen und ihre oft bunte Färbung. Bei den meisten Arten ist die Zu noch nicht gelungen.

1 Nadelwels (*Farlowella spec.*)
2 Hexenwels (*Rhineloricaria spec.*)
3 Ohrgitterharnischwels (*Otocinclus cf. affinis*)
4 Störwels (*Sturisoma panamense*)
5 Blauer Antennenwels (*Ancistrus cf. dolichopterus*)
6 Rotflossen-Kaktuswels (*Pseudacanthicus spec.*)
7 Gebirgsharnischwels (*Chaetostoma spe*
8 Gestreifter Peckoltia (*Peckoltia cf. vitta*

△ 5

△ 6

▽ 7

▽ 8

TABELLE WELSE

Deutscher Name Lateinischer Name	Größe (cm)	Becken L x B x H	Wasser-typ	Temperatur	Besatz	Foto Seite
Elfenwels *Acanthicus adonis*	ca. 80 cm	320 x 70 x 60	2–5	24–29° C	2	---
Blauer Antennenwels *Ancistrus cf. dolichopterus*	12 cm	80 x 35 x 40	2–6	25–28° C	1 M / 1 W	59, 110
Gebirgsharnischwels *Chaetostoma spec.*	8 cm	60 x 30 x 30	2–5	20–24° C	1 M / 1 W	110
Segelflossenschilderwels *Glyptoperichthys spec.*	ca. 30 cm	180 x 60 x 60	2–6	25–30° C	3	---
Zebrawels *Hypancistrus zebra*	9 cm	60 x 30 x 30	2–5	27–30° C	1 M / 1 W	6
Royal-Plecostomus *Panaque nigrolineatus*	> 30 cm	250 x 80 x 70	2–5	25–29° C	1 M / 1 W	---
Gestreifter Peckoltia *Peckoltia cf. vittata*	8 cm	80 x 35 x 40	3–5	24–28° C	1 M / 1 W	110
Rotflossen-Kaktuswels *Pseudacanthicus spec.*	ca. 30 cm	250 x 80 x 70	2–5	25–28° C	1 M / 1 W	110
Nadelwels *Farlowella spec.*	ca. 20 cm	80 x 35 x 40	2–5	24–28° C	1 M / 1 W	110
Ohrgitterharnischwels *Otocinclus cf. affinis*	4 cm	60 x 30 x 30	2–6	22–26° C	6	110
Flunderharnischwels *Pseudohemiodon lamina*	ca. 15 cm	100 x 50 x 50	2–5	24–28° C	1 M / 1 W	42
Hexenwels *Rhineloricaria cf. lanceolata*	13 cm	60 x 30 x 30	2–5	24–28° C	1 M / 1 W	110
Störwels *Sturisoma spec.*	30 cm	120 x 50 x 50	2–5	25–29° C	1 M / 1 W	110

ARTEN

Regenbogenfische und Verwandte

Waren bis vor wenigen Jahren nur sehr wenige Regenbogenfische (Familie *Melanotaeniidae*) fester Bestandteil der Aquarien, hat sich dieses Bild sehr stark verändert. Viele besonders bunte Arten sind inzwischen zu Aquarienklassikern geworden. Dazu kommt, dass Regenbogenfische eher für Hartwasseraquarien geeignet sind als viele andere bunte Aquarienfische. Regenbogenfische, Blauaugen, Sulawesi- und Madagaskar-Ährenfische gehören allesamt in die Verwandtschaft der Ährenfische, einer hauptsächlich meeresbewohnenden Fischgruppe.

Regenbogenfische und Blauaugen, Sulawesi- und Madagaskar-Ährenfische

Lebensraum: Alle Arten sind ausgesprochene Gruppenfische, die vor allem die Freiwasserzone in überwiegend klaren Bächen, Seen oder Brackwasserlagunen bewohnen, wo sie nach Insekten, Insektenlarven und kleinen Krebstieren suchen. Regenbogenfische stammen aus Neuguinea und Australien, die beiden anderen Arten kommen ausschließlich auf den Inseln vor, denen sie ihre populäre Bezeichnung verdanken, Sulawesi und Madagaskar.

JUWEL UNTER DEN REGENBOGENFISCHEN

Der Filigran-Regenbogenfisch

Der Filigran-Regenbogenfisch (*Iriatherina werneri*) fällt stark aus dem Rahmen der übrigen Regenbogenfischverwandtschaft, weil er – wie sein deutscher Name veranschaulicht – ein äußerst zartes Fischchen ist und nicht so hochrückig und kompakt gebaut wie die anderen Regenbogenfische. Seine juwelenhaften Qualitäten sind in seinen fast schon übertrieben vergrößerten Flossen zu suchen. Diese spannen die Männchen bei der Balz oder beim Imponieren vor Konkurrenten bis zum Zerreißen auf und präsentieren sie in gockelhaftem Gehabe. Dann verwandeln sich die zarten, eher unscheinbaren Fischchen zu drahtigen Machos. In Gesellschaft allzu rauer Fischarten wird man diese Verhaltensweisen allerdings kaum zu Gesicht bekommen, weil sich die Tiere dann verschreckt zurückziehen und unter dem Stress leiden. Pflegt man dagegen eine artreine Gruppe von etwa 5 Männchen und 10 Weibchen in einem größeren, locker bepflanzten Aquarium (beispielsweise 80 x 35 x 40 cm) bei Temperaturen von 25 bis 27° C und Wassertyp 2 bis 5 und füttert sie mit kleinen lebenden oder tiefgefrorenen Kleinkrebsen, z. B. *Artemia*-Nauplien, entfalten die Fische ihre ganze Pracht. In einem solchen Becken werden auch einige Jungfische ganz ohne besonderes Zutun des Pflegers für den langfristigen Erhalt der Aquarienpopulation sorgen.

Becken: Die schwimmfreudigen Fische brauchen ein ihrer Körpergröße entsprechend großvolumiges Becken.

Einrichtung: Als pflanzenfreundliche Fische gedeihen alle Arten in gut bepflanzten Becken mit viel freiem Schwimmraum. Die Beleuchtung darf kräftig sein, wobei sich bei größeren Becken möglichst weit vorn am Aquarium angebrachte HQI- und Leuchtstofflampen besonders eignen, weil die Reflexfarben der Fische dadurch wesentlich besser sichtbar werden.

Wassertyp: Obwohl die Arten aus sehr unterschiedlichen Wasserverhältnissen stammen können, hat es sich auch für die aus Weichwassergebieten kommenden Fische bewährt, etwas härteres Wasser mindestens vom Typ 3, besser 4 zu verwenden. Die Temperaturansprüche sind unterschiedlich (siehe Tabelle Seite 115). Ährenfischverwandte reagieren prompt auf vergessene Wasserwechsel mit erhöhter Anfälligkeit für Krankheiten und nachlassender Farbenpracht.

Fütterung: Die Schwarmfische sind nicht wählerisch in der Futterwahl, so dass sie eigentlich jede von der Größe geeignete Futtersorte annehmen. Um ihre Vitalität und Farbenpracht zu erhalten, ist jedoch Abwechslung sehr wichtig; besonders geeignet sind Daphnien oder Cyclops.

Vergesellschaftung: Die meisten Arten sind der ideale Besatz für die mittlere Wasserzone in Hart-

wasseraquarien. In großen Becken kann man Regenbogenfische zum Beispiel durchaus mit eher Boden gebundenen Malawi- und Tanganjika-Buntbarschen vergesellschaften. Alle Arten sollten im Schwarm von mindestens 6, besser 8 Tieren gehalten werden.
Geschlechtsunterschiede: Männchen sind wesentlich bunter.
Zucht: Alle Arten sind Dauerlaicher ohne Brutpflege. Sie laichen täglich vor allem in den Morgenstunden nach einer heftigen Balz, bei der die Männchen in ihren schönsten Farben leuchten, einige Eier zwischen feinfiedrigen Wasserpflanzen ab. Die Entwicklung der recht großen Eier dauert länger als bei anderen Eierlegern ohne Brutpflege, die Brut schlüpft fast ohne Dottervorrat. In gut bepflanzten Aquarien werden immer einige Jungfische aufkommen.
Arten: Innerhalb der größten Regenbogenfisch-Gattung *Melanotaenia* gibt es nur wenig sehr kleine Arten, wie die Zwergform *M. cf. maccullochi*. Mittelgroße Arten wie den fantastisch gefärbten Neon-Regenbogenfisch und die Normalform von *M. maccullochi* sind am Besten für durchschnittlich große Gesellschaftsbecken geeignet. Die 12 bis 15 cm großen Arten, wie *M. trifasciata* und *M. boesemani*, kommen nur in sehr großen Becken voll zur Entfaltung. Die *Chilatherina*- und *Glossolepis*-Arten sind in Größe und Platzansprüchen mit den großen *Melanotaenia*-Arten vergleichbar. Die Blauaugen aus den Gattungen *Pseudomugil* und *Popondichthys* bleiben alle wesentlich kleiner als der Durchschnitt der Regenbogenfische. Sie ähneln weniger den Regenbogenfischen als den afrikanischen Leuchtaugenfischen. Einige Arten, wie das Gabelschwanz-Blauauge, leben in steinigen kleinen Bächen in der Strömung, während das Gepunktete Blauauge weniger turbulentes Wasser, dafür aber feinfiedrige Pflanzen braucht. Der Sulawesi-Ährenfisch *Marosatherina ladigesi* stammt aus Bächen in einem sehr kleinen Areal in den kalkreichen Karstgebieten des südwestlichen Sulawesi. Für seine Pflege ist mindestens mittelhartes, alkalisches Wasser (Wassertyp 5) unbedingte Voraussetzung. Der Madagaskar-Ährenfisch ist eine groß werdende Art, die ihre schöne Färbung nur in ausgewachsenem Zustand bei optimaler Beleuchtung zeigt.

Der Filigran-Regenbogenfisch (*Iriatherina werneri*) unterscheidet sich in seiner Zartheit von allen anderen Regenbogenfischen.

△ 1

△ 2

△ 3

Die meisten Regenbogenfische und Blau-augen sind attraktive Schönheiten für Aq rien mit härterem Wasser.

1 **Diamant-Zwergregenbogenfisch (*Melanotaenia praecox*)**
2 **Prachtregenbogenfisch (*M. trifasciata*)**
3 **Boesemans Regenbogenfisch (*M. boesemani*)**
4 **Gabelschwanz-Blauauge (*Pseudomugil furcatus*)**
5 **Gepunktetes Blauauge (*P. gertrudae*)**
6 **Zwergregenbogenfisch (*Melanotaenia cf. maccullochi*)**
7 **Blehers Regenbogenfisch (*Chilatherina bleheri*)**
8 **Lachsroter Regenbogenfisch (*Glossolepis incisus*)**

▽ 4

▽ 5

▽ 6

▽ 7

▽ 8

TABELLE REGENBOGENFISCHE UND VERWANDTE

Deutscher Name Lateinischer Name	Größe (cm)	Becken L x B x H	Wassertyp	Temperatur	Besatz	Foto Seite
Sulawesi-Ährenfisch *Marosatherina ladigesi*	7 cm	100 x 40 x 40	4–6	25–28° C	3 M / 6 W	37
Gabelschwanz-Blauauge *Pseudomugil furcatus*	7 cm	60 x 30 x 30	3–5	24–27° C	2 M / 5 W	114
Gepunktetes Blauauge *Pseudomugil gertrudae*	4 cm	60 x 30 x 30	2–5	25–28° C	3 M / 5 W	114
Madagaskar-Ährenfisch *Bedotia geayi*	15 cm	150 x 50 x 50	4–6	21–24° C	8	---
Blehers Regenbogenfisch *Chilatherina bleheri*	11 cm	120 x 50 x 50	4–6	23–27° C	8	114
Lachsroter Regenbogenfisch *Glossolepis incisus*	15 cm	120 x 50 x 50	4–6	22–25° C	8	114
Boesemans Regenbogenfisch *Melanotaenia boesemani*	14 cm	100 x 50 x 50	4–6	23–27° C	3 M / 6 W	29, 114
Zwergregenbogenfisch *Melanotaenia cf. maccullochi*	3 cm	60 x 30 x 30	3–5	24–27° C	3 M / 6 W	114
Kutubu-Regenbogenfisch *Melanotaenia lacustris*	12 cm	120 x 50 x 50	4–5	22–25° C	3 M / 6 W	---
Großer Zwergregenbogenfisch *Melanotaenia maccullochi*	7 cm	80 x 35 x 40	4–6	22–30° C	3 M / 6 W	---
Diamant-Zwergregen-bogenfisch *Melanotaenia praecox*	6 cm	80 x 35 x 40	2–5	23–28° C	3 M / 6 W	114
Prachtregenbogenfisch *Melanotaenia trifasciata*	ca. 12 cm	160 x 50 x 50	4–6	24–28° C	3 M / 6 W	114
Juwelenregenbogenfisch *Rhadinocentrus ornatus*	7 cm	80 x 35 x 40	3–5	18–28° C	2 M / 5 W	---

ARTEN

Killifische

Als Killifische bezeichnet man kleine, meist sehr bunte Fische der Prachtkärpflinge und Hechtlinge (Familie *Aplocheilidae*), Bachlingsverwandten (Familie *Rivulidae*) und Leuchtaugenfische (Familie *Aplocheilichthyidae*). Obwohl sie zu den buntesten Süßwasserfischen überhaupt gehören, beschäftigen sich fast nur Spezialisten mit dieser Fischgruppe, weil sie angeblich schwierig zu pflegen und sehr kurzlebig sind. Doch auch unter den buntesten und besonders attraktiven Arten gibt es genügend, die für Einsteiger in die Aquaristik geeignet sind.

Killifische

Lebensraum: Die meisten Killis sind ruhige Bewohner der Uferzone kleiner und kleinster Bäche und Tümpel des Regenwalds oder der Savannengebiete, wo sie einzeln oder in kleinen Gruppen zu finden sind. Andere Arten leben in Regenwald- und Savannensümpfen, die nur einige Monate im Jahr Wasser führen. In der restlichen Zeit überdauern die Eier, die von den Elterntieren vorsorglich in den Bodengrund gelegt wurden. Die Elterntiere sterben dann mit Austrocknen des Kleingewässers. Killis kommen außer in Australien in fast allen tropischen und subtropischen Gegenden vor.

Becken: Weil viele Killis auch in der Natur in sehr kleinen Gewässern leben, kann man viele Arten auch in sehr kleinen 20-l-Becken ab etwa 40 cm Länge paarweise halten. Da solche kleinen Wassermengen sich in Bezug auf den pH-Wert und die organische Belastung sehr instabil verhalten können, empfehle ich als Mindestgröße 54-l-Becken ab 60 cm Länge. Weil alle Arten extrem gute Springer sind, muss das Becken nahtlos abgedeckt sein.

Einrichtung: Dunkel gehaltene Becken sind für die meisten Arten am Besten. Diesen Ansprüchen kommen Sie am nächsten, indem Sie dunklen Bodengrund (z. B. eine dünne Sandschicht mit einer Auflage aus ausgekochtem, düngerfreiem Torfmull), einige kleine Wurzeln, die mit *Anubias* bepflanzt wurden, sowie eine Schwimmpflanzendecke als Einrichtung verwenden.

Wassertyp: 2–3 ist für die meisten Arten zur Pflege optimal. Extrem saures und weiches Wasser kommt zwar im Lebensraum vieler Arten vor, für die dauerhafte Pflege sind solche Wasserwerte allerdings nicht geeignet, weil die Fische anfälliger für Krankheiten sind. Fast wichtiger als der richtige Wassertyp ist die Einhaltung der artspezifischen Temperaturbedürfnisse (siehe Tabelle Seite 119).

Fütterung: In der Natur ernähren sich die meis-

JUWEL UNTER DEN KILLIFISCHEN

Der Ringelhechtling

Der Ringelhechtling (*Pseudepiplatys annulatus*) ist bestens geeignet, das gängige Klischee der wunderschönen, aber schwer und nur für sich allein zu pflegenden Killifische zu widerlegen. Mit seiner kontrastreichen Färbung, seiner geringen Größe von maximal 4,5 cm und seiner friedlichen Art ist er ein idealer Bewohner der Oberfläche kleiner Gesellschaftsaquarien ab 50 cm Beckenlänge (Wassertyp 2 bis 4, Temperatur 25 bis 27° C). Zur Vergesellschaftung eignen sich alle kleinen Fischarten der mittleren und unteren Beckenregion, die in ihren Wasseransprüchen mit dem Ringelhechtling übereinstimmen. Zur Fütterung reicht es aus, gelegentlich zusätzlich zu feinem Trockenfutter verschiedenes kleines Lebendfutter zu reichen. Pflegt man ein Männchen und mehrere Weibchen in einem mit Schwimmpflanzen und feinfiedrigen Pflanzen dicht besetzten Becken, kann man bei zusätzlicher Fütterung mit *Artemia*-Nauplien einige der immer wieder auftauchenden Jungfische aufziehen. Zwar benötigen die Jungfische in den ersten Tagen feineres Futter, doch davon finden sie genug in einem pflanzenreichen und eingefahrenen Aquarium. Die Art lebt in pflanzenreichen Bächen und Sümpfen Westafrikas direkt unter der Wasseroberfläche.

ten Arten von auf die Wasseroberfläche gefallenen Insekten und im Wasser lebenden Insektenlarven. Die Arten, die sich in der Natur in nur wenigen Monaten vom Ei bis zum erwachsenen Fisch entwickeln, brauchen in der Wachstumsphase besonders gehaltvolles Lebendfutter. Im Aquarium stellt daher eine Mischung aus Insektenfutter und Lebendfutter das Optimum für die meisten Killis dar. Fast alle lassen sich aber auch zeitweise gut mit Frostfutter und Trockenfutter ernähren. Eine Abwechslung mit lebenden Futtertieren aus eigener Zucht (*Artemia*-Nauplien und Würmer, siehe Seite 64, 73) ist aber auch für diese Arten unbedingt anzuraten.

Vergesellschaftung: Im Gegensatz zu gängigen Vorurteilen sind die meisten Prachtkärpflinge gut mit kleinen Bodenfischen, Schwarmfischen der Freiwasserzone und Oberflächenfischen zu vergesellschaften. Manche Oberflächenfische, wie Querband- und Sechsstreifenhechtlinge, sind sogar ideale Gesellschaftsfische auch für Zwergbuntbarsche, weil sie sich wirklich direkt unter der Wasseroberfläche aufhalten und den Zwergbuntbarschen nicht ins Gehege kommen.

Geschlechtsunterschiede: Die Männchen sind immer bunter.

Zucht: Bei Killifischen gibt es so genannte Boden- und Haftlaicher, die meisten Arten betreiben keine Brutpflege. Die Bodenlaicher (wie *Aphyosemion sjoestedti* sowie *A. gardneri*, *Nothobranchius*-, *Simpsonichthys*- und *Aphyolebias*-Arten) stammen aus saisonal trocken fallenden Gewässern und legen ihre Eier in weichem Bodengrund ab. Auch im Haltungsbecken kann man diese Arten züchten, wenn man dort Ablaichgefäße mit weichem Bodengrund verwendet. Zu genaueren Informationen über Lagerung, Zeitigungsdauer und Aufzucht der vielen Arten siehe Spezialliteratur, Seite 155.

Die Haftlaicher (*Epiplatys, Diapteron, Aphyosemion striatum, A. australe, Rivulus agilae*) legen auch im Haltungsbecken ihre Eier an Pflanzen oder dünnen Wurzeln ab. Diese Eier sammelt man mit den Fingern ab und bringt sie zum Schlupf in kleine belüftete Becken. Haftlaicher vermehren sich bei spärlichem Besatz, dichter Bepflanzung sowie zusätzlicher Fütterung mit Jungfischfutter

Der Ringelhechtling (*Pseudepiplatys annulatus*) lässt sich gut mit anderen Zwergfischen der unteren Bodenregion vergesellschaften.

1 Streifenhechtling

2 Gardners Prachtkärpfling

3 Kap Lopez

4 Geflammter Fächerfisch

auch ohne besonderes Zutun im Haltungsbecken.
Arten: Ideal für Anfänger sind die Aquarienstämme der in der Tabelle genannten *Aphyosemion-*, *Epiplatys-* und *Aplocheilus*-Arten geeignet, die auch regelmäßig im Zoofachhandel angeboten werden. Deutlich anspruchsvoller sind die meisten südamerikanischen Arten der Gattungen *Simpsonichthys* und *Aphyolebias* sowie *Diapteron*.
Besonderes: Wer sich näher mit den wunderschönen Killifischen beschäftigen möchte, kontaktiert am Besten die auf Killis spezialisierten Vereine (Adressen im Internet, Stichwort »Killifische«, oder in allen gängigen Aquarienzeitschriften, siehe Seite 155).

Leuchtaugenfische

Lebensraum: Im Gegensatz zu den »normalen« Killifischen leben fast alle Leuchtaugen schwarmweise in der Strömung klarer Bäche und selten auch in größeren Flüssen und Seen. Sie sind sehr wendige Schwimmer, die immerzu in Bewegung sind, um kleine Insekten, Insektenlarven und Kleinkrebse zu erbeuten.
Becken: Langgestreckte Becken.
Einrichtung: Um die zarten Reflexfarben optimal zur Geltung zu bringen, ist ein dunkler Bodengrund und eine lockere Hintergrundbepflanzung, die viel freien Schwimmraum in der Strömung lässt, geeignet. Eine gute Filterung, die für kristallklares, unbelastetes Wasser sorgt, ist unverzichtbar.
Wassertyp: 2–3 ist für alle Arten optimal, das Wasser sollte aber nicht oder nur schwach über Torf gefiltert werden.
Fütterung: Leuchtaugen nehmen nach Gewöhnung alle kleinen Lebend-, Frost- und Trockenfuttersorten. Bevorzugt werden Kleinkrebse und Schwarze Mückenlarven.
Vergesellschaftung: Ideale Gesellschaftsfische für Bodenfische und Zwergbuntbarsche mit gleichen Wasseransprüchen.
Geschlechtsunterschiede: Männchen sind bunter und größer.
Zucht: Alle Leuchtaugenfische sind Haftlaicher, die ihre Eier an Pflanzen oder Ästchen (*Poropanchax*-Arten) oder in Holz- und Gesteinsrillen (*Procatopus*, manchmal auch *Poropanchax*) nach einer heftigen Balz blitzschnell ablegen. In eingefahrenen Becken finden einige in den ersten Tagen auch ohne zusätzliches Feinfutter genug Nahrung.
Arten: Die klein bleibenden *Poropanchax*-Arten aus West- und Zentralafrika sind gut geeignete Schwarmfische für Kleinaquarien, wo sie besonders reizvoll bei schwacher Beleuchtung sind, weil man auf den ersten Blick nur eine Schar wandernder Augen wahrnimmt.
Besonderes: Ihrem Namen »Leuchtaugen« machen diese Fische alle Ehre, weil ihre Iris ganz oder teilweise stark reflektierend ist (ohne allerdings selbst zu leuchten). Leider haben die Leuchtaugenfische bisher keine weite Verbreitung gefunden, weil sie sich leicht mit der *Oodinium*-Krankheit anstecken, wenn sie suboptimal gepflegt werden.

TABELLE KILLIFISCHE

Deutscher Name Lateinischer Name	Größe (cm)	Becken L x B x H	Wasser-typ	Temperatur	Besatz	Foto Seite
Kap Lopez *Aphyosemion australe*	6 cm	60 x 30 x 30	2–4	21–24° C	3 M / 6 W	118
Gardners Prachtkärpfling *Aphyosemion gardneri*	7 cm	60 x 30 x 30	2–4	23–27° C	2 M / 4 W	118
Sjoestedts Prachtkärpfling *Aphyosemion sjoestedti*	14 cm	60 x 30 x 30	2–4	23–27° C	1 M / 3 W	119
Gestreifter Prachtkärpfling *Aphyosemion striatum*	5 cm	60 x 30 x 30	2–5	21–23° C	2 M / 4 W	---
Streifenhechtling *Aplocheilus lineatus*	12 cm	80 x 35 x 40	2–6	24–29° C	2 M / 4 W	118
Querbandhechtling *Epiplatys dageti*	6 cm	60 x 30 x 30	2–5	23–26° C	2 M / 4 W	---
Sechsstreifenhechtling *Epiplatys sexfasciatus*	10 cm	80 x 35 x 40	2–4	23–25° C	2 M / 3 W	25
Günthers Prachtgrund-kärpfling *Nothobranchius guentheri*	6 cm	60 x 30 x 30	3–4	23–25° C	3 M / 5 W	---
Roter Leuchtaugenfisch *Poropanchax luxophthalmus*	3,5 cm	60 x 30 x 30	2–5	25–28° C	12	---
Rotrücken-Leuchtaugenfisch *Procatopus nototaenia*	5 cm	100 x 40 x 40	2–5	22–25° C	12	79
Langflossen-Schleierkärpfling *Pterolebias longipinnis*	12 cm	60 x 30 x 30	2–4	27–30° C	1 M / 3 W	---
Agila-Bachling *Rivulus agilae*	5 cm	60 x 30 x 30	2–3	23–25° C	3 M / 5 W	---
Geflammter Fächerfisch *Simpsonichthys fulminantis*	4 cm	60 x 30 x 30	2–4	23–26° C	3 M / 5 W	118

ARTEN

Lebendgebärende Zahnkarpfen

Hinter der sachlich wirkenden Bezeichnung »Lebendgebärende Zahnkarpfen« verbergen sich die vermutlich am häufigsten gepflegten Aquarienfischarten überhaupt: Guppys und Platys. Im Gegensatz zu den meisten anderen Fischen gebären diese Arten lebende Junge, die sofort wie ein kleines Abbild ihrer Eltern aussehen.

Lebendgebärende Zahnkarpfen (Familie *Poeciliidae*) und Hochlandkärpflinge (Familie *Goodeidae*)

Lebensraum: Die meisten größeren Arten leben in mehr oder weniger stark fließenden, klaren bis milchig trüben Fließgewässern oder pflanzenreichen Seen Mittel- und Südamerikas. Sie ernähren sich von Algen, die auf Steinen und Totholz wachsen, sowie von kleinen Lebewesen, die sich zwischen den Algen aufhalten, und Kleintieren. Einige Mollys und vor allem Segelkärpflinge sind echte Brackwasserbewohner.
Becken: Als schwimmfreudige Gruppenfische bevorzugen die meisten Arten großvolumige Behälter.
Einrichtung: Locker bepflanzte Becken mit viel freiem Schwimmraum sind ideal. Lediglich die Zwergarten freuen sich über Pflanzendickichte aus Hornkraut oder Nixkraut.
Wassertyp: Mit einigen Ausnahmen fühlen sich alle Arten in mittelhartem bis hartem und leicht alkalischem Wasser wohl. Segelkärpflinge und einige Mollys benötigen zur langfristigen Pflege unbedingt einen Salzzusatz. Die Temperaturansprüche differieren von Art zu Art stark.
Fütterung: Pflanzenhaltiges Trockenfutter mit Spirulina-Anteil sowie Insektenlarven und Kleinkrebse bieten für alle Arten eine sehr gute Nahrungsgrundlage.
Vergesellschaftung: Die meisten Arten sind problemlos mit anderen lebhaften Schwarmfischen, Welsen und nicht zu großen Cichliden zu vergesellschaften.
Geschlechtsunterschiede: Die Männchen der Lebendgebärenden Zahnkarpfen (*Poeciliidae*) zeichnen sich durch eine zu einem Begattungsorgan umfunktionierte Afterflosse aus (Gonopodium). Die Afterflosse der Männchen der Hochlandkärpflinge ist kaum modifiziert und wird als Andropodium bezeichnet.
Zucht: Da die Jungen sofort nach der Geburt selbstständig Futter suchen und relativ groß sind, kommen auch in gut besetzten und pflanzenreichen Gesellschaftsaquarien immer einige Junge hoch. Wichtig ist, dass man bei Erscheinen der Jungfische zusätzlich kleines

JUWEL UNTER DEN LEBENDGEBÄRENDEN

Buckelkärpfling

Nur wenige Wildformen der Lebendgebärenden Zahnkarpfen werden auch von solchen Aquarianern immer wieder gepflegt, die nicht auf diese Fischgruppe spezialisiert sind, denn nicht alle Arten sind so bunt wie ein hochgezüchteter Guppy. Auch der Buckelkärpfling (*Limia nigrofasciata*) ist kein Farbwunder, gleicht dieses »Manko« aber durch seine gelben Pastellfarben und vor allem durch die skurrile Körperform der alten Männchen aus. Diese werden im Alter extrem hochrückig mit fächerförmiger Rückenflosse. Buckelkärpflinge fühlen sich in sonnendurchfluteten Hartwasserbecken (Wassertyp 5 bis 6) bei Temperaturen um 25° C wohl. Sie können gut mit anderen Hartwasserfischen, zum Beispiel kleineren mittelamerikanischen Buntbarschen, vergesellschaftet werden, wenn gleichzeitig eine Randbepflanzung vorhanden ist, in die sich die Kärpflinge zur Not zurückziehen können. Als Algenfresser benötigen die Buckelkärpflinge mindestens Trockenfutter auf pflanzlicher Basis. Sie schätzen aber besonders natürliche Algen, die in Starklichtbecken schnell heranwachsen und die sie abraspeln. Wie bei den meisten Lebendgebärenden Zahnkarpfen werden die Weibchen mit 7 cm deutlich größer als die nur 4,5 cm großen Männchen.

Futter reicht. Will man die Jungen eines Wurfs gezielt aufziehen, setzt man das trächtige Weibchen in einen großen (!) Ablaichkasten oder besser in ein eigenes Becken. Beide Behälter mit einigen feinfiedrigen Pflanzen versehen. Weil die Nachkommenschaft auch in Gesellschaftsbecken sehr zahlreich werden kann, ist es oft sinnvoll, die Anzahl der Jungen durch das Einsetzen kleinerer räuberischer Fische zu beschränken. Gut eignen sich dazu die Halbschnabelhechte der Gattung *Nomorhamphus*.

Arten: Nur wenige Arten spielen eine wichtige Rolle in der Aquaristik. Am bekanntesten ist der Guppy (*Poecilia reticulata*). Diese Art wurde schon früh zur Hochzucht verschiedenster Farbformen genutzt. Dem Guppy sehr ähnlich sind die zwergenhaft kleinen Arten der Gattung *Micropoecilia*, die in der Pflege und Zucht aber meist anspruchsvoller sind. Diese Juwelen sollten daher gesondert gehalten und gezüchtet werden. Die größeren *Poecilia*-Arten, zu denen der Segelkärpfling (*P. velifera*) und die Mollys (Formenkreis um *P. sphenops*) gehören, bereiten weniger Probleme, denn von ihnen existieren robuste Aquarienstämme und zahlreiche Zuchtformen. Besonders beliebt sind die Black Mollys, die aber besonders warm gehalten werden müssen und ähnlich wie die Segelkärpflinge einen Salzzusatz zum Aquarienwasser schätzen. Die groß werdenden Segelkärpflinge sind sogar echte Brackwasserfische. Sie benötigen besonders geräumige Aquarien. Ebenfalls in die weitere Verwandtschaft der Mollys gehört der Jamaika-Kärpfling, *P. melanogaster*. Arten aus der Gattung *Xiphophorus* mit verlängerter unterer Schwanzflossenspitze werden als Schwertträger bezeichnet, die anderen als Platys. Wie beim Guppy sind von diesen Arten meist nur Zuchtformen im Handel. Weniger Pflanzenfresser als Kleintierfresser, lassen sich Zwergkärpflinge der Gattungen *Neoheterandria* und *Heterandria* schon in kleinsten Becken pflegen. Die Leuchtaugenkärpflinge aus der Gattung *Priapella* sind besonders agile Fische der freien Wasserzone schnell fließender Bachabschnitte. Die beiden Hochlandkärpflinge *Xenotoca eiseni* und *Ameca splendens* sind strömungsliebende Algen- und Kleintierfresser, die erste Art neigt aber zum Flossenzupfen.

Wer Buckelkärpflinge (*Limia nigrofasciata*) einmal gesehen hat, wird die einmalige Mischung aus Lebendigkeit, Schönheit und Aussehen mögen.

△ 1

△ 2

△ 3

△ 4

△ 5

▽ 6

Lebendgebärende Zahnkarpfen sind in der Aquaristik hauptsächlich in Form der verschiedensten Zuchtformen verbreitet.

1 Segelkärpfling (*Poecilia velifera*)
2 Black Molly (*Poecilia cf. sphenops*)
3 Platy – Zuchtform (*Xiphophorus maculatus*)
4 Schwertträger – Wildform (*Xiphophorus helleri*)
5 Ritterkärpfling (*Xenotoca eiseni*)
6 Leuchtaugenkärpfling (*Priapella intermedia*)
7 Guppy – Zuchtform (*Poecilia reticulata*)
8 Papageienplaty – Zuchtform (*Xiphophorus variatus*)

▽ 7

▽ 8

TABELLE LEBENDGEBÄRENDE ZAHNKARPFEN

Deutscher Name Lateinischer Name	Größe (cm)	Becken L x B x H	Wasser-typ	Temperatur	Besatz	Foto Seite
Ameca-Hochland-kärpfling *Ameca splendens*	12 cm	100 x 40 x 40	4–6	26–32° C	2 M / 3 W	---
Ritterkärpfling *Xenotoca eiseni*	7 cm	60 x 30 x 30	4–6	18–26° C	2 M / 5 W	122
Zwergkärpfling *Heterandria formosa*	3,5 cm	60 x 30 x 30	4–6	18–28° C	3 M / 9 W	---
Pfauenaugenkärpfling *Micropoecilia picta*	4 cm	60 x 30 x 30	3–5	25–29° C	3 M / 9 W	---
Eleganter Zwergkärpfling *Neoheterandria elegans*	3,5 cm	60 x 30 x 30	3–6	22–26° C	3 M / 9 W	---
Jamaika-Kärpfling *Poecilia melanogaster*	6,5 cm	60 x 30 x 30	4–6	22–28° C	2 M / 5 W	---
Guppy *Poecilia reticulata*	ca. 6 cm	60 x 30 x 30	2–5	24–30° C	3 M / 5 W	122
Black Molly *Poecilia sphenops var.*	8–12 cm	80 x 35 x 40	5–6	26–29° C	2 M / 3 W	122
Segelkärpfling *Poecilia velifera*	15 cm	120 x 50 x 50	6–7	25–28° C	2 M / 6 W	122
Leuchtaugenkärpfling *Priapella intermedia*	7 cm	100 x 40 x 40	5–6	25–28° C	4 M / 6 W	122
Schwertträger *Xiphophorus helleri*	12 cm	100 x 40 x 40	4–6	22–28° C	2 M / 5 W	122
Platy *Xiphophorus maculatus var.*	6 cm	60 x 30 x 30	4–6	21–25° C	2 M / 5 W	122
Papageienplaty *Xiphophorus variatus var.*	6 cm	80 x 35 x 40	4–6	22–25° C	2 M / 5 W	122

ARTEN

Labyrinthfische und Verwandte

Die »Labyrinther« sind bei den Aquarianern nicht nur wegen ihrer prachtvollen Farben beliebt, sondern auch wegen ihres interessanten Fortpflanzungsverhaltens, das man in nicht allzu stark besetzten Gesellschaftsaquarien gut beobachten kann. Wie bei den Buntbarschen betreiben fast alle Arten Brutpflege, zeigen aber die Besonderheit, dass einige Arten für ihre Nachkommen ein Nest aus Schaum bauen. Auch die mit den Labyrinthfischen nahe verwandten Blaubarsche und Schlangenkopffische können prachtvoll gefärbt sein und intensiv Brutpflege betreiben.

Labyrinthfische (Gruppe *Anabantoidea*)

Lebensraum: Obwohl für sauerstoffarme Gewässer prädestiniert (siehe unten), kommen doch einige Kampffisch-Arten und Schokoladenguramis auch in Fließgewässern mit höherem Sauerstoffgehalt vor. Pflanzenreiche Stillwasserzonen in Flüssen, Seen und Sümpfen und Schwarzwasserseen mit hoher Wassertemperatur und niedrigem Sauerstoffgehalt stellen aber die wichtigsten Biotope für die meisten Arten dar. Bis auf die Buschfische stammen alle Arten aus Asien. Dort bewegen sie sich bedächtig im Pflanzengestrüpp oder über der Falllaubschicht und suchen nach Beutetieren wie Mückenlarven und Kleinkrebsen.

Becken: Wegen ihrer ruhigen Lebensweise und kleinen Reviere zur Fortpflanzungszeit begnügen sich Labyrinther mit relativ klein bemessenen Becken. Dennoch sollte man bei Vergesellschaftung mehrerer Artgenossen auf eine große Grundfläche achten. Da die meisten Arten aus Kleinstgewässern oder Sümpfen stammen, spielt der Wasserstand eine untergeordnete Rolle. Schokoladenguramis bleiben zwar auch klein, sind aber dauerhaft nur in einer Gruppe in relativ großen Becken zu pflegen.

Einrichtung: Die meisten Arten fühlen sich nur bei »Deckung von oben« wohl, ansonsten bleiben sie blass und schreckhaft. Diesem »Sicherheitsbedürfnis« kommt man am Besten nach, indem man das Becken strukturreich mit Wurzeln und Pflanzen einrichtet und teilweise durch eine Schwimmpflanzendecke abschattet. Kleine Höhlen, etwa aus Kokosnussschalen, dienen territorialen Männchen mancher kleiner Arten (kleine *Betta*-, *Malpulutta*-, *Parosphromenus*-, *Trichopsis*-Arten) als Revierzentrum. Im Gegensatz zu den meisten anderen Arten sollten Schokoladenguramis bei leichter Strömung gehalten werden.

Wichtiger Hinweis: Weil Labyrinthfische atmosphärische Luft atmen, sollte man in dicht verschlossenen Aquarien oder in Becken mit nur geringer

JUWEL UNTER DEN LABYRINTHFISCHEN

Der Scarlet-Badis

Der Scarlet-Badis (*Badis spec.* »Scarlet«) gehört wohl zu den farblich spektakulärsten Neueinführungen, über die auch von wissenschaftlicher Seite bis vor kurzem nichts bekannt war. Erst als sowohl Ichthyologen (Fischkundler) in Myanmar als auch Zierfischexporteure in Nordindien etwa gleichzeitig auf dieses winzige Farbwunder stießen, wurde es binnen kurzer Zeit bekannt. Der Fundort in Nordindien, aus dem die Art inzwischen kommerziell exportiert wird, ist ein kleiner Bach mit Wassertyp 2. Dort halten sich die nur bis etwa 3 cm großen Blaubärschlein vor allem im Dickicht der ins Wasser hängenden Landpflanzen auf. Im Aquarium konnten sie inzwischen nachgezüchtet werden: bei Wassertyp 3 und Temperaturen zwischen 24 und 27° C. Dabei legten die Zuchttiere ihre Eier unter einem Falllaubblatt ab. Wie alle Blaubarsche müssen auch die »Scarlets« mit feinem Lebendfutter und Frostfutter (Cyclops, Wasserflöhe, Artemia und Grindal) ernährt werden, denn Trockenfutter verschmähen sie konsequent. Man hält am Besten eine kleine Gruppe von mindestens 5 Tieren unter sich oder in Gesellschaft anderer Mini-Fische in pflanzenreichen Becken ab 50 cm.

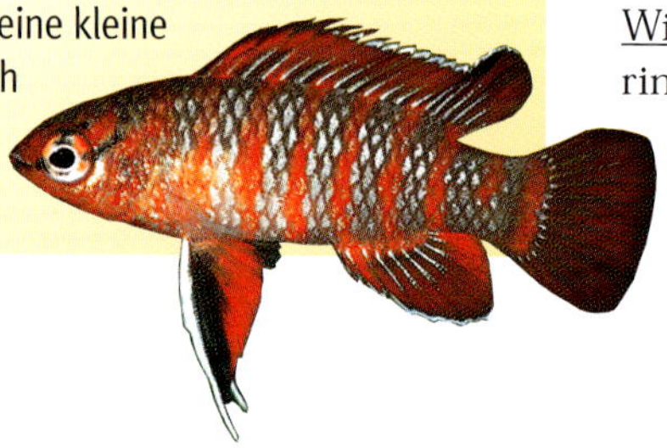

Badis spec. »Scarlet« ist eine spektakulär schöne Neueinführung aus dem Norden Indiens, die noch keinen gültigen wissenschaftlichen Namen hat.

Oberflächenbewegung auf eine CO_2-Düngung des Aquarienwassers verzichten. Da dieses Gas schwerer als Luft ist und sich unter den genannten Bedingungen als Gasfilm auf die Wasseroberfläche legen kann, verdrängt es die sauerstoffhaltige Luft von dort.

Wassertyp: Bis auf wenige Ausnahmen kommen fast alle Arten aus mineralarmen, sauren Gewässern. Bietet man diese Wasserwerte, liegt man meist richtig. Kampffische, Fadenfische, Buschfische und Knurrende Guramis sind aber gegenüber höheren Wasserwerten anspruchslos. Schokoladenguramis und Zwergprachtguramis sind dagegen »Schwarzwasserspezialisten« und lassen sich deshalb dauerhaft nur bei Wassertyp 1 pflegen und vermehren.

Fütterung: Die meisten Arten nehmen ihrer Größe entsprechendes Trockenfutter und Frostfutter. Lebendfutter sollte den Trockenfutterplan jedoch ergänzen und ist für einige Arten, wie Zwergprachtguramis der Gattung *Parosphromenus*, Voraussetzung für eine erfolgreiche Haltung. Große Buschfische und große Kampffischarten benötigen kräftiges Lebendfutter (zum Beispiel Insekten oder Regenwürmer).

Vergesellschaftung: Die meisten gängigen Arten lassen sich je nach Größe gut mit kleinen bis mittelgroßen Boden- und Schwarmfischen des freien Wassers vergesellschaften. Weil die meisten Labyrinther aber sehr ruhige Fische sind, dürfen die Gesellschaftsfische nicht allzu lebhaft sein. Große Buschfische lassen sich gut mit größeren Cichliden und Welsen vergesellschaften. Zwergprachtguramis und Schokoladenguramis sollten nicht vergesellschaftet werden, weil die scheuen Arten sonst kaum an Futter kommen.

Geschlechtsunterschiede: Bei den meisten Arten sind die Männchen bunter. Die Geschlechter Küssender Guramis und großer Buschfischarten sind kaum zu unterscheiden. Die Männchen der Schokoladenguramis weisen im Gegensatz zu den Weibchen einen hellen Afterflossensaum auf.

Zucht: Labyrinther können verschiedene Fortpflanzungsstrategien einschlagen. Große Buschfische (*Ctenopoma*) und Küssende Guramis sind Freilaicher, die ihre Eier wahllos verstreuen. Die Männchen der kleinen Buschfische (*Microctenopoma*), viele Kampf-

1 Zwergfadenfisch

2 Blauer Fadenfisch

3 Honiggurami

4 Schokoladengurami

fische (*Betta imbellis, B. splendens*), Makropoden (*Macropodus, Pseudosphromenus*), Knurrende Guramis (*Trichopsis*) und Fadenfische (*Trichogaster, Colisa*) bauen Schaumnester an der Wasseroberfläche. Schließlich gibt es auch Maulbrüter (*Betta cf. pugnax*), bei denen das Männchen für mehrere Wochen Brutpflege betreibt. Die Aufzucht einiger Jungfische der robusteren Arten ist möglich, indem man Schaumnest oder Eier vorsichtig in ein kleines Becken mit Wasser aus dem Haltungsbecken überführt und nach dem Freischwimmen vorsichtig mit flüssigem Jungfischfutter anfüttert. Nach einigen Tagen kann dann auf frisch geschlüpfte Artemien umgestiegen werden.

Arten: Am bekanntesten sind die Kampffische aus der Gattung *Betta*, besonders die langflossigen Zuchtformen des Kampffisches *Betta splendens*. Mehrere Männchen in zu kleinen Becken können sich bis zum Tod bekämpfen. Besser geeignet und mindestens genauso schön ist die Art *Betta imbellis*. Die Tiere bleiben etwas kleiner und sind meist weniger aggressiv untereinander. Die maulbrütenden Kampffische aus dem Formenkreis um *Betta pugnax* sind zwar nicht ganz so bunt, werden aber größer und lohnen ihre Pflege mit interessantem Verhalten. Fadenfische der Gattungen *Colisa* und *Trichogaster* gehören zu den Dauerbrennern in der Aquaristik, denn sie sind schön und immer zu sehen. Alle Arten sind gute Gesellschaftsfische und lassen sich als Paar gut halten. Als Makropoden werden schöne, aber dennoch meist anspruchslose Labyrinther verschiedener Gattungen bezeichnet. Die bekannteste Art ist *Macropodus opercularis*, auch Paradiesfisch genannt. Der Schwarze Makropode, *M. concolor*, unterscheidet sich kaum von der vorgenannten Art in Haltung und Pflege. Besser zur Vergesellschaftung auch mit kleineren Fischen geeignet, aber weniger bunt sind die ebenfalls robusten Arten der Gattung *Pseudosphromenus*. Fische für Spezialisten, die bereit sind, in einem eigenen Becken auf die Bedürfnisse der jeweiligen Arten einzugehen, sind Zwergprachtguramis der Gattung *Parosphromenus* und Schokoladenguramis der Gattung *Sphaerichthys*. Bei diesen Arten handelt es sich um echte Schwarzwasserarten, deren dauerhafte Pflege nur bei Wassertyp 1 gelingt. Küssende Guramis und die großen afrikanischen Buschfische sind groß werdende, aber bei Berücksichtigung ihrer Platzansprüche einfach zu pflegende Arten. Die kleinen Buschfische der Gattung *Microctenopoma* sind im Gegensatz zu ihren großen Gattungsgenossen Schaumnestbauer, leben etwas versteckt, ähneln aber ansonsten in Verhalten und Haltung den Makropoden, soweit man die Wasseransprüche berücksichtigt.

Besonderes: Der Name dieser Fischgruppe leitet sich vom Labyrinth her, einem Organ oberhalb der Kiemen, das aus stark durchbluteten Hautfalten besteht, über die Sauerstoff aus der Luft aufgenommen werden kann. Aufgrund

TABELLE LABYRINTHFISCHE UND VERWANDTE

Deutscher Name Lateinischer Name	Größe (cm)	Becken L x B x H	Wasser-typ	Temperatur	Besatz	Foto Seite
Maulbrütender Kampffisch *Betta cf. pugnax*	12 cm	80 x 35 x 40	2–5	23–27° C	1 M / 1 W	60
Friedlicher Kampffisch *Betta imbellis*	5 cm	60 x 30 x 30	2–5	26–28° C	1 M / 1 W	127
Siamesischer Kampffisch *Betta splendens*	6 cm	60 x 30 x 30	2–6	24–28° C	1 M / 1 W	48
Makropode oder Paradiesfisch *Macropodus opercularis*	10 cm	80 x 35 x 40	2–6	20–26° C	1 M / 1 W	128
Gefleckter Spitzschwanz-makropode *Malpulutta kretseri*	6 cm	60 x 30 x 30	2	23–27° C	1 M / 1 W	---
Bintan-Prachtgurami *Parosphromenus bintan*	4 cm	60 x 30 x 30	1	22–24° C	1 M / 1 W	---
Spitzschwanzmakropode *Pseudosphromenus cupanus*	6 cm	60 x 30 x 30	2–6	23–27° C	1 M / 1 W	---
Honiggurami *Colisa chuna*	5 cm	60 x 30 x 30	2–6	22–28° C	1 M / 1 W	126
Dicklippiger Fadenfisch *Colisa labiosa*	9 cm	80 x 35 x 40	2–6	22–28° C	1 M / 1 W	16
Zwergfadenfisch *Colisa lalia*	6 cm	60 x 30 x 30	2–6	24–28° C	1 M / 1 W	23, 126
Mosaikfadenfisch *Trichogaster leeri*	12 cm	100 x 40 x 40	2–4	25–29° C	1 M / 1 W	70, 71
Blauer Fadenfisch *Trichogaster trichopterus*	12 cm	100 x 40 x 40	2–6	22–27° C	1 M / 1 W	126
Schokoladengurami *Sphaerichthys osphromenoides*	5 cm	100 x 40 x 40	1	24–27° C	6	126

1 Makropode

2 Knurrender Zwerggurami

dieser anatomischen Besonderheit können die Labyrinther auch in extrem sauerstoffarmen Gewässern überleben, z. B. in warmen Sümpfen.

Blaubarsche (Familie *Badidae*)
Lebensraum: Die bisher bekannten Blaubarsche bewohnen pflanzenreiche Stillwasserzonen von Flüssen, Seen und Sümpfen Südasiens. Dort fressen sie kleinste Futtertiere, die sie einzeln mit ihrer typischen langsamen Schwimmweise regelrecht anpirschen.
Becken: Als territoriale, bodenorientierte Fische legen Blaubarsche mehr Wert auf Fläche als auf die Beckenhöhe.
Einrichtung: Dichte Bepflanzung mit vielen kleinen Höhlen, die nicht allzu geräumig sein sollten. Die Reviere der Männchen sind mit etwa 20 bis 30 cm Durchmesser sehr klein, so dass man mehrere Männchen auch in kleinen Becken zusammen halten kann.
Wassertyp: Alle Arten sind mit durchschnittlichen Wasserwerten zufrieden, zeigen sich aber empfindlich gegenüber einer Anreicherung organischer Stoffwechselprodukte.
Fütterung: Blaubarsche nehmen ausschließlich kleines Lebendfutter an, weswegen man zur erfolgreichen Pflege sichere Lebendfutterquellen benötigt (zu Futterzuchten, siehe Seite 64).
Vergesellschaftung: Wegen ihrer bedächtigen Art sollten Blaubarsche – wenn überhaupt – nur mit

TABELLE LABYRINTHFISCHE

Deutscher Name Lateinischer Name	Größe (cm)	Becken L x B x H	Wasser-typ	Temperatur	Besatz	Foto Seite
Knurrender Zwerggurami *Trichopsis pumila*	4 cm	60 x 30 x 30	2–6	23–27° C	1 M / 1 W	128
Küssender Gurami *Helostoma temminckii*	25 cm	250 x 60 x 60	3–6	23–27° C	7	129
Leopard-Buschfisch *Ctenopoma acutirostra*	15 cm	120 x 50 x 50	2–5	24–27° C	3	---
Orange-Buschfisch *Microctenopoma ansorgii*	7 cm	60 x 30 x 30	2–5	23–27° C	1 M / 1 W	129
Blaubarsch *Badis badis badis*	6 cm	60 x 30 x 30	2–6	25–26° C	2 M / 2 W	81, 129
Blehers Schlangenkopffisch *Channa bleheri*	ca. 15 cm	100 x 50 x 50	3–6	23–25° C	1 M / 1 W	129

ruhigen kleinen Fischen vergesellschaftet werden, die ihnen nicht das Futter vor der Nase wegfressen.
Geschlechtsunterschiede: Männchen sind bunter und haben größere Flossen.
Zucht: Männchen in Laichstimmung besetzen kleine Territorien, in denen sie mit den Weibchen ablaichen. Sie betreuen die Eier und Larven bis zum Freischwimmen. Die Jungen, denen die Alttiere normalerweise kaum nachstellen, sollten dann zusätzlich mit *Artemia*-Nauplien gefüttert werden.
Arten: Die Artzuordnung der verschiedenen Blaubarsche ist manchmal schwierig. Die blauen Formen werden meist als *Badis badis* bezeichnet, die kurzflossige rote Form als *Badis burmanicus*.

Schlangenkopffische (Familie *Channidae*)

Lebensraum: Die meisten Arten leben in Sümpfen und Stillwasserbereichen Afrikas (*Parachanna*) und Asiens (*Channa*), wo sie sich räuberisch von verschiedensten Tieren ernähren. Einige der besonders schönen und klein bleibenden Arten stammen aber aus klaren Bächen.
Becken: Als sehr ruhige Fische benötigen Schlangenköpfe relativ wenig Platz. Bei der Vergesellschaftung mehrerer Tiere ist auf eine große Grundfläche zu achten, die Beckenhöhe ist nebensächlich.
Einrichtung: Außer einem Unterschlupf für jedes Tier und einer düsteren Atmosphäre, zum Beispiel durch Abschattung mit Schwimmpflanzen, ist keine besondere Einrichtung wichtig. Die kleinen bunten Arten *Channa gachua*, *Channa bleheri* und *Channa orientalis* schätzen eine leichte Strömung.
Wassertyp: Außer in Brackwasser kann man Schlangenköpfe in fast jedem Leitungswasser gut halten.
Fütterung: Schlangenköpfe brauchen kräftiges Lebend- oder Gefrierfutter (Regenwürmer, Insekten, Fische). Bei ausgewachsenen Fischen braucht nur alle 2 bis 3 Tage gefüttert zu werden.
Vergesellschaftung: Nur mit fast gleich großen Arten in großen Becken. Alle zu kleinen Fische werden als Beute betrachtet.
Geschlechtsunterschiede: Weibchen manchmal fülliger.
Zucht: Die Männchen der aquaristisch wichtigen Arten *Channa gachua*, *C. bleheri* und *C. orientalis* sind Maulbrüter. Die freischwimmenden Jungen werden von beiden Elternteilen gepflegt und manchmal vom Weibchen mit unbefruchteten Eiern gefüttert. Während der Brutpflege sind diese Arten sehr aggressiv.
Arten: Die kleinen bunten Arten *Channa gachua*, *C. bleheri* und *C. orientalis* bleiben deutlich unter 20 cm und sind deshalb sehr zu empfehlen. Die großen Arten, deren schwarz und rot längs gestreifte Jungfische manchmal angeboten werden (*Channa micropeltes*), werden etwa 1 m lang und sind nur für extrem große Aquarien zu empfehlen. Wie die Labyrinthfische sind die Schlangenkopffische mit einem Atmungsorgan ausgestattet, das ihnen erlaubt, atmosphärische Luft zu atmen.

3 Blaubarsch

4 Orange-Buschfisch

5 Blehers Schlangenkopffisch

6 Küssender Gurami

ARTEN

Cichliden (Buntbarsche)

Mehr als 2000 Cichliden- oder Buntbarscharten bevölkern die verschiedensten Gewässer in Afrika, Süd- und Mittelamerika sowie Indien und Sri Lanka. Um Sie dennoch einigermaßen über Artenvielfalt und auch die Vielfalt der unterschiedlichen Pflegebedingungen für die jeweiligen Arten zu informieren, stelle ich in diesem Buch Buntbarscharten aus repräsentativen Gruppen vor, die fast alle »Dauerbrenner« in der Aquaristik sind und immer wieder zu erhalten sind. Auf diese Art erfahren Sie das Wichtigste über die Vielfalt, Ökologie und Pflegebedingungen der verschiedenen Artengruppen. Wer sich allerdings intensiver mit den vielen Cichlidenarten auseinandersetzen möchte, kommt um Spezialliteratur nicht herum.

Cichliden

Lebensraum: Buntbarsche leben in fast allen tropischen Gewässern und haben sich den jeweiligen ökologischen Bedingungen mit einer enormen Anpassungsfähigkeit unterworfen, die keiner anderen Fischgruppe zu eigen ist. So gibt es neben den »normalen«Cichliden, die herkömmliche ökologische Nischen besetzen (siehe Seite 136), blinde Stromschnellenbewohner, verzwergte Salzquellenbewohner und rabiate Parasiten, die anderen Fischen die Schuppen oder Flossen vom Leib fressen.

Becken: Bis auf wenige extrem hochrückige Arten, wie Diskus und Skalare, ist für die meisten Buntbarsche eine möglichst große Bodenfläche entscheidend.

Einrichtung: Da fast alle Buntbarsche zumindest zeitweise territorial sind, erleichtert eine strukturreiche Einrichtung das Abstecken von Revieren.

Wassertyp: Unterschiedliche Bedürfnisse je nach Gruppe.

Fütterung: Die meisten Buntbarscharten stellen an das Futter kaum Ansprüche, es gibt allerdings Ausnahmen. Garnelenmix (siehe Seite 64) oder speziell für Cichliden hergestelltes Trockenfutter (Granulat oder Pellets) eignet sich hervorragend als Basisfutter für die allermeisten Arten.

Vergesellschaftung: Wenn man Bewohner und Aquariengröße auf das jeweilige Temperament der Cichliden abstimmt, ist eine Vergesellschaftung gut möglich. Dabei ist zu berücksichtigen, dass fast alle Cichliden während der Fortpflanzungszeit Brutrevier und Jungfische besonders aggressiv verteidigen. Um auch brutpflegende Cichliden mit anderen Fischen vergesellschaften zu können, muss das Brutrevier kleiner als das Becken sein, und die anderen Fische sollten durch eine

JUWEL UNTER DEN CICHLIDEN

Der Transvestitenbuntbarsch

Der Transvestitenbuntbarsch (*Nanochromis transvestitus*) ist einer der kleinsten Zwergbuntbarsche Afrikas und wird – zumindest unter natürlichen Bedingungen – schon mit 4 bis 5 cm Länge geschlechtsreif. Die Art stammt aus dem »Schwarzen Herz Afrikas«, dem in Zentralkongo gelegenen MajNdombe-See. Dies ist ein flacher Schwarzwassersee von über 100 Kilometer Länge. Berücksichtigt man die sehr gehobenen Wasseransprüche (Wassertyp 1, Temperatur von 25 bis 27° C), handelt es sich beim Transvestitenbuntbarsch um eine robuste Art, die man in Becken ab 60 x 30 cm Grundfläche paarweise pflegt und mit allen gängigen Futtermitteln ernährt. Das Becken sollte in Anlehnung an die natürlichen Verhältnisse mit einer 3 cm dicken Schicht weißen Quarzsandes und einigen dunklen Steinen, unter denen sich die Fische Höhlen ausgraben können, eingerichtet sein. Da sich die Paarpartner dieser Art leicht zerstreiten und es dann zu starken Aggressionen des Männchens gegenüber dem Weibchen kommen kann, ist es wichtig, dass viele Verstecke für unterdrückte Weibchen vorhanden sind. Zumindest in kleinen Aquarien ist es am Besten, wenn man die Möglichkeit hat, zeitweise das Weibchen vom Männchen durch eine Scheibe zu trennen.

Beim Transvestitenbuntbarsch (*Nanochromis transvestitus*) sind die Weibchen wesentlich schöner gefärbt als die beigen Männchen.

strukturreiche Einrichtung die Möglichkeit haben, sich zumindest zeitweise aus dem Blickfeld der Cichlideneltern zu entfernen.
Geschlechtsunterschiede: Außer bei einigen Zwergarten sind bei fast allen Arten die erwachsenen Männchen etwas größer als die Weibchen. Oft, aber nicht immer, sind die Männchen bunter.
Zucht: Alle Buntbarsche betreiben Brutpflege, wobei es verschiedene Familienformen gibt: Es können sich beide Eltern mit gleicher Rollenverteilung (Elternfamilie) oder mit unterschiedlichen Rollen (Vater-Mutter-Familie) beteiligen. Manchmal kümmert sich aber auch nur der Vater (Vaterfamilie) oder nur die Mutter (Mutterfamilie) um die Brut. Cichliden können Maulbrüter oder Substratbrüter sein. Maulbrüter brüten relativ wenige große Eier im Maul über Wochen aus und entlassen dann vergleichsweise große Jungfische. Substratbrüter legen die relativ kleinen Eier offen auf einem Stein oder anderen Substrat (Offenbrüter) oder relativ große Eier versteckt in einer Höhle (Höhlenbrüter) ab. Offenbrüter sind meist monogam, die Geschlechter gehen eine feste Paarbindung ein. Versteckbrüter und Maulbrüter können zwar auch monogam sein, meist haben die Männchen aber die Tendenz, mit mehreren Weibchen abzulaichen. Bis auf wenige Ausnahmen lassen sich einige Cichlidenjunge sehr gut mit *Artemia*-Nauplien und auch Trockenfutter im Becken mit den Eltern aufziehen, wenn nicht zu viele Gesellschaftsfische als Feinde auftreten und die Einrichtung durch kleine Höhlen und Bepflanzung (wenn möglich) genügend Versteckmöglichkeiten bietet. Mit einem Luftschlauch und einer nadellosen Spritze kann man das Futter auch in größeren Aquarien direkt in die Nähe der Jungfische spritzen, sobald diese frei im Wasser schwimmen. Nach einigen Wochen, wenn sie etwa 2 bis 3 cm groß sind, sollte man sie aber herausfangen und gesondert aufziehen (siehe Seite 72). Ein überdurchschnittlich häufiger Teilwasserwechsel ist während der Aufzucht und der entsprechend reichlichen Fütterung wichtig.
Artengruppen: Aquarianer teilen die Buntbarsche in verschiedene Pflegegruppen auf, die Sie auf den folgenden Seiten einzeln vorgestellt bekommen.

1 Blauer Kongocichlide

2 Purpurprachtbuntbarsch

3 Gabelschwanz-Schachbrettcichlide

4 Agassiz' Zwergbuntbarsch »Tefé«

Zwergbuntbarsche

Zwergbuntbarsche können im Gegensatz zu vielen großen Vettern auch in kleineren, üppig bepflanzten Aquarien gehalten werden. Zwergbuntbarsche sind über ihre geringe Körpergröße – meist deutlich unter 10 cm – definiert.

Lebensraum: Die meisten Arten stammen aus kleinen, mineralarmen und sauren Urwaldbächen, wo sie die flache, mit Falllaub angereicherte Uferzone bewohnen. Manche Arten, zum Beispiel der Blaue Kongocichlide, stammen aber auch aus Flachwasser oder schnell strömenden felsigen Bereichen größerer Flüsse. Schließlich leben einige Arten in seeartigen Schwemmlandgebieten mit reichlichem Pflanzenwuchs. Sie ernähren sich in der Natur vor allem von Insektenlarven.
Becken: Trotz ihrer geringen Größe brauchen Zwergbuntbarsche oft relativ viel Platz zur Entfaltung ihres vollen Verhaltensrepertoires. Deswegen sollte man diese bodenorientierten Fische in möglichst großflächigen Becken halten.
Einrichtung: Mit Pflanzen, Wurzel- und Steinverstecken strukturierte Bodenzone ist wichtig, so dass jeder Fisch ein eigenes Versteck bei Bedarf beziehen kann.
Wassertyp: Viele Arten sind Weichwasserfische (Wassertyp 1 und 2), lassen sich aber auch in Wassertyp 3 halten. Einige wenige Arten kommen auch mit Wassertyp 4 zurecht.
Fütterung: Alle Zwergbuntbarsche lassen sich hervorragend mit einer Mischung aus qualitativ hochwertigem Trockenfutter und gefrorenen oder lebenden kleinen Futtertieren (Kleinkrebsen, Mückenlarven) und Garnelenmix ernähren.
Vergesellschaftung: Zwergbuntbarsche sind ideale Gesellschaftsfische für Fische der mittleren und oberen Beckenregionen, nicht aber für Fische, mit denen sie die Bodenzone teilen müssten. Eine Vergesellschaftung ist sogar zu empfehlen, um ihnen die Scheu zu nehmen und auch um die den Weibchen gegenüber aggressiven Männchen abzulenken.
Geschlechtsunterschiede: Männchen meist etwas größer, aber nicht bei allen Arten bunter.
Zucht: Bei optimaler Pflege laichen Zwergbuntbarsche auch im Gesellschaftsaquarium ab und betreuen und verteidigen Eier und Brut mehrere Wochen. Die Fütterung der Brut mit *Artemia* als Anfangsfutter hat sich bewährt.
Arten: Fast alle beliebten Zwergbuntbarsche stammen aus Südamerika: Die amerikanischen monogamen Schmetterlingsbuntbarsche der Gattung *Microgeophagus* (*M. ramirezi, M. altispinosa)* sind als offenbrütende und recht friedliche Arten besonders zu empfehlen. Von den Dutzenden *Apistogramma*-Arten sind nur wenige (*A. agassizii, A. borellii, A. cacatuoides*) regelmäßig im Handel. *Apistogramma* sind in der Pflege anspruchsvoller als viele andere Zwergbuntbarsche, die meisten Arten tendieren zur Haremsbildung. Ein häufig eingeführter,

aber ausgesprochen anspruchsvoller Zwergbuntbarsch ist der Gabelschwanz-Schachbrettcichlide *Dicrossus filamentosus,* der im Harem in großflächigen Becken bei Wassertyp 1 und nur vorübergehend bei Wassertyp 2 gepflegt werden muss! Von den possierlich aussehenden, monogamen *Laetacara*-Arten sind regelmäßig *L. curviceps* und der gleich zu pflegende *L. dorsigera* erhältlich. In Becken ab 1 m Kantenlänge können von diesen Arten auch 2 Paare gepflegt werden. Der Glänzende Zwergbuntbarsch *Nannacara anomala* ist tendenziell ebenfalls monogam, hat aber einen größeren Platzbedarf als die *Laetacara*-Arten. Häufiger eingeführte Zwergbuntbarsche aus Afrika stammen aus den Gattungen *Pelvicachromis, Nanochromis* und *Anomalochromis.* Alle Arten außer dem afrikanischen Schmetterlingsbuntbarsch sind monogame Versteckbrüter. Besonders zu empfehlen ist der Purpurprachtbuntbarsch, *Pelvicachromis pulcher,* der zu den einfachsten, dabei aber auch schönsten Cichliden überhaupt gehört. *P. taeniatus* stellt höhere Ansprüche an die Wasserwerte (variiert je nach Fundortpopulation), ist aber im Verhalten ähnlich. Der Blaue Kongocichlide *Nanochromis parilus* verträgt im Gegensatz zu den anderen Arten kein saures Wasser und hat wegen der innerartlichen Aggressivität auch unter den Paarpartnern einen höheren Platzbedarf.

5 **Bolivianischer Schmetterlingsbuntbarsch**

TABELLE ZWERGBUNTBARSCHE

Deutscher Name Lateinischer Name	Größe (cm)	Becken L x B x H	Wassertyp	Temperatur	Besatz	Foto Seite
Agassiz' Zwergbuntbarsch *Apistogramma agassizii*	10 cm	100 x 40 x 40	1–3	26–28° C	1 M / 2 W	31, 132
Gabelschwanz-Schachbrettcichlide *Dicrossus filamentosus*	9 cm	100 x 40 x 40	1–2	27–30° C	1 M / 2 W	132
Bolivianischer Schmetterlingsbuntbarsch *Microgeophagus altispinosa*	8 cm	100 x 40 x 40	2–4	26–29° C	1 M / 1 W	2/3, 133
Ramirezi *Microgeophagus ramirezi*	5 cm	60 x 30 x 30	1–3	26–30° C	1 M / 1 W	19
Blauer Kongocichlide *Nanochromis parilus*	7 cm	100 x 50 x 50	3–4	24–27° C	1 M / 1 W	132
Purpurprachtbuntbarsch *Pelvicachromis pulcher*	10 cm	80 x 35 x 40	2–5	25–28° C	1 M / 1 W	132

1 Diskus

2 Skalar

Skalare und Diskus

Die hochrückigen Diskusfische (*Symphysodon aequifasciatus*) und Skalare (*Pterophyllum altum* und *P. scalare*) gehören zwar zu den Cichliden, wegen ihrer sehr ruhigen, geradezu zurückhaltenden Art und wegen ihrer cichlidenuntypischen Gestalt werden sie aber oft nicht dafür gehalten. Die vielen Fundortvarianten und oft sehr teuren Zuchtformen haben vor allem die Diskusfische, aber auch die hohen Skalare zu prestigeträchtigen Aquarienfischen werden lassen.

Lebensraum: Die südamerikanischen Diskusfische und Skalare leben ausschließlich in größeren Fließgewässern und abgeschnittenen Flussarmen im Amazonasgebiet. Dort halten sie sich in Gruppen hauptsächlich zwischen den Ästen von ins Wasser gefallenen Urwaldriesen auf, wo sie mit ihren kleinen Mäulern nach kleinen Insektenlarven und Krebstieren suchen. Skalare könnten auch kleine Fischchen fressen. Mit ihrer hochrückigen Gestalt und dem Streifenmuster sind sie im Gewirr der Äste hervorragend getarnt. Die meisten Diskusfische und der Skalar stammen aus farblos klaren oder sogar lehmig-trüben Flüssen, deren pH-Wert etwa zwischen 6 und 7 liegt (Wassertyp 2); den Hohen Skalar, *Pterophyllum altum*, findet man in Schwarzwasser mit pH-Werten um 5 (Wassertyp 1). Als Fische der großen Flüsse bevorzugen alle Arten sehr warmes Wasser mit mindestens 26° C.

Becken: Die hochrückigen Fische benötigen mindestens 50 (Skalar, Diskus), besser 60 cm hohe (Hoher Skalar) Becken von mindestens 1–1,2 m Länge und 50 cm Tiefe.
Einrichtung: Wichtigster Einrichtungsgegenstand sind Holzwurzeln oder großblättrige Wasserpflanzen, z. B. Amazonas-Schwertpflanzen, die den Fischen Unterstände und Schutz bieten. Die Beleuchtung sollte gedämpft sein, die Filterung gut dimensioniert, um eine sehr hohe Wasserreinheit zu gewährleisten. Sie darf aber keine starke Strömung erzeugen.
Wassertyp: Diskusfische Wassertyp 2, Temperatur 26–30° C; Skalare Wassertyp 2–3, Temperatur 25–29° C; Hoher Skalar Wassertyp 1, Temperatur 27–30° C. Regelmäßiger Teilwasserwechsel sorgt für gleichbleibend gute Wasserqualität und niedrige Nitratwerte, sonst sind die Tiere schnell anfällig. Zusatz von Spurenelementen zum relativ mineralarmen Wasser wirkt sich positiv auf die Vitalität der Fische aus.
Fütterung: Die meisten Diskusfische und Skalare werden falsch ernährt und neigen wahrscheinlich deswegen zur Lochkrankheit. Obwohl die Ursachen für das vermehrte Auftreten der Lochkrankheit bisher nicht eindeutig geklärt sind, gilt als sicher, dass die Ernährung eine große Rolle spielt. Verzichten Sie auf rinderherzhaltige Produkte, Tubifex und Rote Mückenlarven. Füttern Sie stattdessen Garnelenmix, gefrorene oder lebende Kleinkrebse inklusive *Arte-*

mia-Nauplien und Weiße oder Schwarze Mückenlarven. Eine Vitaminzugabe zum Garnelenmix sollte nicht vergessen werden.
Vergesellschaftung: Alle Arten eignen sich gut für die Vergesellschaftung mit Zwergbuntbarschen, Welsen und größeren Salmlern. Auf ruppige oder sehr große Gesellschaftsfische sollte aber verzichtet werden, genauso wie auf sehr kleine Fische, die von Skalaren gelegentlich als Nahrung betrachtet werden. Da Diskusfische und Skalare Gruppenfische sind, sollten immer 6–8 Tiere zusammen gepflegt werden.
Geschlechtsunterschiede: Bei allen Arten schwierig festzustellen. Da man aber mindestens 6 Fische zusammen pflegen sollte, hat man meist beide Geschlechter.
Zucht: Die Zucht ist nur bei Wassertyp 1–2 (*Pterophyllum altum*), bis 2 (*Pterophyllum scalare, Symphysodon aequifasciatus*) erfolgreich. Nachdem sich aus der Gruppe ein Paar abgesondert hat, laichen die Offenbrüter an einem sorgfältig geputzten Pflanzenblatt, glatten Wurzeln oder Steinen ab. Das Gelege umfasst bis zu 250 Eier. Werden diese nicht aufgefressen, was häufig bei schlechten Nachzuchten oder noch jungen Tieren passiert, schlüpfen bei 28–30° C die Jungen etwa am 3. Tag. Etwa 6 Tage später schwimmen die Jungen frei. Die Jungfische der Diskusfische ernähren sich nach dem Freischwimmen von dem vermehrt gebildeten Hautsekret der Eltern. Erst ab dem 5.–10. Tag nach dem Freischwimmen bietet man zusätzlich *Artemia* an, später auch Cyclops und Mikrowürmchen. Die Skalar-Jungfische »weiden« ihre Eltern nicht ab und können sofort nach dem Freischwimmen mit *Artemia* gefüttert werden.
Artengruppen: Von den Diskusfischen sind zwei Arten (*Symphysodon aequifasciatus* und *S. discus*) sowie mehrere Unterarten beschrieben worden, deren Körperscheibe bis etwa 18 cm Durchmesser erreichen kann. Die Gültigkeit der Unterarten ist jedoch umstritten. Die Skalar-Gattung *Pterophyllum* besteht aus mindestens 3 Arten, von denen nur der normale Skalar (bis 15 cm lang und 26 cm hoch) und der Hohe Skalar oder Altum-Skalar (*P. altum*, bis mindestens 33 cm hoch!) regelmäßig angeboten werden.
Besonderes: Sowohl von Diskusfischen als auch von Skalaren existiert eine Unzahl von mehr oder weniger geschmackvollen Zuchtformen. Informiert man sich einmal mit Hilfe der umfangreichen Spezialliteratur über die vielen verschiedenen Wildformen von Diskusfischen und Skalaren, wird man erstaunt sein, dass bereits die Natur für eine besonders große Vielfalt gesorgt hat. Dann erscheinen einem schleierflossige Skalare oder durchscheinend wirkende Diskus (»Ghost«) als krankhaft verändert.

3 **Hoher Skalar**

1 Feuermaulbuntbarsch

2 Nicaragua-Traumbarsch

3 Zebrabuntbarsch

4 Guyana-Augenfleckcichlide

Größere Cichliden

Wie die Zwergbuntbarsche stellen auch die größer als etwa 10 cm werdenden Cichliden keine einheitliche Verwandtschaftsgruppe innerhalb der Cichliden dar.

Lebensraum: Größere Cichliden besiedeln alle erdenklichen Lebensräume, bevorzugen aber meist größere Gewässer. Unter der kleinen Auswahl, die ich Ihnen in diesem Buch vorstellen kann, gibt es solche, die in ruhigen Gewässerabschnitten mit viel Totholz leben (*Heros*-Arten aus Südamerika), solche, die sich an das Leben in Stromschnellen angepasst haben (Buckelkopfbuntbarsch), aber auch Bewohner größerer Bäche und wasserpflanzenreicher Sümpfe und Seen (Rote Cichliden). Viele stammen jedoch aus kalkreichen, alkalischen Flüssen und Seen Mittelamerikas (*Hypsophrys, Thorichthys* und »*Cichlasoma*«).
Becken: Für größere Cichliden gilt die einfache Regel: große Becken mit viel Grundfläche.
Einrichtung: Alle Arten benötigen strukturreich mit Steinen und Wurzeln eingerichtete Becken, so dass sich unterlegene Tiere z. B. hinter Steinplatten an der Rückwand zurückziehen können. Als Bepflanzung kommen für viele sehr große Arten nur großblättrige, festwurzelnde Arten in Frage, weil viele größere Cichliden kräftig graben können. Eine kräftige Filterung mit großvolumigen Außenfiltern ist zu empfehlen.
Fütterung: Mit einer Mischung aus Garnelenmix, speziellen Cichlidenfutterpellets, gefrorenen Futtertieren verschiedenster Art und Grünfutter sind die meisten Arten ausgewogen zu ernähren. *Thorichthys*-Arten dürfen auf keinen Fall mit Roten Mückenlarven und Tubifex ernährt werden.
Wassertyp: Die Ansprüche an den Wassertyp und die Wassertemperatur variieren je nach Herkunft stark.
Vergesellschaftung: Mit Fischen entsprechender Körpergröße lassen sich größere Cichliden in sehr großen (!) Becken mit großen Fischarten (Salmlern, Barben, Welsen) gut vergesellschaften. Am Besten hat sich die Vergesellschaftung verschiedener größerer Cichlidenarten mit unterschiedlichem Versteckbedarf bewährt, zum Beispiel eine offenbrütende Art (*Hemichromis*) mit einer versteckbrütenden Art (*Steatocranus*). Zusätzlich lassen sich größere Harnischwelse pflegen. Alle *Thorichthys*-Arten sollten in einer kleinen Gruppe von etwa 6 Tieren gehalten werden, aus der sich dann einzelne Paare zeitweise absondern. Die etwas empfindlichen Fische sollten nicht mit anderen größeren Cichliden vergesellschaftet werden.
Geschlechtsunterschiede: Männchen sind größer und haben länger ausgezogene Rücken- und Afterflossen.
Zucht: Alle hier genannten Arten sind Paar bildende Substratbrüter, die entweder in Verstecken laichen (*Steatocranus, Hypsophrys,* »*Cichlasoma*«) oder offen zum Beispiel

auf einem Stein oder an einer Wurzel (*Heros, Thorichthys, Hemichromis*). Nach dem Freischwimmen kann mit *Artemia*-Nauplien und auch feinem Trockenfutter angefüttert werden. Arten: Aus Mittelamerika stammen die *Thorichthys*-Arten, der Nicaragua-Traumbarsch *Hypsophrys nicaraguense* und die kleineren »*Cichlasoma*«-Arten aus der Verwandtschaft um »*C.*« *nigrofasciatum*, von denen außer der genannten Art besonders »*C.*« *nanoluteum* und »*C.*« *sajica* auch für relativ kleine Becken zu empfehlen sind. Es werden unregelmäßig eine ganze Reihe weiterer sehr großer Arten aus anderen Gattungen angeboten, deren Pflege aber riesige Becken erfordert. Obwohl die Augenfleckbuntbarsche aus der Gattung *Heros* ebenfalls recht groß werden, eignen sie sich wegen ihres ruhigen Temperaments für die Haltung in kleinen Gruppen in relativ kleinen Becken. Der Nicaragua-Traumbarsch ist trotz seiner Größe gegenüber Nicht-Cichliden sehr friedlich und eignet sich deshalb gut für größere Gesellschaftsaquarien mit Hartwasserfischen. Buckelkopfcichliden und Rote Cichliden aus Westafrika bleiben kleiner und gehören schon fast zu den Zwergbuntbarschen. Vom Temperament her bieten Rote Cichliden aber echten Großcichliden Paroli, weshalb sie auch nur in sehr großen Becken während der Brutpflege zu vergesellschaften sind.

5 **Buckelkopfcichlide**

6 **Roter Cichlide**

TABELLE GRÖSSERE CICHLIDEN

Deutscher Name Lateinischer Name	Größe (cm)	Becken L x B x H	Wassertyp	Temperatur	Besatz	Foto Seite
Zebrabuntbarsch *»Cichlasoma« nigrofasciatum*	15 cm	100 x 50 x 50	5–6	23–27° C	1 M / 1 W	136
Guyana-Augenfleckcichlide *Heros spec. Guyana*	25 cm	150 x 60 x 60	2–5	25–29° C	6	27, 136
Nicaragua-Traumbarsch *Hypsophrys nicaraguense*	20 cm	150 x 60 x 60	5–6	24–27° C	1 M / 1 W	69, 136
Feuermaulbuntbarsch *Thorichthys meeki*	15 cm	120 x 60 x 60	3–6	24–27° C	6	80, 136
Roter Cichlide *Hemichromis spec. rot*	8–11 cm	100 x 40 x 40	2–6	24–29° C	1 M / 1 W	68, 137
Buckelkopfcichlide *Steatocranus casuarius*	14 cm	100 x 40 x 40	3–6	24–28° C	1 M / 1 W	137

1 Zitronenschwanz-Kärpflingscichlide

2 Prinzessin von Burundi

3 Fadenmaulbrüter

4 Gestreckter Zitronencichlide

Tanganjika-Cichliden

Lebensraum und Arten: Im Tanganjika-See leben in einer Vielzahl von Biotopen mehrere 100 Cichlidenarten. Die aquaristisch wichtigsten Biotope sind die lichtdurchflutete Felszone des Flachwassers und des tieferen Wassers, die Sandzone und die Freiwasserzone. Die Felszone im Flachwasser weist viele runde Kiesel auf, die von spezialisierten Algenfressern wie den maulbrütenden *Tropheus*- (siehe Foto Seite 139 unten) und *Eretmodus*-Arten abgeweidet werden. Die tiefer liegenden Felsbiotope werden von vielen substratbrütenden Cichliden wie z. B. dem Gestreckten Zitronencichliden (*Neolamprologus longior*) oder den *Julidochromis*-Arten bewohnt. Diese Arten fressen kleine Krebse und Insektenlarven. In der Übergangszone zum Sand finden sich die großen Fadenmaulbrüter (*Ophthalmotilapia*, 3, und *Cyathopharynx*) und kleine Paar bildende *Xenotilapia*-Arten (Maulbrüter). Erst in der Sandzone selbst finden sich die berühmten Schneckenfriedhöfe (Ansammlungen leerer Schneckenhäuser), die von verschiedenen spezialisierten Schneckencichliden als »Haus« benutzt werden. In der Sandzone leben auch *Xenotilapia*- und *Enantiopus*-Arten. Im Freiwasser finden sich vor allem maulbrütende Kärpflingscichliden (*Cyprichromis*, 1, und *Paracyprichromis*), die sich ausschließlich von Cyclops-ähnlichen Planktonkrebsen ernähren.

Becken: Die Wahl des Beckens hängt von der Ökologie der zu pflegenden Arten ab. Kleine Becken ab 60 x 30 x 30 cm sind für Schneckenbuntbarsche und kleine *Julidochromis*-Arten geeignet. Die etwas größeren *Neolamprologus*-Arten (2), größere *Julidochromis*- (5), *Eretmodus*-Arten, kleinere Sandcichliden und Kärpflingscichliden benötigen mindestens 100 x 40 x 40 cm Becken. *Tropheus*, *Lepidiolamprologus*, Fadenmaulbrüter und alle anderen großen Tanganjika-Cichliden sollte man mindestens 150 x 60 x 60 cm große Becken bieten.

Einrichtung: Kärpflingscichliden, Sandcichliden und Schneckencichliden benötigen lediglich eine etwa 5 bis 8 cm hohe Sandschicht. Den Schneckencichliden muss man zusätzlich mindestens ein leeres Weinbergschneckenhaus (aus dem Feinkostgeschäft) pro Fisch bieten. Alle anderen Arten benötigen Felsaufbauten mit vielen Höhlen, die aus Steinplatten bis zur Wasseroberfläche geschichtet werden. Die Beleuchtung kann für Felsencichliden der Flachwasserzone (*Tropheus*, *Eretmodus*) sehr stark sein (HQI-Strahler), kräftige Kreiselpumpen schaffen eine gute Wasserbewegung, eine großvolumige Filterung sorgt für exzellente Wasserqualität. Sandbodenbewohner, Kärpflingscichliden, *Julidochromis*- und *Neolamprologus*-Arten lieben allerdings keine kräftige Wasserbewegung.

Wassertyp: Alle Fische des Tanganjika-Sees benötigen einen pH-Wert von mindestens 7,5, besser sind Werte um 8, und eine Karbonathärte von mindestens 8 bis 10° dkH. Die Temperatur sollte zwischen 25 und 27° C liegen und auch im Sommer nicht über 29° C ansteigen.

Fütterung: Einige felsenbewohnende Flachwassercichliden des Tanganjika-Sees stellen an die Fütterung große Ansprüche, denn sie vertragen auf gar keinen Fall Tubifex, Mückenlarven und rinderherzhaltiges Futter. Wie alle anderen kleineren bis mittelgroßen Cichliden des Sees lassen sie sich aber sehr gut mit Garnelenmix, Spirulina-Trockenfutter und diversen Kleinkrebsen (gefroren oder lebend) füttern. Füttern Sie sparsam, damit die Fische nicht verfetten.

Vergesellschaftung: In größeren Becken mit ausgeprägter Sandzone und vielen Felsaufbauten im Hintergrund lassen sich ein sandbewohnender Maulbrüter oder eine Gruppe Schneckencichliden mit substratbrütenden Höhlenbrütern und einem Schwarm Kärpflingscichliden vergesellschaften. Große Sandcichliden, Fadenmaulbrüter und Kärpflingscichliden pflegt man gruppenweise mit wenigen Männchen und mehreren Weibchen. Sie vertragen keine Vergesellschaftung mit ruppigen Maulbrütern der Felsenzone (*Tropheus*). Die meisten anderen Tanganjika-Cichliden inklusive der kleinen Sandcichliden (*Xenotilapia papilio* und *X. flavipinnis*) lassen sich gut paarweise pflegen. *Tropheus moorii* müssen (!) als Gruppe von mindestens 10 Tieren gepflegt werden, zu denen später keine neuen Tiere dazugesetzt werden dürfen.

Geschlechtsunterschiede: Entweder sind die Weibchen unscheinbarer und kleiner oder die Unterschiede sind schwer feststellbar.

Zucht: Die meisten Arten pflanzen sich im nicht allzu stark besetzten Tanganjika-Gesellschaftsbecken willig fort. Brütende Maulbrüterweibchen (außer bei den Paar bildenden *Eretmodus*- und *Xenotilapia*-Arten) fängt man nachts nach etwa 2 Wochen schonend aus dem Aquarium und setzt sie in ein extra Becken, wo sie bis zum Entlassen der Jungen verweilen. Substratbrütern nimmt man am Besten nach einigen Wochen Brutpflege einige Jungfische weg und zieht sie in einem Aufzuchtbecken auf. Alle Tanganjika-Cichliden lassen sich von Anfang an mit *Artemia*-Nauplien ernähren.

5 **Gestreifter Schlankcichlide**

6 **Schneckencichlide**

7 **Flachwasserfelsenzone mit Tropheus**

1 Otopharynx lithobates

2 Labidochromis spec. »Yellow«

3 Melanochromis johannii

4 Placidochromis electra

Malawi- und Viktoria-See-Cichliden

Lebensraum und Arten: Malawi- und Viktoria-See in Ostafrika beherbergen zusammen über 1000 Cichlidenarten. Die Biotopvielfalt ist in beiden Seen hoch und sehr ähnlich der des Tanganjika-Sees. Der wichtigste Lebensraum für die aquaristisch bedeutenden Cichliden ist die Felszone. Im Malawi-See heißen die dort lebenden Cichliden Mbuna, die zu den Gattungen *Melanochromis, Pseudotropheus, Labidochromis* und *Maylandia* gehören. Im Viktoria-See werden die Felsencichliden dagegen Mpibi genannt und gehören unter anderem zu den Gattungen *Mpibia* und *Pundamilia*. Die meisten dieser Cichlidenarten leben von unterschiedlichen Bestandteilen der Algenschicht inklusive kleiner Nährtiere, manche Arten zusätzlich von kleinen, im Freiwasser schwebenden Krebstierchen. Vor allem die Männchen der Felsencichliden sind sehr aggressiv. In der Sandzone sind dagegen andere Cichliden im Malawi-See zu finden. Felsige Bereiche, die mit Sandboden in etwas größerer Tiefe vermischt sind, sowie Höhlen mit Sandgrund bewohnen die wunderschönen, Insekten fressenden *Aulonocara*-Arten (5). In kleineren Gruppen im offenen bodennahen Bereich finden sich dagegen größere Cichliden, z. B. aus den Gattungen *Sciaenochromis, Otopharynx, Cyrtocara* und *Placidochromis*. Sie jagen kleinere Fische und größere Insektenlarven. Schließlich gibt es frei im Wasser lebende, Plankton fressende Cichliden, die als Utaka bezeichnet werden und z. B. zur Gattung *Copadichromis* gehören.

Becken: Wegen der hohen Aggressivität der territorialen Männchen benötigen Malawi- und Viktoria-See-Buntbarsche großvolumige Becken. In »kleinen« Becken ab 100 x 50 x 50 cm Kantenlänge kann man sehr klein bleibende Mbuna und Mpibi aus den Gattungen *Labidochromis* (z. B. *L. spec. »Yellow«*), *Melanochromis* (z. B. *M. johannii*) und *Pseudotropheus* (z. B. *P. demasoni*) sowie *Aulonocara*-Arten pflegen. Für die größeren Mbuna (z. B. *Maylandia*-Arten) sind schon Becken ab 120 cm Länge nötig. Allen anderen genannten Arten sollte man mindestens 150 x 60 x 60 cm große Becken bieten.

Einrichtung: Mbuna- und Mpibi-Becken sollten mit so hohen Steinaufbauten versehen sein, dass die Fische durch die Aufbauten durchschwimmen können. Eine starke Beleuchtung, z. B. mit HQI-Strahlern, fördert das Algenwachstum und bildet damit eine zusätzliche gesunde Nahrungsquelle für die Felsencichliden. Für alle Nicht-Mbuna bieten sich eher Becken mit lichteren Felsaufbauten und freier Sandzone an. Pflegt man *Aulonocara*-Arten, sollten die Steine so zusammengestellt sein, dass geräumige Höhlen entstehen. Für die anderen Arten dürfen die Felsaufbauten nicht zuviel Platz wegnehmen.

Wassertyp: Die Wasserwerte im Malawi- und Viktoria-See sind

durch alkalische pH-Werte von etwa 7,5–9 gekennzeichnet. Das Wasser ist mittelhart und hat einen hohen Karbonathärteanteil.
Fütterung: Füttern Sie besser keine Tubifex, Mückenlarven und rinderherzhaltiges Futter. Alle Cichliden dieser Seen fressen aber sehr gern Garnelenmix, Spirulina-Trockenfutter und diverse Kleinkrebse (gefroren oder lebend).
Vergesellschaftung: Es lassen sich sehr gut mehrere Malawi- oder Viktoria-See-Arten miteinander vergesellschaften. Man sollte aber unbedingt darauf verzichten, die hektischen und ruppigen Mbuna mit den eher zart besaiteten *Aulonocara* oder Utaka zu vergesellschaften. Von allen Arten sollte man auch in kleinen Aquarien immer ein Männchen mit vielen Weibchen zusammen halten, in größeren Becken gut auch mehr Männchen, aber mindestens 3. Wer auf die Mbuna verzichten möchte, vergesellschaftet in entsprechend großen Becken ab 500 l eine *Aulonocara*-, *Otopharynx*- oder *Placidochromis*-Gruppe mit einer Gruppe Freiwassercichliden, z. B. *Copadichromis*.
Geschlechtsunterschiede: Im Gegensatz zu vielen Mbuna sind die Weibchen der meisten Mpibi und der anderen Malawi-Cichiden unscheinbar silbrig gefärbt.
Zucht: Bei allen Cichlidenarten des Malawi- und Viktoria-Sees sind die Weibchen Maulbrüter. Bei guter Ernährung laichen auch immer wieder Tiere ab. Die Weibchen ziehen sich daraufhin mit den Eiern im Maul zurück und entlassen die Jungen nach etwa 3 Wochen. Die sehr großen fertig entwickelten Jungfische nehmen von Anfang alles gängige, aber feine Futter. Wer Wert auf eine zahlenmäßig große Nachzucht legt, sollte die »trächtigen« Weibchen nach etwa 2 Wochen in ein eigenes Becken setzen, um möglichst alle Jungen nach dem Entlassen aus dem Maul zu erhalten. Die Mutter wird dann zurückgesetzt.
Besonderes: Weil im Viktoria-See in den 1950er Jahren ein ursprünglich dort nicht vorkommender Raubfisch, der Nilbarsch, eingesetzt wurde, sind viele Arten bereits ausgestorben. Manche dieser in der Natur ausgestorbenen Arten haben aber bei spezialisierten Aquarianern überlebt und werden jetzt in Erhaltungszuchtprogrammen gezielt gezüchtet.

5 Feenbuntbarsch

6 Pseudotropheus demasoni

7 Felszone mit Roten Zebra (*Maylandia estherae*)

Weitere Barschartige

Neben den Cichliden und den Labyrinthfischen wurden eine Reihe weiterer Barschartiger aus verschiedenen Fischfamilien in der Aquaristik eingeführt, von denen die Grundeln und Glasbarsche zum Standardsortiment des Zoofachhandels gehören.

Grundeln (Familie *Gobiidae*)

Lebensraum: Süßwasser-Grundeln leben in den unterschiedlichsten Lebensräumen – von kühlen Bergbächen bis zu heißen Brackwasserlagunen.
Becken: Grundeln sind territoriale Fische, weshalb für sie eine große Bodenfläche wichtiger ist als die Beckenhöhe.
Einrichtung: Die meisten Arten benötigen mindestens ein Versteck pro Fisch im Becken, das nur wenig größer als der Fischkörper sein sollte. Die Schmetterlingsgrundel benötigt feinkörnigen Sand zum Wohlbefinden.
Wassertyp: Die meisten Grundeln fühlen sich in mittelhartem und leicht saurem bis leicht alkalischem Wasser wohl. Einige Arten wie die Goldringelgrundeln lieben Salzzusatz. Goldringelgrundeln sind besonders Wärme liebend.
Fütterung: Fast alle Grundeln benötigen feines Lebendfutter, auf unbewegte Futtertiere reagieren sie nicht. Spitzkopfgrundeln brauchen kräftiges Lebendfutter.
Vergesellschaftung: Bei der Vergesellschaftung mit hektischen Arten kommen die meisten Grundeln nicht ans Futter. Besser ist es in vielen Fällen, die Arten für sich oder mit ruhigen Fischen der oberen Wasserzone zu halten. Die räuberische Spitzkopfgrundel kann sich aber umgekehrt an zu kleinen Fischen vergreifen. Es lohnt sich, Grundeln in Gruppen in etwas größeren Aquarien zu halten, wo man das interessante Imponierverhalten der Männchen gut beobachten kann.
Geschlechtsunterschiede: Männchen sind farbiger.
Zucht: Fast alle Grundeln legen Eier in einem kleinen Versteck ab, die dann vom Männchen allein bis zum Schlupf betreut werden. Bei Arten mit verhältnismäßig großen Eiern gelingt die Aufzucht leicht (es schlüpfen große Larven, die sich nach dem Schlupf nicht oder nur kurze Zeit im Freiwasser aufhalten). Zu diesen Arten gehören Weißkehl-, Wüsten- und Pastellgrundel. Bei Arten mit kleinen bis extrem kleinen Eiern gelingt die Zucht nur selten oder gar nicht, weil deren Larven meist an extrem kleines Futter aus dem Brack- oder Meerwasser angepasst sind. Dazu gehören die *Hypseleotris*-Arten, Spitzkopfgrundeln, Neongrundel und die Schmetterlingsgrundel. Einige Goldringelgrundelarten nehmen eine Mittelstellung ein und lassen sich mit etwas Aufwand (feinstes ausgesiebtes Lebendfutter) aufziehen.

JUWEL UNTER DEN BARSCHARTIGEN

Die Australische Wüstengrundel

Die Australische Wüstengrundel (*Chlamydogobius eremius*) gehört zu den Überlebenskünstlern unter den Fischen, denn sie stammt aus einer abflusslosen Wüstensenke im Zentrum Australiens, dem Eyre-See-Gebiet. Dort herrschen Wassertemperaturen von 10 bis über 30° C sowie stark schwankende Wasserwerte, die allerdings nicht zu sauren pH-Werten tendieren. Man kann die Art daher im Aquarium bei Wassertyp 4 bis 5 und sogar in Brackwasser (Typ 7) halten und züchten. Für ein Männchen mit mehreren Weibchen der bis 6 cm großen Art reicht schon ein Becken mit 40 x 30 cm Grundfläche, wenn man viele kleine Verstecke bereitstellt, die das Männchen als Territorium bezieht. Besser ist allerdings die Haltung von 3 Männchen und mindestens 6 Weibchen in Becken ab 80 cm, weil man dann die vielfältigen Verhaltensweisen zwischen den territorialen Männchen besser beobachten kann. Bei Fütterung mit pflanzenhaltigem Trockenfutter und kleinem Frostfutter (Kleinkrebse, aber keine Mückenlarven) wird man bald in engen Höhlen Eier entdecken, aus denen Larven schlüpfen. Diese sollte man nach dem Freischwimmen mit *Artemia*-Nauplien anfüttern.

Die große Temperaturschwankungen vertragende Australische Wüstengrundel (*Chlamydogobius eremius*) lebt im heißen Zentrum Australiens.

Arten: Die drei echten Süßwasserarten Weißkehlgrundel, Pastellgrundel und Wüstengrundel sind immer wieder im Zoofachhandel zu erwerben und lassen sich unter Berücksichtigung der geeigneten Wasserwerte auch in bepflanzten Gesellschaftsbecken pflegen und züchten. Das Gleiche gilt für die während Balz und Imponieren fantastisch gefärbte Neongrundel (*Stiphodon spec.*), die sich allerdings nicht züchten lässt. Auch die wunderschönen Kärpflingsgrundeln der Gattung *Hypseleotris* lassen sich in gut bepflanzten Süßwasseraquarien gut pflegen. Goldringelgrundeln der Gattung *Brachygobius* sind dagegen ruhige Brackwasserfische, deren Schönheit am ehesten in eigens eingerichteten kleinen Aquarien zur Geltung kommt. Die Spitzkopfgrundel ist etwas für Spezialisten, denn sie lebt sehr versteckt, ist gut getarnt und räuberisch. Die Schmetterlingsgrundel ist ein spezialisierter Sandbodenbewohner, der trotzdem röhrenförmige Verstecke braucht, die die Männchen als Revierzentrum beziehen.
Besonderes: Die Neongrundel ist ein extremer Wanderer zwischen zwei Wasserwelten. Mit ihren zu einer Saugscheibe zusammengewachsenen Bauchflossen können Grundeln aus der Verwandtschaftsgruppe, zu der die Neongrundel gehört, sogar Wasserfälle mit mehreren 100 m (!) hochklettern und sind deshalb regelmäßig die einzigen Fische, die oberhalb von Wasserfällen zu finden sind.

Diverse Brackwasserfische aus verschiedenen Familien

Lebensraum: Mangrovengebiete, Flussmündungen und küstennahes Meerwasser. In diesen Lebensräumen kann der Salzgehalt des Wassers mit Ebbe und Flut stark schwanken.
Becken: Argusfische und Silberflossenblätter benötigen großvolumige Behälter. Für Schützenfische ist eine möglichst große Grundfläche ausschlaggebend.
Einrichtung: Argusfische und Schützenfische schätzen ausreichend freien Schwimmraum mit mangrovenähnlichen Strukturen im Hintergrund. Schützenfische brauchen genug freien, warmen Luftraum über der Wasseroberfläche (Deckscheibe) sowie eine mangrovenähnliche Unterwasserdekoration, die sich über der Wasseroberfläche fortsetzt. Nur so

1 Indischer Glasbarsch

2 Goldringelgrundel

3 Pastellgrundel

4 Neongrundel

können sie ihr interessantes Jagdverhalten ausleben (siehe unter Besonderes).
Wassertyp: 7. Ausgewachsene Argusfische und Silberflossenblätter sollten in reinem Salzwasser gehalten werden. Eine dauerhafte Haltung in Süßwasser ist Tierquälerei.
Fütterung: Argusfische lassen sich hervorragend mit Kunstfutter auf pflanzlicher Basis ernähren. Silberflossenblätter und Schützenfische benötigen dagegen kräftiges Lebendfutter (Fische, Garnelen, große Insekten). Schützenfischen sollte man regelmäßig lebende Grillen anbieten (Zoofachhandel).
Vergesellschaftung: Nur mit großen Brackwasserfischen, zum Beispiel auch mit »Minihaien« (*Arius spec.*). In einer Gruppe von mindestens 6 etwa gleich großen Tieren halten.
Geschlechtsunterschiede, Zucht: Nicht näher bekannt.
Arten: Von den 3 bekannten Arten der Silberflossenblätter (*Monodactylidae*) wird regelmäßig nur *Monodactylus argenteus* aus dem Indopazifik eingeführt, von den 4 Argusfischarten (*Scatophagidae*) nur die Art *Scatophagus argus* in verschiedenen Unterarten. Die korrekte Artzuordnung der importierten Schützenfische (*Toxotidae*) bereitet Schwierigkeiten, wahrscheinlich handelt es sich aber meistens um *Toxotes jaculatrix*.
Besonderes: Schützenfische können mit einem gezielten Wasserstrahl Insekten und andere Beute von der überhängenden Vegetation auf das Wasser stürzen lassen, wo sie diese dann fressen.

Glasbarsche (Familie *Chandidae*)

Lebensraum: Die meisten Arten sind Brackwasserfische, die bevorzugt in Gruppen und Schwärmen in strukturierten Stillwasserbereichen leben und sich dort von Kleinkrebsen ernähren.
Becken: Durchschnittliche Aquarienform ist ausreichend. Keine Strömung.
Einrichtung: Eine dichte Hintergrundbepflanzung mit feinfiedrigen, aber robusten Pflanzen ist die wichtigste Voraussetzung.
Wassertyp: 6–7. Auf ausreichend hohe Wassertemperatur achten. Salzzusatz erhöht das Wohlbefinden der Fische.
Fütterung: Feines Lebendfutter, wie *Artemia*-Nauplien, Cyclops, Wasserflöhe und kleine Weiße und Schwarze Mückenlarven.
Vergesellschaftung: Nur mit kleinen, zarten Fischchen, die ebenfalls hartes, alkalisches Wasser bevorzugen. Gruppenfisch.
Geschlechtsunterschiede: Männchen zur Laichzeit dunkel gefärbt mit blau irisierenden After- und Rückenflossensäumen.
Zucht: Männchen besetzen zur Laichzeit kleine Reviere, wo sie balzen, an feinfiedrigen Wasserpflanzen wird abgelaicht. Keine Brutpflege. Die extrem kleinen Eier und Larven können nur mit feinstem Lebendfutter (Cyclops-Nauplien) aufgezogen werden.
Arten: Nicht alle angebotenen Glasbarsche gehören der Art *Chanda ranga* an, denn es werden auch ähnliche andere Arten importiert; sie haben vermutlich auch andere Ansprüche.

TABELLE WEITERE BARSCHARTIGE

Deutscher Name Lateinischer Name	Größe (cm)	Becken L x B x H	Wasser-typ	Temperatur	Besatz	Foto Seite
Schmetterlingsgrundel *Awaous strigatus*	10 cm	80 x 35 x 40	4–6	25–27° C	2 M / 4 W	---
Goldringelgrundel *Brachygobius cf. doriae*	3,5 cm	60 x 30 x 30	5–7	27–30° C	12	144
Spitzkopfgrundel *Butis spec.*	15 cm	80 x 35 x 40	4–6	25–28° C	1 M / 1 W	---
Blaue Aalgrundel *Gobioides peruanus*	38 cm	100 x 50 x 50	6–7	25–27° C	4	---
Kärpflingsgrundel *Hypseleotris compressa*	11 cm	80 x 35 x 40	2–5	25–28° C	1 M / 1 W	150
Weißkehlgrundel *Rhinogobius cf. wui*	5 cm	60 x 30 x 30	4–6	18–24° C	2 M / 5 W	50
Neongrundel *Stiphodon spec.*	5 cm	100 x 40 x 40	2–6	23–28° C	2 M / 4 W	144
Pastellgrundel *Tateurndina ocellicauda*	5 cm	60 x 30 x 30	2–5	26–29° C	2 M / 2 W	144
Australische Wüsten-grundel *Chlamydogobius eremius*	6 cm	80 x 35 x 40	4–6	21–26° C	3 M / 6 W	143
Indischer Glasbarsch *Chanda ranga*	5 cm	60 x 30 x 30	5–7	25–29° C	2 M / 2 W	144
Silberflossenblatt *Monodactylus argenteus*	25 cm	250 x 80 x 70	7	26–29° C	7	---
Argusfisch *Scatophagus argus*	30 cm	250 x 80 x 70	7	25–29° C	7	145
Schützenfisch *Toxotes jaculatrix*	24 cm	250 x 80 x 70	7	26–29° C	6	---

Sonstige Sonderlinge

Halbschnabelhechte (Familie *Hemiramphidae*)
Lebensraum: Die in Südostasien gelegenen Lebensräume der verschiedenen Gattungen unterscheiden sich erheblich. Die bekanntesten Halbschnäbler der Gattung *Dermogenys* sind Oberflächenfische meist küstennaher Fließ- und Stillgewässer und kommen häufig auch im Brackwasser vor. Dagegen sind die *Nomorhamphus*- und *Hemirhamphodon*-Arten echte Süßwasserfische. Die *Nomorhamphus*-Arten sind in ihrer Verbreitung auf die Insel Sulawesi beschränkt und leben dort hauptsächlich in schnell fließenden Bergbächen, wo sie sich von kleinen Fischen und Insekten ernähren.
Becken: Flache, gut abgedeckte Becken mit großer Oberfläche.
Einrichtung: Teilweise Abdeckung der Oberfläche mit Schwimmpflanzen sowie eine lockere Bepflanzung für *Dermogenys*- und *Hemirhamphodon*-Arten. *Nomorhamphus*-Arten fühlen sich in Becken mit Kieselsteinen und starker Strömung wohl.
Wassertyp: Die Ansprüche an Wassertyp und Temperatur differieren stark (siehe Tabelle Seite 149).
Fütterung: Abwechslungsreiche Fütterung mit Mückenlarven, ausgewachsenen Insekten und kleinen bis kleinsten Fischen ist unumgänglich. Vitaminzusatz zum Futter erhöht die Vitalität.
Vergesellschaftung: *Dermogenys*- und *Hemirhamphodon*-Arten lassen sich mit zarten Fischarten der mittleren und unteren Beckenregion vergesellschaften. Die größeren *Nomorhamphus*-Arten betrachten zu kleine, schlanke Fische aber als Futter.
Geschlechtsunterschiede: Männchen farbiger, kleiner und mit zu einem Begattungsorgan umgeformter Afterflosse.
Zucht: Fast alle Arten sind lebendgebärend. Die Jungen lassen sich in gesonderten Aufzuchtbecken mit *Artemia* und kleinen Insekten aufziehen.
Arten: Die am häufigsten eingeführte Art, der Hechtköpfige Halbschnäbler, wird meist als *Dermogenys pusillus* bezeichnet, es kommen aber auch andere, sehr ähnliche *Dermogenys*-Arten in den Handel. Von den *Nomorhamphus*-Arten wird vor allem die Art *N. liemi* gehandelt.
Besonderes: *Nomorhamphus*-Arten lassen sich in durch übermäßige Fortpflanzung übervölkerten Aquarien mit Lebendgebärenden Zahnkarpfen (Guppys, Platys etc.) zur Kontrolle der »Bevölkerungsexplosion« einsetzen, weil sie zwar Jungfische fressen, nicht aber die erwachsenen Fische.

JUWEL UNTER DEN SONDERLINGEN

Rotstrich-Zahnleistenhalbschnäbler
Der Rotstrich-Zahnleistenhalbschnäbler (*Hemirhamphodon phaiosoma*) stammt aus weichen und klaren Gewässern der indonesischen Inseln Banka, Biliton und (West-)Borneo. Er wird meist mit den »normalen« Halbschnabelhechten und den recht farblosen Verwandten aus der Gattung *Dermogenys* verwechselt. Im Gegensatz zu diesen Arten besticht der Rotstrich-Zahnleistenhalbschnäbler durch zarte Farben, die von leuchtend roten Farbstrichen kontrastiert werden. Leider sind diese Juwelen sehr anspruchsvoll in der Fütterung, denn bei falscher Futterwahl kommt es zu Missbildungen. In der Natur fangen die mit 9 cm kleinen Fische Insekten, vor allem Ameisen, indem sie in der Strömung kleiner Bäche direkt unter der Wasseroberfläche auf den »Anflug« warten. Im Aquarium benötigt die Art Insektenfutter (beispielsweise lebende oder vitaminisierte gefriergetrocknete Schwarze Mückenlarven oder *Drosophila*-Fliegen). Das Becken sollte für 1 Männchen und 3 Weibchen mindestens 100 x 30 cm Grundfläche aufweisen (Wassertyp 2 bis 3, 24 bis 28° C, leichte Strömung). Stimmen die Bedingungen, wird man von der Balz beeindruckt sein und Jungfische entdecken, die man mit zerriebenen gefriergetrockneten Mückenlarven anfüttert.

Die dezente Schönheit des Rotstrich-Zahnleistenhalbschnäblers kommt nur bei schwacher Beleuchtung und sorgfältiger Fütterung zur Geltung.

Kugelfische (Familie *Tetraodontidae*)

Lebensraum: Die häufiger gehandelten Arten stammen aus Flüssen und Seen Asiens, wo sie in strukturreicher Umgebung leben.
Becken: Aquarien mit Normmaßen sind meist ausreichend.
Einrichtung: Locker bepflanzte Aquarien mit feinkiesigem oder sandigem Untergrund.
Wassertyp: 3–6.
Fütterung: Ausschließlich Lebendfutter in Form von Mückenlarven, Würmern und vor allem kleinen Schnecken.
Vergesellschaftung: Alle (!) Kugelfische dürfen nur mit großer Vorsicht vergesellschaftet werden. Entweder sind sie Flossenfresser, die andere Fische belästigen, oder sie kommen mit ihrer langsamen Schwimmweise in hektischer Gesellschaft nicht ans Futter.
Geschlechtsunterschiede: Die Männchen der Gattung *Carinotetraodon* sind farbiger.
Zucht: Manche Arten mit, andere ohne Brutpflege durch den Vater. Eier und Larven sind meist sehr klein und schwer aufzuziehen.
Arten: Zwei Gruppen von Kugelfischen aus Südostasien werden regelmäßig eingeführt, die »Grünen Kugelfische« und die Zwerg- oder Kammkugelfische der Gattung *Carinotetraodon*. Die Unterscheidung der Arten ist ausgesprochen schwierig.
Besonderes: Viele Kugelfische lassen sich sehr effektiv zur Schneckenbekämpfung einsetzen. Dennoch sollte man das nur tun, wenn die Vergesellschaftung problemlos möglich ist – also in den seltensten Fällen. Weichen Sie dafür lieber auf Prachtschmerlen der Gattung *Botia* aus.

Amerikanische Messerfische (Ordnung *Gymnotiformes*)

Lebensraum: Verschiedenste Lebensräume in Südamerika. Grüne Messerfische kommen oft unter dichten Schwimmpflanzendecken vor, *Apteronotus*-Arten hauptsächlich in Fließgewässern. Messerfische ernähren sich von Insektenlarven und sind nachtaktiv.
Becken: Großflächige Becken mit Wasserstand ab 50 cm.
Einrichtung: Grüne Messerfische benötigen als einzige Einrichtung eine Schwimmpflanzendecke, z. B. aus Schwimmendem Hornfarn. Weißstirnmesserfische dagegen brauchen pro Tier ein röhrenförmiges Versteck, in das sie sich tagsüber zurückziehen können.

1 Pfauenaugen-Stachelaal

2 Rotmaul-Halbschnabelhecht

3 Weißstirnmesserfisch

4 Süßwasserflunder

Wassertyp: Nicht allzu anspruchsvoll an die absoluten Wasserwerte, zur Fortpflanzung benötigen sie aber eine langsame (über 4 bis 6 Wochen) Absenkung des Salzgehalts (Verdünnen mit entsalztem Wasser) und pH-Wertes.
Fütterung: Gefrorene oder lebende Mückenlarven und Tubifex.
Vergesellschaftung: Messerfische lassen sich sehr gut mit Bodenfischen und friedlichen ruhigen Salmlern vergesellschaften. Bei *A. albifrons* dürfen die Gesellschaftsfische nicht zu klein sein.
Geschlechtsunterschiede: Männchen sind größer und haben oft einen längeren Schwanz und eine größere Schnauze.
Arten: Verschiedene Grüne Messerfische der Gattung *Eigenmannia* werden regelmäßig eingeführt. Ihre Zuordnung zu bestimmten Arten ist schwierig. Aus der Gattung *Apteronotus* wird der Weißstirnmesserfisch *A. albifrons* und seltener die schlankere und kleinere Art *A. leptorhynchus* eingeführt. Auch die Schlangenhautmesserfische der Gattung *Brachyhypopomus* werden seltener gehandelt; sie bleiben meist unter 20 cm Länge und sind deshalb auch für kleinere Aquarien geeignet.
Zucht: Nur selten gelungen, weil zur Stimulation die Regenzeit im Aquarium imitiert werden muss. Die hier genannten Arten betreiben keine Brutpflege.
Besonderes: Südamerikanische Messerfische können sich wie die Nilhechte (*Mormyriden*) mit schwachen elektrischen Entladungen orientieren und auch kommunizieren.

Süßwassernadeln (Familie *Syngnathidae*)
Lebensraum: Süßwassernadeln kriechen im dichten Pflanzengestrüpp in kleinen küstennahen Bächen auf der Suche nach Kleintieren umher, die sie mit ihrem röhrenförmigen Maul nach längerem Beäugen einsaugen.
Becken: Kleine Aquarien mit Normmaßen sind ausreichend.
Einrichtung: Dichtes Gestrüpp an Stängelpflanzen. Apfelschnecken beseitigen Futterreste.
Wassertyp: Bevorzugen 5–7. Salzzusatz fördert das Wohlbefinden.
Fütterung: Nur Lebendfutter wie Mückenlarven, *Artemia*-Nauplien und Kleinkrebse, auch Grindal.
Vergesellschaftung: Süßwassernadeln nur unter sich, aber in größeren Gruppen halten.
Geschlechtsunterschiede: Männchen sind bunter und haben eine vergrößerte Bauchtasche.
Zucht: Bei Süßwassernadeln betreiben die Männchen Brutpflege, indem sie Eier und Larven in ihrer Bauchtasche erbrüten. Nach etwa 3 Wochen verlassen die Jungen die Bruttasche und können mit feinem Lebendfutter (*Artemia*-Nauplien, Pantoffeltierchen) aufgezogen werden.
Arten: Zwei westafrikanische Arten: *Enneacanthus ansorgii* und *E. kaupi*.
Besonderes: Aus den Fischfamilien Süßwasserflundern (*Achiridae*) und Stachelaale (*Mastacembelidae*) werden weitere Aquarienfische unregelmäßig angeboten, deren grobe Pflegeansprüche in den Tabellen nachgeschaut werden können.

TABELLE SONSTIGE SONDERLINGE

Deutscher Name Lateinischer Name	Größe (cm)	Becken L x B x H	Wasser-typ	Temperatur	Besatz	Foto Seite
Weißstirnmesserfisch *Apteronotus albifrons*	45 cm	200 x 60 x 60	2–5	25–29° C	1 M / 5 W	148
Schlangenhautmesserfisch *Brachyhypopomus beebei*	20 cm	120 x 40 x 50	2–5	25–28° C	1 M / 5 W	---
Grüner Messerfisch *Eigenmannia spec.*	35 cm	160 x 60 x 60	2–5	25–29° C	1 M / 6 W	51
Rotmaul-Halbschnabel-hecht *Dermogenys spec. rot*	7 cm	80 x 35 x 40	5–6	24–28° C	1 M / 3 W	148
Liems Halbschnäbler *Nomorhamphus liemi*	10 cm	100 x 40 x 40	3–5	20–24° C	1 M / 3 W	149
Friedlicher Zwergkugelfisch *Carinotetraodon imitator*	ca. 3 cm	60 x 30 x 30	5–7	22–24° C	3 M / 3 W	---
Kammkugelfisch *Carinotetraodon lorteti*	6 cm	60 x 30 x 30	2–4	24–28° C	1 M / 3 W	---
Indischer Zwergkugelfisch *Carinotetraodon travancorius*	ca. 3 cm	60 x 30 x 30	5–7	22–24° C	1 M / 3 W	---
Zweifleck-Kugelfisch *Tetraodon cf. biocellatus*	6 cm	120 x 50 x 50	4–6	24–28° C	1	32
Zwergsüßwassernadel *Enneacanthus ansorgii*	12 cm	60 x 30 x 30	5–7	24–28° C	6	61
Pfauenaugen-Stachelaal *Mastacembelus cf. pancalus*	ca. 15 cm	80 x 35 x 40	2–5	24–28° C	3	148
Rotstreifen-Stachelaal *Mastacembelus erythrotaenia*	ca. 100 cm	160 x 60 x 60	2–5	24–28° C	3	---
Süßwasserflunder *Achirus spec.*	ca. 10 cm	80 x 35 x 40	2–5	26–29° C	3	148

REGISTER

Die halbfett gesetzten Seitenzahlen verweisen auf Abbildungen.

Kärpflingsgrundel (*Hypseleotris compressa*)

A

B

Adressen, die weiterhelfen

- Verband Deutscher Vereine für Aquarien- und Terrarienkunde e.V. (VDA), Geschäftsstelle: Hans und Ingrid Stiller, Luxemburger Str. 16, D-44789 Bochum

Hinweis: Der VDA gibt Auskunft über aktuelle Adressen und Aquarienverbände in Ihrem Wohnbereich, hilft weiter bei Vermittlungen von Kontakten (z. B. Hilfe bei Fischkrankheiten, Beschaffung von seltenen Fischen).

- Bundesverband für fachgerechten Natur- und Artenschutz e.V. (BNA), Am Friedhof 4, D-76707 Hambrücken

Hinweis: Dachverband der Vereine und Verbände der privaten Tierhalter. Vertritt deren Interessen v. a. bei Belangen der Artenschutzgesetzgebung.

- Österreichischer Verband für Vivaristik und Ökologie, Landesverband Niederösterreich, Richard Pfister, Langenlebarnerstr. 50, A-3430 Tulln

- Institut für Zoologie, Fischereibiologie und Fischkrankheiten der Tierärztlichen Fakultät LMU München, Kaulbachstr. 37, D-80539 München

- Arbeitskreis Wasserpflanzen im VDA, Gerd Eggers, Flachsbleiche 70, D-41564 Kaarst

- Verband Zoologischer Fachgeschäfte der Schweiz VZFS, Güterstr. 199, CH-4053 Basel

Fragen zur Aquaristik beantworten

Ihr Zoofachhändler und der Zentralverband Zoologischer Fachbetriebe Deutschlands e.V., D-63225 Langen, Tel. 0 61 03 / 91 07 32 (nur telefonische Auskunft möglich).

Sachversicherung

- Deutscher Ring Kundenservice, D-20449 Hamburg
- Z.O.F. GmbH, Bahnhofstr. 65, D-31008 Elze

Bücher, die weiterhelfen

Donoso-Büchner, R. & Schmidt, J.: Kampffische Wildformen. bede Verlag, Ruhmannsfelden

Evers, H.-G.: Panzerwelse. Eugen Ulmer Verlag, Stuttgart

Hofmann, P. & Hoffmann, M.: Salmler. Eugen Ulmer Verlag, Stuttgart

Kasselmann, C.: Aquarienpflanzen. Eugen Ulmer Verlag, Stuttgart

Kokoschka, M.: Labyrinthfische. Eugen Ulmer Verlag, Stuttgart

Krause, H. J.: Handbuch Aquarienwasser. bede Verlag, Ruhmannsfelden

Riehl, R. & Baensch, H.: Aquarienatlas Band 1 bis 5. Mergus Verlag, Melle

Schliewen, U.: Kleine Aquarien. Gräfe und Unzer Verlag, München

Schliewen, U.: Zwergbuntbarsche. Gräfe und Unzer Verlag, München

Schmida, G.: Regenbogenfische. Gräfe und Unzer Verlag, München

Stawikowski, R. & Werner, U.: Die Buntbarsche der neuen Welt. Eugen Ulmer Verlag, Stuttgart

Steinle, C.: Barben und Bärblinge. Eugen Ulmer Verlag, Stuttgart

Zeitschriften, die weiterhelfen

- *DATZ*
  Aquarien- und Terrarienzeitschrift. Eugen Ulmer Verlag, Stuttgart
- *Das Aquarium*
  Birgit Schmettkamp Verlag, Bornheim
- *Aquarium heute*
  Aquadocumenta Verlag GmbH, Bielefeld
- *TI Magazin*
  Tetra Verlag, Bissendorf-Wulften

Der Autor

Ulrich Schliewen, begeisterter Aquarianer seit frühester Kindheit. Promotionsstudium Biologie mit Schwerpunkt Zoologie, Universität München. Intensive Kontakte zum Max-Planck-Institut für Verhaltensphysiologie sowie zur Zoologischen Staatssammlung München. Ichthyologische Studienreisen nach Südamerika, Zentralafrika und Südostasien, um Fische in ihrem natürlichen Lebensraum kennenzulernen. Redaktionsmitglied von DCG-Info (Deutsche Cichliden Gesellschaft). Fachbeiträge in Aquarienzeitschriften und wissenschaftlichen Zeitschriften.

Die Zeichnerin

Renate Holzner arbeitet als freie Illustratorin und Künstlerin in Donaustauf bei Regensburg. Ihr breites Repertoire reicht von der inhaltlich sachlichen Illustration bis hin zur freien Malerei. Zu ihren Kunden zählen renommierte Verlage im Sachbuch- und Kunstdruck-Bereich.

Dank

Autor und Verlag danken folgenden Firmen für die Bereitstellung von Geräten zu Fotoaufnahmen: Firma Eheim für den Außenfilter Eheim professional Filter 2226 sowie den Innenfilter Eheim 2008, und Firma Giesemann für die Giesemann-Leuchte System 260 HQI/TL.

Die Fotografen

Abel: Seite 88 mi.u.; blickwinkel/Zurlo: Seite 60 u.; Bork: Seite U4 u., 4/5, 31 re., 63, 74, 81, 92 o.li., o.re., 102 u.li., 116, 117, 122 o.re., u.li., 128 u., 129 mi.o., 132 mi.u., u., 139 mi.; Büscher: Seite 139 u.; Eigelskofen: Seite 79 re., 118 mi.u., u.; Evers: Seite 97, 144 o.; Gartner: Seite 61; Hartl: Seite 19 o., 42 u., 47, 60 mi., 69, 88 o., 98, 99, 110 o.li., o.re., 124, 125, 134 u., 148 mi.o., mi.u., 149; Kahl: Seite U1, 23, 24, 29, 32, 36, 40, 41 o., 44, 45 o.mi., o.re., 46, 49, 51, 54, 56, 59 u., 66, 67, 70, 71, 77, 78/79, 84 mi., u., 86, 87, 88 u., 89, 90 mi.u., u.li., 92 o.mi., mi.o.li., u.li., u.re., 95, 96 mi.u., 100 u., 102 o.li., mi.o.li., mi.o.re., mi.u.re., 106 o.mi., mi.o.li., 108 mi.o., 109, 110 mi.o.li., mi.u.li., 113, 114 mi.u.li., 120, 121, 122 mi.u., 128o., 129mi.u., 130, 131, 138 o., mi.o., 148 o., 158/159; Linke: Seite UR, 14, 28, 33, 68 o., 105, 122 o.li., o.mi., mi.o.li., 132 o., 134 o.; Lucas: Seite 6, 48, 52, 58 u., 101, 106 o.re., 108 o., 119; Nieuwenhuizen: Seite 2/3, 7, 8/9, 11, 19 u., 22, 25 u., 26, 41 u., 42 o., 45 o.li., u., 58 o., 60 o., 84 o., 88 mi.o., 90 mi.o.re., u.mi., u.re., 92 mi.o.re., 96 o., mi.o., 100 mi.o., mi.u., 102 o.re., mi.u.li., 106 mi.o.re., u.li., u.re., 108 u., 110 mi.o.re., 114 mi.o., 118 o., 126 o., mi.u., u., 127, 129 o., u., 132 mi.o., 133, 135, 139 o., 144 mi.o.; Peither: Seite U4 o., 30/31, 34, 35, 37 o., 38, 85 u., 90 mi.o.li., 106 mi.u., 122 u.re., 126 mi.o.; Roggo: Seite 10, 37 u.; Schliewen: Seite 12, 13, 15, 17, 25 o.; Schmida: Seite 59 o., 114 o.li., o.re., mi.u.re., u.li., u.mi., u.re., 145, 150; Schraml: Seite 73, 110 mi.u.re.; Spreinat: Seite 55, 64, 90 o.li., 140, 141 mi., u.; Staeck: Seite 92 mi.u., 100 o., 106 o.li.; Stawikowski: Seite 83, 136 u.; Werner: Seite 9 re., 16, 27, 50, 68 u., 76, 80, 85 o., 90 o.re., 96 u., 110 u.li., u.re., 118 mi.o., 122 mi.o.re., 136 o., mi.o., mi.u., 137, 144 mi.u., u., 146, 147, 148 u.; Zurlo: Seite 102 u.re., 108 mi.u., 138 mi.u., u., 141 o., 143.

Fotos auf dem Buchumschlag

Vorderseite: Zwergfadenfisch (*Colisa lalia*).
Rückseite (oben): Schwarm Keilfleckbärblinge (*Trigonostigma heteromorpha*).
Rückseite (unten): Platy-Zuchtform (*Xiphophorus maculatus*).

Redaktion: Anita Zellner
Lektorat: Angelika Lang
Umschlaggestaltung und Layout: independent Medien-Design, München
Satz: Filmsatz Schröter, München
Produktion: Susanne Mühldorfer
Repro: Penta, München
Druck: Appl, Wemding
Bindung: Großbuchbinderei Monheim
Printed in Germany

ISBN 3-7742-1407-7

Auflage	4	3	2	1
Jahr	2003	02	01	00

Das Original mit Garantie

Ihre Meinung ist uns wichtig. Deshalb möchten wir Ihre Kritik, gerne aber auch Ihr Lob erfahren. Um als führender Ratgeberverlag für Sie noch besser zu werden. Darum: schreiben Sie uns! Wir freuen uns auf Ihre Post und wünschen Ihnen viel Spaß mit Ihrem GU-Ratgeber.

Unsere Garantie: Sollte ein GU-Ratgeber einmal einen Fehler enthalten, schicken Sie uns das Buch mit einem kleinen Hinweis und der Quittung innerhalb von sechs Monaten nach dem Kauf zurück. Wir tauschen Ihnen den GU-Ratgeber gegen einen anderen zum gleichen oder ähnlichen Thema um.

Ihr Gräfe und Unzer Verlag
Redaktion Natur
Stichwort: Tiere erleben
Postfach 860325
81630 München
Fax: 089/41981-113
e-mail:
leserservice@graefe-und-unzer.de